# KOMMUNISMUS UND NATIONALSOZIALISMUS

Lothar Fritze

# KOMMUNISMUS UND NATIONALSOZIALISMUS

## Antipoden und Zwillingsbrüder

EDITION SONDERWEGE
MANUSCRIPTUM

# INHALT

## HATTEN DIE NATIONALSOZIALISTEN EINE ANDERE MORAL?

# VORWORT

Schon frühzeitig wurden die Herrschaftssysteme des bolschewistischen Kommunismus und des Nationalsozialismus nicht nur als neuartig, sondern auch als gleichartig empfunden. Beide Systeme wurden errichtet, um die bestehende staatliche und gesellschaftliche Ordnung zu beseitigen und gänzlich neuartige Ordnungen mit dem Ziel aufzubauen, drohenden Gefahren zu begegnen und die Lage der unterdrückten und ausgebeuteten Klassen beziehungsweise des deutschen Volkes grundlegend zu verbessern.

Ihrem Selbstverständnis entsprechend sollten diese Diktaturen weder dem Eigeninteresse einer despotisch agierenden Führungsclique dienen noch verfolgten die Führer dieser Diktaturen das ausschließliche Interesse der bloßen Machtsicherung. Im Unterschied zu herkömmlichen Autokratien traten sie vielmehr mit dem Anspruch auf, die objektiven, die »wahren« Interessen Herrschaftsunterworfener zu verfolgen und legten es dementsprechend darauf an, Legitimation durch Zustimmung zu erlangen. Ihre Ziele hinsichtlich der Umgestaltung der Gesellschaft bezogen die Führer dieser Diktaturen aus den von ihnen vertretenen weltanschaulichen Ideensystemen – aus den verbindlich vorgeschriebenen Ideologien. Beide Regime gerieten folgerichtig zu Erziehungs-, Mobilisierungs- und Gesinnungsdiktaturen.

Die Herrschaftssysteme des Bolschewismus und des Nationalsozialismus gelten heute als paradigmatische Fälle von ideologiegeleiteten Diktaturen (Weltanschauungsdiktaturen). Neben einer Reihe übereinstimmender Merkmale bezüglich der Methoden und Institutionen der Herrschaftssicherung war für beide ideologiegeleitete Systeme eine exzessiv-gewalttätige Herrschaftsausübung kennzeichnend, die auf der Basis der jeweiligen Systemideologie gerechtfertigt wurde. Unter diesen Aspekten betrachtet verkörpern Kommunismus und Nationalsozialismus Zwillingsbrüder.

Als Antipoden erweisen sich die kommunistische und die nationalsozialistische Bewegung aufgrund der inhaltlichen Unterschiede ihrer Ideologien. Beide Ideologien stehen hinsichtlich wesentlicher Aspekte ihrer weltanschaulichen Ausrichtung konträr zueinander. Sie verkörpern Ausformungen politisch-moralischer Grundauffassungen, die sich in fundamentalen Fragen des philosophischen Weltverständnisses, der Gestaltung des gesellschaftlichen Zusammenlebens sowie der moralischen Verpflichtungen gegensätzlich positionieren und in zum Teil entgegengesetzte politische Zielstellungen münden.

Politisch-moralische Grundauffassungen implizieren Antworten in Bezug auf prinzipielle Optionen der individuellen und gesellschaftlichen Daseinsbewältigung. Sie zeigen sich in Einstellungen und Orientierungstendenzen: ob man zum Beispiel eher die Grundrechte Einzelner oder das Gemeinwohl betont; ob und unter welchen Voraussetzungen man beispielsweise bereit ist, Gesellschaftsmitglieder zum Schutz des Staates zu opfern. Unterschiedliche Grundauffassungen schlagen sich in Neigungen nieder, die Lösung anstehender Probleme in bestimmten Richtungen zu suchen.

Der auf Globalisierung und Entnationalisierung, auf die Verschmelzung von Rassen und Völkern, auf die Aushebelung des Leistungsprinzips, auf gleiche Lebensverhältnisse für alle und die soziale Gleichstellung aller Menschen ausgerichteten kommunistischen Weltbewegung trat in Gestalt des Nationalsozialismus eine staatlich organisierte Kraft entgegen, die nicht bereit war, sich Tempo, Tiefe und Umfang der durch die moderne Zivilisation angestoßenen gesellschaftlichen Veränderungen sowie die damit verbundenen Wertvorstellungen ausschließlich durch deren, individualistisch und universalistisch orientierte, Protagonisten und Profiteure oktroyieren zu lassen.

Dieser Kampf zweier entgegengesetzter politisch-moralischer Grundorientierungen prägte maßgeblich die geistigen und politischen Auseinandersetzungen des 20. Jahrhunderts und kulminierte schließlich in der militärischen Auseinandersetzung zwischen dem nationalsozialistischen System Hitlers und dem kommunistischen System Stalins.

Der gegenwärtige Kulturkampf, der in der Öffentlichkeit des Westens ausgetragen und die westlichen Gesellschaften seit Jahren beherrscht, ist seine modifizierte Fortsetzung. Derzeit stehen sich weder eine dezidiert nationalsozialistische und kommunistische Ideologie noch derartige Ideologie-Staaten gegenüber. Die politischen und moralischen Auseinandersetzungen der Gegenwart, die sich, gemessen an den Standards freiheitlicher Staaten, als ein mit zum Teil unzulässigen Mitteln geführter Kampf um die kulturelle Hegemonie, eben als »Kulturkampf«, gestalten, sind jedoch Auseinandersetzungen zwischen denselben politisch-moralischen Grundorientierungen, deren Konfrontation schon das 20. Jahrhundert prägte. Sie finden jedoch jetzt im Innern der westlichen Länder selbst statt.

Die folgenden Aufsätze sind den Systemideologien beider Weltanschauungsdiktaturen sowie ihrem Vergleich gewidmet.

Chemnitz, im August 2021 Lothar Fritze

# KOMMUNISTISCHE UND NATIONALSOZIALISTISCHE WELTANSCHAUUNG

Strukturelle Parallelen und inhaltliche Unterschiede

# I.
# PROBLEMSTELLUNG*

Der offenkundige Verbrechenscharakter sowohl des sowjetkommunistischen als auch des nationalsozialistischen Regimes sowie die nahezu einhellige moralische Ächtung, die beide mittlerweile erfahren, stehen in auffälligem Kontrast zu ihrer einstigen Verführungskraft und dem guten Gewissen, das für viele ihrer Protagonisten kennzeichnend war. Dieses Phänomen erscheint in hohem Maße erklärungsbedürftig.

Nimmt man die beiden totalitären Bewegungen, die das 20. Jahrhundert prägten, in den Blick, so fallen mindestens sechs Tatsachen auf. Erstens: Die kommunistisch-bolschewistische Bewegung entfaltete ebenso wie die nationalsozialistische eine beträchtliche geistige und emotionale Anziehungskraft. Zweitens: Beiden Bewegungen gelang es, sich als Weltanschauungsdiktaturen staatlich zu etablieren. Drittens: Beide Ideologiestaaten sind für Massenverbrechen verantwortlich. Viertens: Beide Bewegungen stützten sich auf Überzeugungssysteme, die geeignet waren, eminent opferträchtige Vorgehensweisen scheinbar zu rechtfertigen. Fünftens: Beide Diktaturen rekrutierten nicht nur Sympathi-

* Verbesserte und geringfügig erweiterte Fassung meines gleichnamigen Aufsatzes in: Totalitarismus und Demokratie. Zeitschrift für Internationale Diktatur- und Freiheitsforschung, 2 (2005) 1, S. 101–152. – Zur gesamten Thematik siehe Lothar Fritze, Anatomie des totalitären Denkens. Kommunistische und nationalsozialistische Weltanschauung im Vergleich, München 2012.

santen und Anhänger, sondern auch Massen von Aktivisten, die sich in den Dienst der Führungseliten stellten. Sechstens: In beiden Systemen waren auf allen Ebenen der Herrschaftsausübung Menschen beteiligt, die in dem Bewusstsein handelten, einer menschheitsgeschichtlich bedeutenden und moralisch höchst ehrenwerten Sache zu dienen.

Die erste, vierte und sechste Tatsache legen die Vermutung nahe, dass *ein* Schlüssel für das Verständnis des Denkens und Handelns der Akteure in den jeweiligen Systemideologien zu suchen ist. Wenn Menschen im Glauben, Gutes zu tun, Verbrechen begehen, dann stellt sich die Frage nach der Qualität der menschlichen Orientierungssysteme. Das Phänomen des Täters-mit-gutem-Gewissen irritiert, weil es unseren Glauben an die Menschlichkeit und die Vernunft erschüttert.

Im Folgenden soll nun weder versucht werden, die Weltanschauungen des Kommunismus und Nationalsozialismus in ihrer Gänze darzustellen, noch deren ideengeschichtlichen Wurzeln bloßzulegen. Vielmehr geht es um ein Verständnis dieser Denkgebäude als Quelle der Inspiration für ein – zumindest im Ergebnis – verbrecherisches Handeln. Dazu ist es nicht notwendig zu entscheiden, in welchem Maße eine systematische Umsetzung der weltanschaulichen Ziele jeweils gelungen ist. Das Hauptaugenmerk liegt auf den »strukturellen Parallelen« beider Weltanschauungen. Die Verdeutlichung dieser Art von Gemeinsamkeiten soll die Frage klären helfen, wie beide Ideensysteme trotz ihrer inhaltlichen Unterschiede sich als Herrschaftsideologien totalitärer Diktaturen tauglich erweisen konnten.

Üblicherweise konzentrieren sich Totalitarismustheorien auf Übereinstimmungen in den Herrschaftssystemen sowie auf Ähnlichkeiten zwischen den Herrschaftstechniken, während vornehmlich auf Unterschiede bezüglich der verschiedenen Herrschaftsideologien hingewiesen wird. Dass hingegen die kommunistische und die nationalsozialistische Weltanschauung tatsächlich auch eine Reihe formaler Ähnlichkeiten aufweisen, scheint bisher kaum in den Blick geraten zu sein.[1]

1 Siehe jedoch – neben den Arbeiten von Ernst Nolte – Hannah Arendt, Elemente und Ursprünge totaler Herrschaft. Antisemitismus – Imperialismus – Totale Herrschaft, München/Zürich 1991; Friedrich A. Hayek, Der Weg zur Knechtschaft, München 2003; Hermann Lübbe, Politischer Moralismus. Der Triumph der Gesinnung über die Urteilskraft, Berlin (West) 1987; Karl R. Popper, Die offene Gesellschaft und ihre Feinde, 2 Bde., Tübingen 1992. Weiterführende Literatur siehe in dem Forschungsaufriss von Uwe Backes, »Totalitäres Denken« – Konzeptgeschichte, Merkmale und herrschaftspraktische Wirkungen. In: Religion – Staat – Gesellschaft, 4 (2003) 1, S. 41–56; vgl. auch Barbara Zehnpfennig, Hitlers *Mein Kampf*. Eine Interpretation, München 2000, sowie Lothar Fritze, Verführung und Anpassung. Zur Logik der Weltanschauungsdiktatur, Berlin 2004.

# II. DIE SYSTEMIDEOLOGIEN UND IHR VERGLEICH

Der Versuch, das Denken und Handeln von Kommunisten und Nationalsozialisten auch – wenngleich nicht nur – aus den jeweiligen Ideologien[2] heraus zu verstehen, stößt auf eine Schwierigkeit, die dieses Unterfangen als fragwürdig oder gar abwegig erscheinen lässt. Beide Ideologien – ich bezeichne sie, weil sie in den jeweiligen Herrschaftssystemen verbindlich waren, auch als »Systemideologien« – sind in ihren inhaltlichen Aussagen, seien sie geschichtsphilosophischer, gesellschaftstheoretischer oder ethischer Art, in vielerlei Hinsicht konträr; sie sind in ihrer materialen Substanz so unterschiedlich, wie sie unterschiedlicher kaum sein könnten; ja sie verkörpern geradezu weltanschauliche Antipoden – und doch sollen sie, funktional betrachtet, dasselbe oder zumindest Ähnliches leisten! Beide sollen große Menschenmassen begeistern und Intellektuelle »überreden«, und sie sollen das geistige Rüstzeug bieten, ein eingreifendes Handeln, das auch Opfer zurücklässt, moralisch zu rechtfertigen.

2 Die Termini »Ideologie« und »Weltanschauung« werden im Folgenden als austauschbar behandelt. Dies deckt sich zwar nicht mit einem weit verbreiteten Gebrauch dieser Termini, ist aber für den Zweck der Untersuchung unschädlich.

## *1. Die Vergleichsobjekte und Ihre Besonderheiten*

Wenn nun zwei *inhaltlich sehr verschiedene* Systemideologien in diesen Hinsichten tatsächlich vergleichbare Leistungen erbringen, dann liegt die Vermutung nahe, daß beide Ideologien *übereinstimmende Strukturmerkmale* aufweisen, die sowohl mit der charakteristischen Verführungskraft als auch den Rechtfertigungspotentialen beider Ideologien in Zusammenhang stehen. Diese Vermutung soll im Folgenden geprüft werden.

Zu diesem Zweck werde ich zentrale Bestandteile der kommunistischen und der nationalsozialistischen Weltanschauung einer vergleichenden Betrachtung unterziehen. Dazu ist es erforderlich, *zunächst* die Vergleichsgegenstände – hier die Weltanschauungen beziehungsweise Ideologien – zu rekonstruieren. Bereits diese Aufgabe ist mit erheblichen Identifikationsschwierigkeiten verbunden. Denn zu rekonstruieren sind nicht schlechthin die einschlägigen Theorien oder Theorienbestandteile, sondern genau diejenigen, die im Denken und Handeln der Akteure geistig wirksam waren. Diesen Unterschied zu bedenken ist wichtig, weil zum einen der theoretische Sozialismus/Kommunismus eine lange und vielfältige Tradition hat und zum anderen auch die Theorieansätze, die wir zur Ideologie des Nationalsozialismus rechnen, außerordentlich heterogen sind. Worauf soll sich also ein Vergleich von kommunistischer und nationalsozialistischer Weltanschauung vor allem stützen?

Zum einen empfielt sich eine Konzentration auf die marxistischen Gründungsväter des theoretischen Kommunismus, Karl Marx und Friedrich Engels.[3] Sie haben mit ihrem Werk

3 Zu methodologischen Problemen der Rekonstruktion einer Theorie, insbesondere der marxistischen, vgl. Lothar Fritze, Utopisches Denken – Marx und der Marxismus. In: Uwe Backes/Stéphane Courtois (Hrsg.), »Ein Gespenst geht um in Europa«. Das Erbe kommunistischer Ideologien, Köln/Weimar/Wien 2002, S. 86–89 (in diesem Band S. 117–122).

die zentralen ideologischen Grundlagen der kommunistischen Weltbewegung geschaffen und einen entscheidenden geistigen Einfluss auf die Aktivisten des weltweit ersten und bedeutendsten Versuches der praktischen Umsetzung ihrer Lehre im bolschewistischen Rußland ausgeübt. Allerdings haben sie an der Ausarbeitung der sowjetkommunistischen Variante der kommunistischen Ideologie, dem so genannten Marxismus-Leninismus, selbst keinen Anteil. Insoweit gerade die Spezifik dieser Ideologie – im Unterschied zu den Lehren von Marx und Engels beziehungsweise über diese hinausgehend – für das Denken und Handeln im Machtbereich des Bolschewismus ausschlaggebend geworden ist, müssen auch die Auffassungen dieser Ideologen – hier ist vor allem Lenin zu nennen – Beachtung finden.

Zum anderen dürfte für die nationalsozialistische Ideologie, insoweit sie wirkungsmächtig geworden ist, vor allem das Denken Adolf Hitlers maßgeblich gewesen sein.[4] Hitler hat als Führer des NS-Staates nicht nur die entscheidenden politischen Weichenstellungen vorgenommen, sondern auch die ideologischen Rechtfertigungen dafür geliefert und die langfristigen Zielvorstellungen des Dritten Reiches definiert. Daher ist ein Vergleich seiner Weltanschauung mit der Weltanschauung des Kommunismus, und also auch den Ideen von Marx und Engels, unausweichlich. Andere Nationalsozialisten werden nur mit wenigen Äußerungen Berück-

4 Eine Rekonstruktion der Hitlerschen Weltanschauung hat sich vor allem mit quellenkritischen Bedenken auseinanderzusetzen. Dies betrifft vor allem alle Äußerungen von Hitler, die dieser in nicht-öffentlichen Gesprächsrunden getan hat und von Chronisten aufgezeichnet wurden. Vgl. dazu Werner Jochmann, Einführung. In: Adolf Hitler, Monologe im Führerhauptquartier 1941–1944. Aufgezeichnet von Heinrich Heim; herausgegeben und kommentiert von Werner Jochmann, München 2000, S. 7–35. Bei öffentlichen Reden stellt sich die Frage nach der taktischen Stoßrichtung einer Aussage beziehungsweise der pragmatischen Funktion einer Verlautbarung.

sichtigung finden.[5] Zu bedenken ist freilich, dass die Weltanschauung Hitlers, die er im Wesentlichen bereits in *Mein Kampf* ausgearbeitet und später nie grundsätzlich korrigiert hat, zwar durchaus kohärent ist, jedoch im Vergleich zu jener der beiden marxistischen Klassiker ein unvergleichbar niedrigeres Niveau des gedanklichen Gehalts und der theoretischen Durchdringung aufweist.

Des Weiteren ist ein Vergleich der Marx/Engelsschen und der Hitlerschen Weltanschauung mit der Schwierigkeit behaftet, dass Hitler nicht nur Theoretiker, sondern auch und vor allem politischer Programmatiker und Staatsmann war. Ich werde deshalb den Terminus »Weltanschauung« in einem engeren Sinn auffassen als dies vergleichsweise Eberhard Jäckel getan hat. In seinem Buch über Hitlers Weltanschauung[6] hat er auch die politische Programmatik und dementsprechend Hitlers politische Ziele sowie die zu ihrer Realisierung projektierten Pläne analysiert. Im Unterschied dazu lege ich das Hauptaugenmerk auf das eigentliche Theoriegerüst der Hitlerschen Weltanschauung, auf seine theoretischen Prämissen, empirischen Annahmen, verallgemeinernden Behauptungen und Gesetzesaussagen. Diese Blickeinstellung ergibt sich aus dem hier unternommenen Versuch, zu zeigen, wie Hitler glauben konnte, sein politisches Handeln sei aus unhintergehbaren Sachzwängen ableitbar, stehe in Übereinstimmung mit ethisch begründbaren Grundsätzen und sei insofern auch moralisch legitimiert.

Allerdings lassen auch die Handlungen von Menschen Rückschlüsse auf deren Denken zu. Daher ist es sinnvoll, die Taten der Ideologen und Machthaber (Empfehlungen, Be-

5 Siehe dazu Frank-Lothar Kroll, Utopie als Ideologie. Geschichtsdenken und politisches Handeln im Dritten Reich, Paderborn u. a. 1998.

6 Eberhard Jäckel, Hitlers Weltanschauung. Entwurf einer Herrschaft. Erweiterte und überarbeitete Neuausgabe, Stuttgart 1991.

fehle, Maßnahmen) ebenfalls in den Blick zu nehmen. Ein Versuch, wesentliche Charakteristika einer Ideologie zu erfassen, wird sich insoweit auch mit der realen Praxis der Umsetzung dieser Ideologie auseinanderzusetzen haben.

*Sodann* kann ein Vergleich immer nur unter einer bestimmten Perspektive, das heißt in Bezug auf erkenntnisleitende Gesichtspunkte durchgeführt werden. Diese Gesichtspunkte ergeben sich aus der jeweiligen Fragestellung, die dem Vergleich zugrunde liegt. Mein zentrales Interesse aber gilt der Frage: »Auf welche übereinstimmenden formalen Merkmale beider Ideologien lässt sich deren Potential zurückführen, Menschen zu begeistern, Überzeugte zu opferträchtigen Handlungen zu inspirieren und entsprechende Vorgehensweisen zu rechtfertigen?«

## *2. Der Marxismus als weltanschaulicher Gegner des Nationalsozialismus*

Was die Genese beider Weltanschauungen betrifft, so spricht einiges für die Vermutung, dass Hitler nicht nur wesentliche weltanschauliche Überzeugungen in Auseinandersetzung mit dem Marxismus gebildet, sondern sein Gedankengebäude (jedenfalls was dessen mehr oder weniger endgültige Gestalt anlangt) auch bewusst als Antidot zum Marxismus konstruiert hat.

Hitler argumentierte auf verschiedenen Abstraktionsebenen: *Allgemein* betrachtet stehen Rassen und Völker im Kampf gegeneinander. Daraus resultieren für die jeweilige, um ihre Selbstbehauptung kämpfende Rasse prinzipielle Gefahren. *Konkret* betrachtet haben die sich für eine Rasse stellenden Gefahren eine bestimmte Gestalt. So wird die »arische Rasse« bedroht durch den Bolschewismus, das

»internationale Judentum« etc., und sie ist bedroht von Rassenvermischung, Erschlaffung und sittlichem Verfall.

Das Ideengebäude aber, das Hitler als einen Kausalfaktor für das Auftreten dieser Gefahren identifizierte, ist die Weltanschauung des Marxismus. Die marxistische Lehre war für ihn »der kurzgefaßte geistige Extrakt der heute allgemeingültigen Weltanschauung«, die sich durch eine Verkennung der »rassischen Voraussetzungen« des Staates, eine »Ableugnung der Verschiedenheit der einzelnen Rassen in bezug auf ihre allgemeinen kulturbildenden Kräfte« und eine »Minderbewertung der Person« auszeichne.[7] Ihre Wirkmächtigkeit einzudämmen ist demnach eine Aufgabe von strategischer Bedeutung. Ausgehend von dieser Frontstellung war Hitler überzeugt, diesem Gedankengebäude eine ebenbürtige Weltanschauung »von stürmischem Eroberungswillen«[8] entgegenstellen zu müssen.

7 Adolf Hitler, Mein Kampf. Zwei Bände in einem Band. 504.–508. Auflage. München 1940, S. 419–421.

8 Ebd., S. 190.

## III. DIE WESENTLICHE STRUKTURGLEICHHEIT

Beide Ideologien stehen im Dienste eines praktisch-eingreifenden, eines gesellschaftsverändernden Handelns. Gesellschaftstheorie soll Orientierung bieten bei der Identifizierung von Gefahren und der Realisierung vorausgesetzter Ziele. Das kommunistische und das nationalsozialistische Denken ist mithin geprägt durch ein übereinstimmendes Politikverständnis: Politik soll abgeleitet werden aus Gesetzmäßigkeiten des sozialen Lebens. Dabei gilt, was bereits für den Marxismus festgestellt wurde[9] – nämlich dass er keine politische Philosophie im traditionellen Sinne enthält –, auch für die nationalsozialistische Weltanschauung: Weder Marx und Engels noch Hitler konzentrierten ihr Nachdenken auf die Prinzipien und Institutionen einer guten politischen Ordnung. Stattdessen formulierten sie gesellschaftstheoretische Aussagen, aus denen sie Handlungsorientierungen, Anleitungen zur Ergreifung politischer Maßnahmen, zu gewinnen suchten.

9 Siehe Karl Graf Ballestrem, Das politische Denken des Marxismus. In: Ders./Henning Ottmann (Hrsg.), Politische Philosophie des 20. Jahrhunderts, München 1990, S. 149–177, hier S. 147.

## *1. Marx: Dialektik von Produktivkräften und Produktionsverhältnissen*

Der Denkansatz von Marx – oder auch der Denkansatz des historischen Materialismus[10] – reflektiert eine Grundtatsache des menschlichen Lebens – nämlich die Notwendigkeit, zum Zwecke der Daseinserhaltung in geeigneter Weise tätig zu werden. Als leiblich-organisches Wesen steht der Mensch vor der existentiellen Notwendigkeit, Grundbedürfnisse zu befriedigen. Aus diesem Zwang zur Befriedigung von Grundbedürfnissen ergibt sich eine objektive Gerichtetheit menschlichen Strebens.

Diese objektive Gerichtetheit verkörpert den materialen Gehalt der von Marx identifizierten sozialen Gesetzmäßigkeiten. Menschen sind im Prozess der Bewältigung ihres Daseins gezwungen, sich in bestimmter Weise zu verhalten – und zwar bei Strafe ihres Todes oder zumindest eines weniger wahrscheinlichen Überlebens. Sich »in bestimmter Weise« verhalten zu müssen bedeutet: Der Mensch muss organische Defizite decken, indem er isst und trinkt; das heißt: er muß für Nahrung sorgen. Der Mensch muss seinen Wärme- und Energiehaushalt regulieren; das heißt: er muss Kleidung herstellen und eine Behausung bauen. Der Mensch muss sich vor Naturwidrigkeiten, aber auch vor menschlichen Feinden schützen; das heißt: er muss Vorsorge treiben und sich bewaffnen.

Kurz: Der Mensch muss als ein organisches Wesen sein Leben reproduzieren – und er tut dies in gemeinschaftlicher Arbeit. Im Prozess der interaktiven Reproduktion ihres Lebens entstehen relativ stabile Beziehungen zwischen den

10 Siehe vor allem Karl Marx/Friedrich Engels, Die deutsche Ideologie. In: Karl Marx/Friedrich Engels, Werke, Bd. 3, Berlin 1961 ff. (abgekürzt: MEW Bd.-Nr.), Kap. I.

Menschen: gesellschaftliche Verhältnisse. Der wesentliche Kern dieser Verhältnisse, der alle anderen gesellschaftlichen Verhältnisse in spezifischer Weise determiniert, sind die Produktionsverhältnisse. Der Charakter der Produktionsverhältnisse wird wiederum durch die Eigentumsverhältnisse bestimmt. Die Eigentumsverhältnisse bestimmen die Klassenstruktur der Gesellschaft. Und in Abhängigkeit von der Klassenzugehörigkeit resultieren aus dem Zwang zur Daseinsbewältigung spezifische Interessen.

In ihrem Streben um Interessenverwirklichung tragen die Akteure soziale Kämpfe aus: Klassenkämpfe. Neben der Konkurrenz zwischen privaten Kapitaleigentümern ist der Klassenkampf ein wesentlicher Motor der ökonomischen und gesellschaftlichen Entwicklung. In diesem Prozess kommt es zu technischen und organisatorischen Innovationen, zu einer Entwicklung der Produktivkräfte. Auf einer bestimmten Stufe der Entwicklung der Produktivkräfte geraten diese in Widerspruch zu den vorhandenen Produktionsverhältnissen. Letztere werden zu Fesseln der weiteren Entwicklung der Produktivkräfte. Damit entsteht ein Anpassungsdruck auf die Produktionsverhältnisse. Diese werden schließlich in einer sozialen Revolution zerschlagen und durch qualitativ neue, progressive Formen ersetzt.[11]

Hier nun befinden wir uns an einer wichtigen Stelle der marxistischen Sozialtheorie. Zwei Annahmen von Marx und Engels sind für das Verständnis dieser Theorie von zentraler Bedeutung. Zum einen schlossen Marx und Engels eine eventuelle Abwendbarkeit der bevorstehenden Revolution durch systemerhaltende Reformen innerhalb der kapitalistischen Produktionsweise kategorisch aus. Die revolutionäre Auflösung der in der kapitalistischen Gesellschaft

11 Vgl. Karl Marx, Zur Kritik der Politischen Ökonomie. In: MEW 13, S. 8 f.

aufgestauten Systemprobleme wird, so die Prognose der beiden, gewaltsam und verlustreich sein. Auch wenn sich die alte Gesellschaft in Todeskämpfen windet, werden die historisch überlebten sozialen Klassen ihre Position nicht kampflos aufgeben. Appelle an die Kapitalistenklasse und den bürgerlich-demokratischen Staat, im Bewusstsein des drohenden Zusammenbruchs und der damit verbundenen Katastrophen eine friedliche Transformation der kapitalistischen Gesellschaft voranzutreiben, erscheinen demgemäß als »idealistisch« und »kleinbürgerlich«. Zum anderen gingen sie von folgender Überlegung aus: Geschichte ist das Resultat des Handelns der sich zu sozialen Klassen formierenden Einzelnen. Ist aber nun das Handeln jedes Einzelnen in dem genannten Sinne objektiv gerichtet und insofern als gesetzesförmig zu deuten, dann sollten auch die gesellschaftlichen Veränderungen, die sich aus dem wechselseitigen Bezug des Handelns ergeben, Gesetzmäßigkeiten folgen – und zwar Gesetzmäßigkeiten, die der wissenschaftlichen Erforschung zugänglich sind.

Trifft diese Überlegung zu, dann besteht offenbar die Möglichkeit – und dies ist der für unsere Fragestellung wichtigste gedankliche Ansatzpunkt –, durch ein entsprechendes politisches Handeln die »Geburtswehen« der neuen Gesellschaft abzukürzen[12] und damit die negativen Folgen des unausweichlichen gesellschaftlichen Umbruchs zu mildern. Dazu ist es nur nötig, die Gesetzmäßigkeiten zu kennen, denen die sozialökonomische Transformation folgt, und unter deren Berücksichtigung die der konkreten Situation angepassten Strategien und Vorgehensweisen zu entwickeln.

Aus dieser Vorstellung leitet sich die Aufgabe des sozialwissenschaftlichen Theoretikers ab. Der Theoretiker hat die

12 Karl Marx, Das Kapital. Erster Band, In: MEW 23, S. 16.

Aufgabe, die Tendenzen der geschichtlichen Veränderung in den Verhältnissen selbst aufzuspüren. Er hat die Aufgabe, das sich in den Verhältnissen abzeichnende weltverändernde Potential deutlich zu machen. Die Wahrheit darüber, welche Gesellschaft sich in der Zukunft realisieren wird, ist nicht zu finden, indem Theoretiker das von ihnen für wünschenswert Gehaltene auf den Begriff bringen. Diese Wahrheit enthüllt sich vielmehr im Prozess der gesellschaftlichen Bewegung selbst; sie zeigt sich und wird theoretisch fassbar, indem Wissenschaftler untersuchen, wohin es die gegenwärtige soziale Welt in der Austragung ihrer Konflikte, in der Bearbeitung ihrer Probleme von sich aus treibt. Der Sozialwissenschaftler hat mithin die Aufgabe, die theoretischen und praktischen Kämpfe der jeweiligen Zeit zu analysieren und diejenigen Prozesse, die sich als aggregiertes Resultat des Handelns der Menschen quasi naturwüchsig vollziehen, geistig vorwegzunehmen und bewusst zu machen.

Sobald es aber gelungen sein wird, diese Entwicklungsresultate zu prognostizieren, ist es möglich, sie als Ziele im politischen Handeln bewusst anzustreben. Damit ergibt sich zum ersten Mal in der Menschheitsgeschichte eine völlig neue Option: Denn werden diese Ziele bewusst verfolgt, können sich Entwicklungsprozesse verkürzen und Friktionen, die sonst notwendig eintreten würden, reduzieren.

Die Einsichten des Theoretikers können das praktische Handeln neu fokussieren und zu veränderten Vorgehensweisen führen. Erst nachdem Marx die klassenlose Gesellschaft als den »naturwüchsigen« Zielpunkt des geschichtlichen Prozesses »identifiziert« hatte, konnte die »Einsicht« reifen, daß sich der Kampf der Arbeiter nicht in einem Kampf um Verbesserung ihrer ökonomischen Lage und der Erringung politischer Rechte erschöpfen kann. Erst als »klar geworden war«, dass der historische Fortschritt in einer Umwälzung der gesamten Produktionsweise kulminieren wird, konnte dieses in der Summe Leiden minimierende Projekt auf die politische Tagesordnung gesetzt werden. Die Aufdeckung bestimmter geschichtlicher Gesetzmäßigkeiten (beziehungsweise Trends) musste also, wollte man weiterhin dieselben Interessen und diese möglichst erfolgversprechend und effektiv realisieren, eine veränderte Strategie und Taktik im politischen Handeln nach sich ziehen.

## *2. Hitler: Disproportion zwischen Volkszahl und Lebensraum*

Ein strukturell ähnliches Politikverständnis finden wir bei Hitler. Seiner Vorstellung nach sind die Grundsätze und das Ziel des politischen Handelns aus den Gesetzmäßigkeiten des Überlebenskampfes von Rassen und Völkern abzuleiten.

Ganz wie Marx (und Engels) in der *Deutschen Ideologie,* konstatierte auch Hitler am Anfang seines so genannten *Zweiten Buches*[13], in dem er unter anderem die für seine Weltanschauung zentrale Lebensraumtheorie systematischer ausarbeitete, einen empirisch gegebenen elementaren Zusammenhang jeglichen Lebens: Leben ist Kampf um das Weiterleben; Leben ist Kampf gegen den drohenden Tod. Die Sehnsucht, das Leben zu bewahren, manifestiert sich im

13 Adolf Hitler, Außenpolitische Standortbestimmung nach der Reichstagswahl. In: Hitler, Reden, Schriften, Anordnungen. Februar 1925 bis Januar 1933, Band II A (im Folgenden zitiert als »[Zweites Buch]«), München u. a. 1995. Es handelt sich hierbei um einen von Hitler im Frühsommer 1928 diktierten, zunächst unveröffentlicht gebliebenen Text zur Außenpolitik, der erstmals 1961 von Gerhard L. Weinberg unter dem Titel »Hitlers Zweites Buch« in den »Quellen und Darstellungen zur Zeitgeschichte« des Instituts für Zeitgeschichte, München, herausgegeben wurde.

Selbsterhaltungstrieb. Die Befriedigung des Selbsterhaltungstriebes in seinen – von Hitler vermuteten – beiden Zielen, der Selbsterhaltung des Individuums und der Forterhaltung der Art, stößt jedoch an natürliche Grenzen. Denn der gesamte Lebensprozess spielt sich auf einem begrenzten Raum ab: auf der endlichen Erdoberfläche. Infolge der Knappheit von Ressourcen und Gütern entbrennt mit Folgerichtigkeit ein Kampf um Lebensvoraussetzungen. In diesem Kampf findet eine Auslese statt, bei der der Stärkere das Leben und das Recht zu leben behält und der Schwächere untergeht. Hitler nahm an, das ganze Universum und alles Geschehen in ihm werde nur »von diesem einen Gedanken beherrscht« (den er auf Heraklit zurückführte) und schlussfolgerte:

> »Wer glaubt, aus seinem Leid heraus, aus seiner Empfindung oder seiner Einstellung sich gegen dieses Gesetz auflehnen zu können, beseitigt nicht das Gesetz, sondern nur sich selbst.«[14]

Man sieht: Ganz wie im historischen Materialismus wird der eigentliche Antrieb des menschlichen Verhaltens in Bedürfnissen beziehungsweise Interessen gesehen. Diese Bedürfnisse sind in ihren Grundformen von Mensch zu Mensch und von Kultur zu Kultur invariant. Da sich das Verhalten des Einzelnen aus dem Streben nach Bedürfnisbefriedigung ergibt, ist dieses Verhalten gerichtet. Und da Völker letztlich nichts anderes als im Lebenskampf vereinte Einzelne sind, müssen sich – so Hitler, ganz in Analogie zum Denken von Marx – die Gesetzmäßigkeiten des individuellen Lebenskampfes auch auf den Lebenskampf der Völker übertragen:

14 Adolf Hitlers Geheimrede vom 30. Mai 1942 vor dem »militärischen Führernachwuchs«. In: Henry Picker, Hitlers Tischgespräche im Führerhauptquartier. Entstehung, Struktur, Folgen des Nationalsozialismus, Berlin 1997, S. 707 f.

> »Dieselben Gesetze, die das Leben der einzelnen bestimmen und denen diese unterworfen sind, haben damit ihre Geltung für das Volk.«[15]

Der Kampf zwischen Völkern und Rassen hat – ebenso wie der Klassenkampf – seine Grundlage in der Gerichtetheit des individuellen Verhaltens. Aber nicht die Konkurrenz unter Einzelnen ist der Hauptdeterminator der geschichtlichen Entwicklung, sondern der Kampf zwischen Kollektiven, die in ihrer gemeinschaftlichen Daseinsbewältigung in einen Interessengegensatz geraten. Daher greift auch bei Hitler die Auslese am Volk an.

Verdeutlicht man sich diese Analogien zum Denkansatz des historischen Materialismus, so nimmt es nicht Wunder, wenn wir bei Hitler eine – wie es Ernst Nolte ausdrückte – »biologistische Version der Marxschen Dialektik von Produktivkräften und Produktionsverhältnissen«[16] finden: Im Zuge der natürlichen Vermehrung eines Volkes kommt es zu einem Missverhältnis zwischen der Volkszahl und dem Lebensraum des betreffenden Volkes; es treten allmählich Spannungen auf. Um diese Spannungen aufzulösen, muss entweder die Volkszahl dem Lebensraum oder der Lebensraum der Volkszahl angepasst werden. Das Missverhältnis zwischen Volkszahl und Lebensraum lässt sich zwar durch Fleiß, verbesserte Produktionsmethoden oder Sparsamkeit eine Zeitlang ausgleichen, eines Tages aber können die Defizite an den nötigen Lebensbedingungen, einschließlich der Defizite an Rohstoffquellen, durch diese Mittel und Metho-

15 Hitler, [Zweites Buch], S. 4.

16 Ernst Nolte, Europäische Revolutionen des 20. Jahrhunderts. Die nationalsozialistische Machtergreifung im historischen Zusammenhang. In: Ders., Lehrstück oder Tragödie? Beiträge zur Interpretation der Geschichte des 20. Jahrhunderts, Köln/Weimar/Wien 1991, S. 175–193, hier S. 181.

den nicht mehr beseitigt werden. Da eine künstliche Geburtenbeschränkung bei gleichzeitiger Erhaltung jedes geborenen Wesens die natürliche Auslese untergräbt und den Genpool des Volkes degenerieren lässt, da Auswanderung, die immer eine Auswanderung der Kraftvollsten ist, zur Senkung des durchschnittlichen Rassenwertes führt, und da schließlich die Beschaffung der nötigen Lebensmittel durch Wirtschaftsexpansion und Handelskonkurrenz zum Krieg führt und zudem der Außenhandel an Grenzen des Absatzmarktes stößt, bleibt als einzige nicht-selbstzerstörerische Möglichkeit, den Lebensraum der Volkszahl anzupassen.

Insbesondere das letzte Argument, wonach die vermeintlich friedliche Strategie, den Widerspruch zwischen Volkszahl und Lebensraum durch eine exportorientierte Politik der wirtschaftlichen Expansion zu lösen, letztlich in den Krieg führen muss,[17] war für Hitlers Denken bedeutsam.[18] Jeder Versuch einer »wirtschaftsfriedlichen Eroberung der Welt« scheitere mit Notwendigkeit an der »Schrumpfung der Märkte«, sodass nach dieser Theorie ohnehin nur eine kriegerische Lösung bleibt.[19]

### 3. *Übereinstimmende Denkfiguren*

Man würde es sich zu leicht machen, letztere Auffassung als Hirngespinst Hitlers abzutun. Die Theorie von der tendenziellen Schrumpfung der Märkte wurde in Deutschland von Wirtschaftstheoretikern verschiedener Schulen und Anhängern unterschiedlicher politischer Überzeugungen vertreten.

17 Vgl. Hitler, [Zweites Buch], S. 59, 83 f.

18 Vgl. Peter Krüger, Zu Hitlers »nationalsozialistischen Wirtschaftserkenntnissen«. In: Geschichte und Gesellschaft, 6 (1980), S. 263–282.

19 Hitler, [Zweites Buch], S. 17 f.

Werner Sombart hatte bereits 1903 das »Gesetz der fallenden Exportrate« formuliert, wonach trotz absoluter Zunahme des Exports sein Anteil an der Gesamtleistung der wirtschaftlichen Tätigkeit abnimmt.[20] Interessant sind auch die Parallelen zu Argumentationen bei Rosa Luxemburg[21], Nikolai Bucharin[22] oder Rudolf Bahro[23]. Die allgemeine Idee, daß die Wirtschaftsexpansion an Grenzen stößt – an Grenzen, »die wir nicht zu beheben vermöchten«[24] –, hat im marxistisch inspirierten Denken ein unverkennbares Pendant. Und selbst die Voraussage (wie auch die Erklärung) von Kriegen aufgrund ökonomischer Konfliktlagen, auf die wir bei Hitler stoßen[25], ist, wie die Überlegungen von Luxemburg und Bucharin zeigen, marxistischem Denken alles andere als fremd. Schließlich hatten Marx und Engels schon im *Kommunistischen Manifest* der Bourgeoisie attestiert, Wirtschaftskrisen durch »die Eroberung neuer Märkte und die gründlichere Ausbeutung alter Märkte« zu überwinden, dadurch aber »allseitigere und gewaltigere Krisen« vorzubereiten und »die Mittel, den Krisen vorzubeugen«, zu vermindern.[26]

20 Vgl. Rainer Zitelmann, Hitler. Selbstverständnis eines Revolutionärs. Erweiterte Neuauflage, München 1998, S. 311–316.

21 Vgl. Rosa Luxemburg, Die Akkumulation des Kapitals oder Was die Epigonen aus der Marxschen Theorie gemacht haben. Eine Antikritik. In: Dies., Gesammelte Werke, Bd. 5: Ökonomische Schriften, Berlin 1975, S. 415–523, hier S. 430.

22 Vgl. N[ikolai] Bucharin, Imperialismus und Weltwirtschaft. Mit einem Vorwort von N. Lenin, Wien/Berlin 1929, S. 94, 112.

23 Vgl. Rudolf Bahro, Logik der Rettung. Wer kann die Apokalypse aufhalten? Ein Versuch über die Grundlagen ökologischer Politik, Stuttgart und Wien 1989, S. 473–476.

24 Adolf Hitler, [Rede vom 5. November 1937]. In: Max Domarus, Hitler. Reden und Proklamationen 1932–1945, Band I, Zweiter Halbband 1935–1938. Wiesbaden 1973, S. 750.

25 Vgl. Zitelmann, Hitler, S. 309.

26 Karl Marx/Friedrich Engels, Manifest der Kommunistischen Partei. In: MEW 4, S. 468.

Wir finden in beiden Weltanschauungen die Denkfigur, wonach sich Probleme der kollektiven Reproduktion des menschlichen Lebens und dabei auftretende Interessenkonflikte – so wie die Lage nun einmal ist und die Interessen verteilt sind – unvermeidbar katastrophenartig zuspitzen. Während traditionelle Marxisten den Ausweg in einer revolutionären institutionellen Neukonstruktion der Gesellschaft sahen, in der ein Mensch mit veränderter Bedürfnisarchitektur entsteht, war Hitler überzeugt, dass jeder Versuch einer friedlichen Lösung der sich im Lebenskampf stellenden Probleme aufgrund natürlicher Grenzen des ökonomischen Wachstums letztlich in kriegerische Auseinandersetzungen mündet.

Zum einen argumentierte Hitler – nach seinem Verständnis – realistisch: Er konstatierte lediglich ein empirisches Faktum, nämlich: Jedes Volk ist in den Kampf um Lebensbedingungen hineingestellt – ob es dies selbst will oder nicht, ob es sich dessen bewusst ist oder nicht.

> »[A]lle Geschehnisse im Völkerleben sind nicht Äußerungen des Zufalls, sondern naturgesetzliche Vorgänge des Dranges der Selbsterhaltung und Mehrung von Art und Rasse, auch wenn sich die Menschen des inneren Grundes ihres Handelns nicht bewußt zu werden vermögen.«[27]

Da die verfügbaren Lebensbedingungen grundsätzlich beschränkt sind, steht jedes Volk vor der Alternative, entweder den Kampf um eine Ausweitung des Lebensraumes zu führen oder seine Fortexistenz aufs Spiel zu setzen. Kein Volk kann diesem schicksalhaften Kampf entgehen.

Zum anderen argumentierte Hitler naturrechtlich beziehungsweise moralisch. Seiner Überzeugung nach ist die

27 Hitler, Mein Kampf, S. 310.

jeweils gegebene Verteilung des Lebensraums nicht sakrosankt. Vielmehr ist das »erste Recht auf dieser Welt [...] das Recht zum Leben, soferne man die Kraft hiezu besitzt«[28]. Dies gilt um so mehr, wenn bei einer ungleichen Verteilung des pro Kopf zur Verfügung stehenden Lebensraumes das bevorteilte Volk nicht bereit ist, freiwillig Lebensraum abzutreten, obwohl genug Raum für alle da ist.[29] In diesem Fall kann das benachteiligte Volk nur mit kriegerischen Mitteln um sein Lebensrecht kämpfen. Dass Deutschland in der Verteilung des natürlichen Lebensraumes benachteiligt sei, war für Hitler eine ausgemachte Sache. So komme auf einen Russen »18mal mehr Grund« als auf einen Deutschen.[30]

Analog zu Marx (und Engels) analysierte Hitler – seinem Selbstverständnis nach – empirische Zusammenhänge, formulierte soziale Gesetzmäßigkeiten und erstellte Prognosen über soziale Prozesse. Wie Marx diagnostizierte Hitler Disproportionalitäten und dachte über die Wiederherstellung von Gleichgewichtszuständen nach. Sowohl Marx als auch Hitler richteten das Augenmerk auf die in den Prozessen zum Tragen kommenden Interessen und Sachzwänge – Marx sprach von »Umwälzungsfermenten«[31] – und versuchten, deren »Dialektik«, das heißt deren Zusammenspiel zu erfassen. Dabei muss der im Marxismus üblichen Rhetorik, gesellschaftliche Entwicklungsprozesse aus »Widersprüchen« innerhalb der Gesellschaft beziehungsweise der Produktionsform abzuleiten, nichts Mystisches unterstellt werden. Ziel ist die Identifikation von Faktoren, die menschliche Handlungen bestimmter Art auslösen. Solche Faktoren sind

28 Hitler, [Zweites Buch], S. 5, 12.

29 Vgl. Hitler, Mein Kampf, S. 152.

30 Adolf Hitler, Rede vom 10. Dezember 1919. In: Hitler, Sämtliche Aufzeichnungen 1905–1924. Hrsg. von Eberhard Jäckel, Stuttgart 1980, S. 96.

31 Marx, Das Kapital. Erster Band, S. 512.

Handlungsumstände, Situationen, Zielvorstellungen, Interessen, weltanschauliche Überzeugungen etc. Die Marxsche Prognose der »unvermeidliche[n] Eroberung der politischen Gewalt durch die Arbeiterklasse«[32] war nichts anderes als der Versuch, ein Resultat vorauszuschauen, das sich (mutmaßlich) einstellt, wenn unter gegebenen ökonomischen und gesellschaftlichen Voraussetzungen Menschengruppen (Klassen) ihre Interessen verfolgen. Ein solches Forschungsprogramm lässt sich auf naturalistischer Grundlage sowie auf Basis eines methodologischen Individualismus abarbeiten. Und einen ähnlichen Zugang wählte auch Hitler. Wenn er etwa glaubte feststellen zu dürfen, ein »kraftvolles Volk« werde »stets die Wege finden, seinen Boden seiner Volkszahl anzupassen«[33], dann sah er offenbar einen »Faktor« am Wirken – hier: den Selbsterhaltungstrieb –, der ein bestimmtes Verhalten nach sich zieht und auf Grund von Verhaltensbeobachtungen theoretisch abgeleitet werden kann.

Das für beide Weltanschauungen charakteristische Katastrophendenken gipfelt in Warnungen vor letztlich identischen Gefahren: Während Rosa Luxemburg prophezeite, nur der Sozialismus könne der geschundenen Menschheit Rettung bringen, und sie daher einzig die Alternative »Sozialismus oder Untergang in der Barbarei!«[34] sah, meinte Hitler, dass nur eine »rücksichtslose Anwendung eherner Naturgesetze« die Menschheit vor »Barbarei und in der Folge Chaos« bewahren könne.[35]

Ganz wie Marx begriff sich auch Hitler als Katalysator. Als Theoretiker und vor allem als Führer machte er sich Gedan-

32 Ebd.

33 Vgl. Hitler, [Zweites Buch], S. 12.

34 Rosa Luxemburg, Was will der Spartakusbund? In: Dies., Gesammelte Werke, Bd. 4: August 1914 bis Januar 1919, Berlin 1979, S. 441 (Hervorhebung getilgt).

35 Hitler, Mein Kampf, S. 316.

ken darüber, wie bestimmte Ziele, die von den Akteuren naturwüchsig angestrebt werden, zu erreichen sind. Politik, so Hitler, ist die »Kunst der Durchführung des Lebenskampfes eines Volkes«; ihre höchste Aufgabe ist die »Erhaltung und Fortführung des Lebens eines Volkes«.[36] Auch wenn sich die NSDAP in ihren grundlegenden programmatischen Aussagen nicht qualitativ von der extremen bürgerlichen Rechten unterschied,[37] so war doch diesem Ziel letztlich alles politische Handeln untergeordnet. Hitler hat seine Lebensraumtheorie ernst genommen und konsequent in politisches Handeln umgesetzt.[38]

### *4. Ableitung der Politik aus erkannten Gesetzmäßigkeiten*

Für beide Weltanschauungen ist der Versuch charakteristisch, menschliches Verhalten und gesellschaftliche Zusammenhänge primär aus den Zwängen der Daseinsbewältigung zu erklären. Aufbauend auf diesem Erklärungsansatz weisen beide Ideologien eine wesentliche Strukturgleichheit auf: Sie sind darauf gerichtet, Politik aus erkannten Gesetzmäßigkeiten abzuleiten.

Die Protagonisten beider Weltanschauungen glaubten, dass es ihnen gelungen sei, die entscheidenden Triebkräfte der geschichtlichen Entwicklung aufzudecken. Während in der Theorie von Marx die Gesamtheit sowie die Kombinati-

36 Vgl. Hitler, [Zweites Buch], S. 5, 19.

37 So Hans Mommsen, Die NSDAP als faschistische Partei. In: Richard Saage (Hrsg.), Das Scheitern diktatorischer Legitimationsmuster und die Zukunftsfähigkeit der Demokratie. Festschrift für Walter Euchner, Berlin 1995, S. 257–271, hier S. 261.

38 Vgl. dazu auch Manfred Funke, Starker oder schwacher Diktator? Hitlers Herrschaft und die Deutschen, Düsseldorf 1989, S. 117.

on der bei der Produktion materieller Güter beteiligten subjektiven und gegenständlichen Faktoren (Produktivkräfte) das dynamische Element verkörpern, ist dies bei Hitler das auf Reproduktion und Vermehrung drängende Leben selbst, mithin das quantitative Wachstum eines Volkes. Beide Dynamiken erzwingen – bei Strafe von Stagnation, Rückschritt und schließlich Untergang – Anpassungsreaktionen. Die historisch-universelle Wirksamkeit dieser Triebkräfte schlägt sich in Regularitäten geschichtlicher Abläufe nieder, die als soziale »Gesetze« (Regeln, Trends) formuliert werden können. Beide Theorien unterstellen agierende Kollektivsubjekte, die einander widerstreitende unvermittelbare Interessen verfolgen, als empirische Tatsachen. Im Marxismus sind dies Klassen (jedenfalls in Klassengesellschaften); bei Hitler hingegen bekämpfen sich Rassen. Hieß es im *Kommunistischen Manifest,* »die Geschichte aller bisherigen Gesellschaft« sei »die Geschichte von Klassenkämpfen«[39], so hätte Hitler die Geschichte aller bisherigen Gesellschaft als Geschichte von Rassenkämpfen beschreiben können.

Die gleichsam naturwüchsig ablaufenden Prozesse münden, da in ihnen Interessenkonflikte ausgetragen werden, immer wieder – so die übereinstimmende Problemanalyse – in soziale Katastrophen. Will man die damit verbundene Zahl der Opfer reduzieren, müssen die Probleme aktiv bearbeitet werden. Die eigentlichen Gefahren entstehen durch das Nicht-Handeln. Was für Marxisten die Revolutionen sind, nämlich »die Lokomotiven der Geschichte«[40], das ist für Hitler der bewusst angenommene und offensiv ausgetragene Daseinskampf, letztlich der Krieg. Das anvisierte unmittelbare Ergebnis dieser Kämpfe ist im Falle des proletarischen

39 Marx/Engels, Manifest der Kommunistischen Partei, S. 462.

40 Karl Marx, Die Klassenkämpfe in Frankreich 1848-1850. In: MEW 7, S. 85.

Kampfes die Klassenherrschaft in Gestalt der Diktatur des Proletariats, im Falle des Kampfes des deutschen Volkes die Rassenherrschaft der Arier. Beide Theorien erheben den Anspruch, das *eine* entscheidende Stellglied entdeckt zu haben, das es erlaubt, die gesellschaftlichen Prozesse zu steuern und neu zu strukturieren. Im Marxismus ist dies die Überführung der Produktionsmittel in gesellschaftliches Eigentum und die Überwindung der Anarchie im Prozess der gesellschaftlichen Reproduktion des Lebens; im Nationalsozialismus ist dies die Re-Etablierung des »aristokratische[n] Prinzip[s] der Natur«[41], also eine Wiedereinsetzung des naturgegebenen Prinzips, wonach sich im Daseinskampf letztlich der Bessere und eigentlich auch Stärkere in Konfliktsituationen durchsetzt. Nach marxistischer Vorstellung war damit eine Ausschaltung beziehungsweise Aufhebung der besitzenden und ausbeutenden Klassen verbunden, nach nationalsozialistischer Vorstellung eine Eliminierung des nichtarischen, insbesondere des jüdischen, sowie des christlichen und marxistischen Einflusses auf die Gesellschaft und den Gang der Geschichte. Die Nicht-Berücksichtigung dieser Erkenntnisse im politischen Handeln führt in die Barbarei und zeitigt weltgeschichtlich katastrophale Folgen.

Beide Weltanschauungen richten das Augenmerk auf die Beziehungen zwischen den sozialen Verhältnissen und den Inhalten des gesellschaftlichen Bewusstseins. Die Betonung einer Verflochtenheit der Ideenproduktion mit der Produktion des materiellen Lebens ist eine der genuin marxistischen Ausgangsüberlegungen einer materialistischen Geschichtsauffassung. Mit ihrem Versuch, die »Ideenformationen« aus der materiellen Praxis zu erklären,[42] und ihrem

41 Hitler, Mein Kampf, S. 69, vgl. auch S. 421.

42 Marx/Engels, Die deutsche Ideologie, S. 38.

Diktum, wonach nicht das Bewusstsein der Menschen ihr Sein, sondern umgekehrt das gesellschaftliche Sein ihr Bewusstsein bestimmt,[43] nahmen Marx und Engels den gesellschaftlichen Bewusstseinsformen (Religion, Moral, Recht etc.) den Schein der absoluten Selbständigkeit. Wenn nun Hitler sinniert, auch die antike Welt sei »daran zugrunde gegangen, daß der Himmel ihrer Mythologie nicht mehr zu dem Bild paßte, welches die sozialen Verhältnisse boten«[44], so verkehrt er zwar – aus marxistischer Sicht – die tatsächlichen kausalen Abhängigkeiten, gleichwohl impliziert seine Vorstellung die Idee eines Passungsverhältnisses zwischen dem gesellschaftlichen Sein und den gesellschaftlichen Bewusstseinsformen sowie eines möglichen Widerspruchs zwischen ihnen.

Die hier vorgelegte Analyse beider Weltanschauungen kann freilich nur deren Struktur, die logischen Beziehungen zwischen den einzelnen Bestandteilen dieser Ideensysteme aufklären. Unberücksichtigt bleiben die Genese der jeweiligen Überzeugungssysteme sowie insbesondere die Motive, die den Theoretiker bewusst oder unterbewusst beeinflusst haben mögen, bestimmte Ansichten auszubilden, bestimmte Tatsachen zu ignorieren, bestimmte Behauptungen bereitwillig zu glauben und somit letztlich bestimmte Ideen und Vorstellungen in sein Überzeugungssystem aufzunehmen.

43 Vgl. Karl Marx, Zur Kritik der Politischen Ökonomie. In: MEW 13, S. 9.

44 Hitler, Monologe im Führerhauptquartier, Dok. 145, S. 297.

# IV.
# STRUKTURELLE PARALLELEN

Neben der übereinstimmenden Grundstruktur beider Weltanschauungen lassen sich weitere strukturelle Parallelen identifizieren. Sie machen deutlich, dass beide Ideensysteme hinsichtlich ihres Aufbaus und ihrer Konstruktionselemente sowie hinsichtlich maßgebender Denkfiguren erhebliche Ähnlichkeiten aufweisen. Dabei ist die folgende Auflistung weder abschließend noch, was die Fixierung der Merkmale anlangt, die einzig mögliche.

## *1. Theoretiker und Revolutionäre als Repräsentanten des Volkswillens*

Es entspricht dem Selbstverständnis sowohl von Marx als auch von Hitler den Wünschen und Sehnsüchten von Massen Ausdruck zu verleihen. In beider Verständnis wirft sich der Theoretiker lediglich zum Verkünder eines allgemeinen, bisher teils bewusstlosen, Wollens auf. Sein Engagement zielt auf die Benachteiligten, und seine Analyse offenbart den essentiellen Gehalt ihres Strebens.

Wenn es in der *Heiligen Familie* heißt, es handele sich nicht darum, was das Proletariat sich als Ziel vorstellt, sondern darum, »was es ist und was es diesem Sein gemäß geschichtlich zu tun gezwungen sein wird«[45], so formulieren die Autoren in dieser Sentenz implizit ihre Aufgabe als Theoretiker, nämlich das in der »Lebenssituation« des Proletariats »unwiderruflich« vorgezeichnete Ziel zu identifizieren und der Arbeiterklasse zu Bewusstsein zu bringen. Deshalb konnten sie im *Kommunistischen Manifest* auch behaupten, die kommunistische Theorie beruhe keineswegs auf Ideen oder Prinzipien von Weltverbesserern, sie sei vielmehr der allgemeine Ausdruck »tatsächlicher Verhältnisse eines existierenden Klassenkampfes, einer unter unsern Augen vor sich gehenden geschichtlichen Bewegung«[46].

Ähnlich dachte Hitler. Seiner Vorstellung nach wendet sich die nationalsozialistische Bewegung an die Millionen, die »im Herzen den Wunsch nach einer grundsätzlichen Änderung der heute gegebenen Verhältnisse tragen«[47]. Der Führer einer solchen Bewegung gibt, indem er, in Kenntnis der Rassengesetze, ihre programmatischen Grundlagen entwirft, den wirklichen Interessen großer Menschenmassen Ausdruck, und er formuliert die politischen Ziele, die diesen unerfüllten Wünschen entsprechen.

In beiden weltanschaulichen Ideensystemen wurde dem »subjektiven Faktor« eine herausragende Bedeutung zugewiesen. Und in beiden Typen von Weltanschauungsdiktaturen standen die Führer letztlich vor derselben Aufgabe: Große Menschenmassen so weit zu bringen, dass sie ihren, von den Führern bereits erkannten, »wahren« Interessen folgen.

45 Friedrich Engels/Karl Marx, Die heilige Familie oder Kritik der kritischen Kritik. In: MEW 2, S. 38 (Hervorhebung getilgt).

46 Marx/Engels, Manifest der Kommunistischen Partei, S. 474 f.

47 Hitler, Mein Kampf, S. 363.

## 2. *Gefahrenabwehr als Intention*

Beide Ideologien formulieren als Hauptziele die Beseitigung von Missständen, die Überwindung unhaltbarer Zustände, den Schutz vor potentiellen Bedrohungen – kurz: die Abwehr drohender Gefahren.

Die primären Ziele sind somit *negativer* Art, und selbst die zur Zielerreichung vorgeschlagenen Mittel und Strategien zielen entweder auf Verneinung: auf Überwältigung, Beherrschung, Beseitigung, Zerstörung oder Vernichtung, oder zumindest auf eine Aufhebung im dialektischen Sinne: auf Abschaffung, Aufbewahrung und Höherführung. Setzte Marx auf die Beseitigung des Privateigentums an Produktionsmitteln und die Überwindung der kapitalistischen Produktionsweise, so malte Hitler das Gespenst der Übervölkerung, einer (vermeintlich) jüdischen Gefahr, der Rassenvermischung und des kulturellen Verfalls an die Wand. Marx und Engels standen die unhaltbaren Lebensbedingungen der Arbeiterklasse des 19. Jahrhunderts vor Augen; Hitler sorgte sich um die Existenzbedingungen des deutschen Volkes und seine Stellung in Europa nach der Niederlage im Ersten Weltkrieg.[48]

Während der Marxismus in der Tradition der Aufklärung steht und »Vernunft«, »Freiheit« und »Fortschritt« auf seine Fahne geschrieben hat, war der Nationalsozialismus zwar keineswegs durchgängig, aber doch in wesentlichen Aspekten von einem antimodernistischen Impuls getragen. Während die kommunistische Bewegung die Grundtendenzen der modernen Welt als ein geschichtliches Fortschrittsgeschehen begrüßte und dieses beschleunigen, human gestal-

48 Allerdings war auch Hitler von der »sozialen Frage« umgetrieben. Vgl. Hitler, Mein Kampf, S. 22–24. Siehe auch Manfred Lauermann, Das Soziale im Nationalsozialismus. In: Berliner Debatte INITIAL, 9 (1998) 1, S. 35–52.

ten und im dialektischen Sinne aufheben wollte, sah Hitler in Liberalismus, Individualismus, Humanismus, Demokratisierung und Frauenemanzipation Zeichen des Verfalls und der Dekadenz. Während Marxisten auf Globalisierung und Internationalisierung setzten, waren Völkeraustausch und Rassenvermischung für Hitler ein Gräuel. Während der Marxismus die länderübergreifende Arbeitsteilung als Weg zur Beschleunigung der Produktivkraftentwicklung betrachtet, setzte Hitler auf Autarkisierung als Voraussetzung vollkommener politischer Souveränität. Insofern können beide Ideologien, was den materialen Gehalt ihrer Ziele anlangt, nur als Antipoden verstanden werden. Und doch haben sie eine fundamentale Gemeinsamkeit: Beide Ideologien, und eben auch der Marxismus, sind, von ihrer grundlegenden Intention her gedacht, keine Heilslehren. Sie sollten daher präziser als »Unheilvermeidungsideologien« angesprochen werden, als »Ideologien der Gefahrenabwehr«.

Allerdings sollte die Abwehr der identifizierten Gefahren niemals nur den status quo sichern, sondern zugleich den Weg in eine bessere Zukunft bahnen. Insofern verfolgten Marxisten und Nationalsozialisten ebenso *positive* Ziele. Diese Ziele sind aber in dem Sinne keine primären Ziele, als ihre Formulierung unabhängig von einer Identifizierung der Gefahren undenkbar erscheint. Natürlich: Es kann nicht bestritten werden, dass gerade der Marxismus, indem er die kommunistische Zukunftsgesellschaft als ein Reich der wahrhaften menschlichen Emanzipation beschrieb und in bombastischer Überhöhung zum »aufgelöste[n] Rätsel der Geschichte«[49] stilisierte, ein Heil in Aussicht stellte und daher auch Berechtigung besteht, ihn als eine »Heilslehre« zu

49 Karl Marx, Ökonomisch-philosophische Manuskripte aus dem Jahre 1844. In: MEW Ergänzungsband I, S. 536.

charakterisieren. Gleichwohl ist diese Kennzeichnung eher irreführend: Die sozialistisch/kommunistische Gesellschaft herzustellen ist keine normative Forderung, und die Theorie selbst, die das »ökonomische Bewegungsgesetz der modernen Gesellschaft«[50] erfassen und das Heraufziehen der neuen Gesellschaft beschreiben soll, ist keine Anleitung, wie ethische Postulate zu erfüllen wären.

Wenn man fragen wollte, welches Ziel der auf Abwehr und Verteidigung gerichteten politischen Ziele für Hitler primär war – die Abwendung der Übervölkerung oder die Reinhaltung der Rasse oder die Verhinderung einer deutschen Sowjetrepublik oder die Bekämpfung des »internationalen Judentums« – , so hätte die Antwort zu lauten, dass es sich hierbei um Unterziele unterschiedlichen Konkretheitsgrades handelt, die teilweise aufeinander bezogen, aber sämtlichst dem einen *politischen* Oberziel untergeordnet sind: der Selbsterhaltung und Entfaltung des deutschen Volkes als dem Haupt-Repräsentanten der arischen Rasse.

### *3. Ziele von weltgeschichtlicher Bedeutung*

In beiden Ideologien erweisen sich die aus den sozialen Kämpfen abgeleiteten politisch-sozialen Ziele als Ziele von weltgeschichtlicher Bedeutung. Die Abwehr der identifizierten Gefahren sowie die Beseitigung ihrer Ursachen erweist sich zugleich als ein global bedeutsamer Neuanfang, als Aufbruch in eine bessere Zukunft.

Nach marxistischer Vorstellung führt der Kampf gegen die Kapitalistenklasse zur Beseitigung des Privateigentums

50 Marx, Das Kapital. Erster Band, S. 15.

an Produktionsmitteln, und die Aufhebung der kapitalistischen Produktionsweise mündet in eine klassenlose Gesellschaft. Marx nahm an, dass damit ein sich über mehrere Jahrtausende erstreckender Geschichtszyklus abgeschlossen ist und ein in verschiedener Hinsicht grundsätzliches Neubeginnen möglich wird. Indem die »assoziierten Produzenten« nunmehr »ihren Stoffwechsel mit der Natur rationell regeln« und ihn »unter ihre gemeinschaftliche Kontrolle bringen, statt von ihm als von einer blinden Macht beherrscht zu werden«, erweitern sie das »wahre Reich der Freiheit«, das da beginnt, »wo das Arbeiten, das durch Not und äußere Zweckmäßigkeit bestimmt ist, aufhört«.[51]

Ob bewusst oder unbewusst – Hitlers Ansprüche standen dem nicht nach. Weder zögerte er, für seine Ziele weltgeschichtliche Bedeutung zu behaupten, noch scheute er sich, seine eigenen Überlegungen als »wissenschaftlich« zu charakterisieren[52]. Im Marxismus sah er eine Lehre, die, würde sie zur organisatorischen Grundlage des gesellschaftlichen Lebens auf der Erde, nur ein Chaos hervorbringen könnte. Indem der Marxismus »den Wert der Person« leugne und »die Bedeutung von Volkstum und Rasse« bestreite, werde der Menschheit »die Voraussetzung ihres Bestehens und ihrer Kultur« entzogen.[53] Die ethische Idee der Gleichheit der Rassen und Einzelmenschen stelle »eine Gefahr für das rassische Leben der Träger einer höheren Ethik«[54] dar.

Hitler sah sich in einen Entscheidungskampf um die Weltherrschaft hineingestellt. Wenn, wie er behauptete, Deutschland »das nächste große Kampfziel des Bolschwismus« ist,

51 Karl Marx, Das Kapital. Dritter Band. In: MEW 25, S. 828.

52 Vgl. Hitler, Mein Kampf, S. 131.

53 Ebd., S. 69.

54 Ebd., S. 421.

dann ist der Kampf gegen denselben zugleich ein Kampf für die Abwehr einer weltweiten und global bedeutsamen Gefahr, nämlich der »jüdische[n] Weltbolschewisierung«.[55]

Es wäre in der Tat verfehlt, Hitler lediglich als einen deutschen Nationalisten zu sehen.[56] So wie Kommunisten für sich in Anspruch nahmen, »die gemeinsamen, von der Nationalität unabhängigen Interessen des gesamten Proletariats«[57] zur Geltung zu bringen, zielte auch Hitler letztlich auf Lösungen, die den nationalen Horizont überschritten. In diesem Sinne tragen beide Ideologien – wenngleich in unterschiedlichem Maße – »internationalistische« Züge. Als Ziel des politischen Handelns galt der einen die weltweite Sowjetrepublik, der anderen ein germanisches Reich deutscher Nation[58], die Schaffung eines Großraums in Europa mit Deutschland als hegemonialer Macht.

## 4. *Vorstellungen von gesellschaftlichem Fortschritt*

Wir finden in beiden Weltanschauungen eine strukturell ähnliche Vorstellung von der Realisierung gesellschaftlichen Fortschritts.

Nach Marx realisiert sich menschlicher Fortschritt über Jahrtausende hinweg in Klassengesellschaften und der Kampf der Klassen stellt eine Triebkraft der Geschichte dar. Nach Hitler ist die kulturelle und zivilisatorische Entwicklung der Menschheit nicht denkbar, ohne die Unterwerfung

55 Ebd., S. 751 f.

56 Vgl. Ernst Nolte, Der europäische Bürgerkrieg 1917–1945. Nationalsozialismus und Bolschewismus, München 2000, S. 218.

57 Marx/Engels, Manifest der Kommunistischen Partei, S. 474.

58 Vgl. Hitler, Mein Kampf, S. 362.

rassisch niederer Völker durch kulturbegründende, rassisch höherwertige Völker.

Hitler warf denselben kalten Blick wie Marx auf die Notwendigkeiten, die den Fortschritt der Menschheit – ihrer Überzeugung zufolge – erst ermöglicht haben. So wie bei Marx Ausbeutung und Unterdrückung in den Klassengesellschaften im Dienste der Produktivkraftentwicklung steht, so ist bei Hitler die Unterwerfung und Verwendung »niederer Menschen« Bedingung des von den Ariern erzeugten kulturellen und technischen Aufstiegs der Menschheit.

Marx begegnete dem Fortschrittsgedanken illusionslos. Er war sich der Tragik und Dramatik der Geschichte bewusst und verglich den bisherigen menschlichen Fortschritt mit »jenem scheußlichen heidnischen Götzen«, »der den Nektar nur aus den Schädeln Erschlagener trinken wollte«[59]. Ähnlich angewidert von einer Wirklichkeit, die dem moralischen Empfinden Hohn spricht, aber mit derselben konsequenten Nüchternheit zeigte sich Hitler:

> »Man kann es schrecklich finden, wie in der Natur eines das andere verzehrt. [...] Ändern kann man das nicht. [...] Ich sage mir deshalb, das einzige ist, die Gesetze der Natur zu erforschen, damit man sich nicht gegen sie stellt [...].«[60]

Weil der Fortschrittsprozess – nach der Vorstellung von Marx – unüberspringbare Entwicklungsphasen zu durchlaufen hat, lag es ihm fern, den ausbeutenden Kapitalisten moralisch zu verurteilen. Ausbeutung im Marxschen Sinne, das heißt Aneignung des Mehrwerts durch den Kapitaleigner, ist ein Funktionsprinzip einer kapitalistisch organisierten Wirtschaft. Für

59 Karl Marx, Die künftigen Ergebnisse der britischen Herrschaft in Indien. In: MEW 9, S. 226.

60 Hitler, Monologe im Führerhauptquartier, Dok. 64, S. 148 f.

Marx waren Transaktionen zwischen Produktionsagenten dann gerecht, wenn diese »aus den Produktionsverhältnissen als natürliche Konsequenz entspringen«[61].

Analog wäre es Hitler nicht eingefallen, den Lebenskampf der Völker selbst oder erforderliche Handlungen in diesem Kampf einer moralischen Bewertung zu unterziehen. Alles, was notwendigerweise getan werden muss, um diesen Kampf zu bestehen, ist auch gerechtfertigt; es entzieht sich gleichsam der Perspektive der Moral.

Zudem begriff Hitler den Lebenskampf der Völker als Quelle des kulturellen Fortschritts. Die Ausbeutung fremder Arbeitskraft galt ihm als ein Erfordernis, dessen Dringlichkeit mit dem – marxistisch formuliert – Stand der Produktivkräfte variiert. Wenn zuerst »der Besiegte vor dem Pfluge« ging »und erst nach ihm das Pferd«, so wäre es, wie er schlussfolgerte, eine pazifistische Narretei, dies »als Zeichen menschlicher Verworfenheit anzusehen«.[62] Vielmehr deutete er die Geschichte als ein Geschehen, das sich letztlich auch im Interesse der herrschaftsunterworfenen und benachteiligten Völker (nicht notwendigerweise der aktuell lebenden Individuen) erweist.[63]

## 5. *Geschichtliche Kulminationspunkte und Sondermoral*

In beiden Weltanschauungen wird Fortschritt nicht linear gedacht. Vielmehr kulminieren die auszutragenden geschichtlichen Kämpfe in qualitativen Umschlägen. Die Exorbitanz der Gefahr beziehungsweise die Bedeutung der geschichtlichen

61 Karl Marx, Das Kapital. Dritter Band. In: MEW 25, S. 352.

62 Hitler, Mein Kampf, S. 323.

63 Vgl. ebd., S. 324.

Situation rechtfertigt Mittel und Methoden, deren Einsatz außerhalb dieser Notwehr- beziehungsweise Ausnahmesituation moralisch verboten wäre.

Diese Denkfigur korreliert mit dem Gefühl der maßgebenden Ideologen, in einer sich anbahnenden Zeitenwende zu leben, deren inneren Sinn sie begriffen zu haben glaubten. Marx und Engels hielten eine geschichtliche Phase für angebrochen, in der die »bürgerlichen Verhältnisse zu eng geworden« waren, »um den von ihnen erzeugten Reichtum zu fassen«; die Bourgeoisie aber, so prophezeihten sie im *Kommunistischen Manifest,* »hat nicht nur die Waffen geschmiedet, die ihr den Tod bringen; sie hat auch die Männer gezeugt, die diese Waffen führen werden – die modernen Arbeiter, die Proletarier«.[64] Und auch bei Hitler findet sich das Bewusstsein einer fundamentalen Umbruchzeit: »Wir stehen heute sicher in einer der größten Umwälzungen, welche die menschliche Geschichte kennt.«[65]

Bekanntlich hat Marx den Eintritt in die kommunistische Gesellschaft als Wiederherstellung urkommunistischer Gesellschaftsverhältnisse unter den Bedingungen höher entwickelter Produktivkräfte gedeutet. Nach diesem Vorgang ist ein dialektischer Zyklus abgeschlossen, ohne dass damit die Menschheit an ein Ende der Geschichte gekommen sein müsste. Mit der Beseitigung aller anderen Klassen schafft das siegreiche Proletariat zugleich sich selbst als Klasse ab, weshalb sich Marx den vollendeten Kommunismus als klassenlose Gesellschaft vorstellte.

Denkt man Hitlers Anschauungen vom Kampf der Rassen zu Ende, so ist – analog zur klassenlosen Gesellschaft des Kommunismus – eine rassenlose Gesellschaft als ein

64 Marx/Engels, Manifest der Kommunistischen Partei, S. 468 (Hervorhebung getilgt).

65 Hitler, Monologe im Führerhauptquartier, Dok. 145, S. 297.

mögliches Ergebnis dieses Kampfes zumindest vorstellbar. Diese wäre nach der Ausrottung der letzten noch verbliebenen Konkurrenzrasse realisiert. Dass Hitler mit diesem Gedanken gespielt und die Möglichkeit, dass der Rassenkampf unter diesen Bedingungen aufgehört haben würde, ins Auge gefasst hat, zeigen seine Erwägungen über einen weltweiten Sieg der höchststehenden Rasse.[66]

Mit der Fixierung von Kulminationspunkten werden nicht nur geschichtliche Phasen definiert. Zugleich erwächst daraus die Gefahr der Reklamierung einer »Sondermoral« für das Handeln unter Bedingungen, unter denen die vorgestellte Idealgesellschaft noch nicht realisiert ist. Diese Sondermoral soll Vorgehensweisen legitimieren, die zur Erreichung solcher Gesellschaftszustände notwendig erscheinen, die eine Berufung auf gerade diese Sondermoral in Zukunft überflüssig machen.

Nun hängt die Gültigkeit von Rechtfertigungsargumenten wesentlich von der Gültigkeit außermoralischer Prämissen ab. Allerdings lässt sich die Berechtigung, von bestimmten empirischen oder theoretischen Annahmen ausgehen zu dürfen, häufig nur schwer begründen. Aus der Sicht totalitärer Ideologen ist dies die Stunde der Propaganda. Ihre Aufgabe ist es, den Realitätsgehalt solcher Annahmen plausibel zu machen. Mit propagandistischen Tricks, vor allem einer Rhetorik, die von extremen Kennzeichnungen Gebrauch macht, soll Rechtfertigungsargumentationen eine größere Plausibilität verschafft werden. Geeignete Instrumente dafür sind die Prophezeiung von Katastrophen, die Totalkritik am Überkommenen, die Verteufelung des Gegners, die Überhöhung des anvisierten Neuen, die Fixierung radikaler Alternativen, die Konstruktion unausweichlicher Dilemmata.

66 Siehe Hitler, Mein Kampf, S. 315 f.

## *6. Katastrophendenken und prinzipienloser Pragmatismus*

Die Theoretiker beider Ideologien begnügten sich nicht mit der nüchternen Analyse, sondern gaben weithin ungezügelt der Versuchung nach, Gefahren zu dramatisieren und angeblich »letzte Gelegenheiten« zu beschwören. Der in beiden totalitären Bewegungen zu beobachtende Hang zur Brutalisierung steht in engem Zusammenhang mit dieser Art, die Wirklichkeit wahrzunehmen und so darzustellen, dass sie sich vorgängigen Überzeugungen fügt. Die Protagonisten beider ideologischer Bewegungen kultivierten einen weitgehend prinzipienlosen, an momentanen Zwecken orientierten Politikstil.

Die Neigung, im Fortgang der Dinge Katastrophen zu erwarten, stellt nicht das Handeln, sondern das Nicht-Handeln, das Abwarten, unter einen verschärften Rechtfertigungszwang. Je katastrophaler die Zukunft im Falle des Nichthandelns, umso mehr Risiken dürfen vernünftigerweise im Handeln eingegangen werden und umso unvollkommener darf das Ergebnis geraten.

Dramatische Gefahrenanalysen lassen diese Folgen als verheerend erscheinen. Hier ist der logische Ort, der der Denkfigur der »letzten Gelegenheit« eine besondere Durchschlagskraft verleiht. Jetzt die Macht nicht ergreifen, so begründete Lenin seinen Aufruf zum Putsch, hieße »die Revolution zugrunde richten«[67]. Und als er im September 1917 ausrief: »Die Geschichte wird es uns nicht verzeihen, wenn wir jetzt nicht die Macht ergreifen«[68], hatte er gerade damit eine »letzte Gelegenheit« konstruiert.

67 W. I. Lenin, Die Krise ist herangereift. In: Ders., Werke, Bd. 26, Berlin (Ost) 1961 ff. (abgekürzt: LW Bd.-Nr.), S. 67 (Hervorhebung getilgt).

68 W. I. Lenin, Die Bolschewiki müssen die Macht ergreifen. In: LW 26, S. 3.

Aber auch Hitler kann geradezu als Theoretiker der »letzten Gelegenheit« bezeichnet werden. Er glaubte, die letzte Gelegenheit zur Abwehr des Bolschewismus ergriffen zu haben. Denn wenn Stalin »noch zehn bis fünfzehn Jahre an der Arbeit geblieben wäre«, so seine Überzeugung, »wäre Sowjetrußland der gewaltigste Staat der Erde geworden«[69]. Er habe damit rechnen müssen, rechtfertigte sich Hitler am 17./18. September 1941, »daß im Laufe dieses Jahres Stalin zum Angriff übergeht«[70].

Für beide Ideologien ist ein Denken in radikalen Alternativen kennzeichnend. Es ist eine spezifische gedankliche Zurichtung der Welt, die bestimmte Maßnahmen nahelegt und letztlich auch Zögernde moralisch erpressen kann: Wer nicht bereit ist, den roten, den proletarischen Terror zu akzeptieren, erweist sich damit als »Helfershelfer« des Gegners, ja er liefert die Massen dem weißgardistischen Terror aus.[71] Wer jeglichen Terror und damit die von Lenin propagierten Methoden – »auf der Stelle gerichtliche Aburteilung und unbedingt Erschießung«[72] – ablehnt, erweist sich damit als jemand, der sich mit seiner Beteuerung humanistischer Phrasen in den Dienst des Antihumanismus stellt.

In dem Willen, die Ergebnisse der Revolution trotz aller Schwierigkeiten und Widerstände nicht preiszugeben, entwickelte Lenin die Bereitschaft zu einem bedingungslosen und an keinerlei Regeln gebundenen Pragmatizismus. Dabei werden Entscheidungen über den Einsatz außerordentlicher Mittel stets unter Berufung auf eine Sachzwanglogik gerecht-

69 Hitler, Monologe im Führerhauptquartier, Dok. 184, S. 366.

70 Ebd., Dok. 19, S. 60 f.

71 Vgl. W. I. Lenin, Über die Naturalsteuer. In: LW 32, S. 370.

72 Lenin, Über die Naturalsteuer, S. 370.

fertigt und mit Beteuerungen des Bedauerns[73] schmackhaft gemacht. Ganz in diesem Sinne nannte es Lenin eine »bittere, aber unbestreitbare Wahrheit«, dass es unter den Bedingungen der Verschärfung des Klassenkampfes »unmöglich« sei, »ohne Terror auszukommen«.[74]

In dieser Logik der Rechtfertigung von Gewalt treffen sich wiederum die Führer beider Ideologiestaaten. Zweifellos hätte Hitler diesen – hier nur auf die kommunistische Bewegung gemünzten – Rechtfertigungsgedanken für nachvollziehbar gehalten. Es war geradezu eine seiner Spezialitäten, mit ähnlich diffusen und unpräzisen Rechtfertigungsformeln zu operieren. Zur Begründung des »Vernichtungskampfes« gegen den Bolschewismus setzte er am 30. März 1941 in einer Rede vor der Generalität auseinander, warum der Krieg gegen die Russen andere Kampfmittel erfordere als der Krieg im Westen. Es ginge nicht darum, den kommunistischen Feind lediglich zu schlagen, denn dann würde man ihm in 30 Jahren erneut gegenüberstehen. Daher müsse man »vom Standpunkt des soldatischen Kameradentums abrücken«[75].

Wenn Hitler die Sowjetunion für verhandlungs- und vertragsunfähig hielt, weil Verträge nur zwischen Kontrahenten auf gleicher weltanschaulicher Ebene abgeschlossen werden könnten,[76] so dürfte er sich von Lenin nicht unterschieden haben. Für diesen war es selbstverständlich,

73 »Noch ist es uns, sagten wir / Nicht vergönnt, nicht zu töten«. (Bertolt Brecht, Die Maßnahme. In: Ders., Die Lehrstücke, Leipzig 1978, S. 92.)

74 Lenin, Über die Naturalsteuer, S. 370.

75 Adolf Hitler, [Rede vom 30. März 1941]. In: Domarus, Hitler. Reden und Proklamationen 1932–1945, Band II, Zweiter Halbband 1941–1945, S. 1682. – Einen Tag später wurde der berüchtigte »Kommissarbefehl«, der die Ermordung gefangengenommener politischer Hoheitsträger und Leiter (Kommissare) vorsah, schriftlich formuliert.

76 Vgl. Nolte, Der europäische Bürgerkrieg, S. 218.

dass sich die Partei durch keinerlei Beschlüsse in strategischen Fragen die Hände binden dürfe, sondern vielmehr das ZK ausdrücklich ermächtigt werden müsse, gegebenenfalls »alle Friedensverträge zu zerreißen« und »jeder imperialistischen Macht und der ganzen Welt den Krieg zu erklären.«[77]

Die Ähnlichkeiten, die gerade Lenin und Hitler in ihrem Denken und ihrem Politikstil aufwiesen, sind eklatant. Ihnen beiden war ein weitgehender prinzipienloser Pragmatismus eigen, der mit einer radikalen Geringschätzung von rechtlichen Bindungen einherging. Strafen müssten den Gegebenheiten vor Ort angepasst werden. Um »die besten Methoden und Mittel des Kampfes herauszuarbeiten«, empfahl Lenin einen flexiblen Umgang mit Gaunern, Reichen, bürgerlichen Intellektuellen oder Arbeitsverweigerern – und zwar vom Klosettreinigen bis zur Erschießung an Ort und Stelle.[78]

Was den Umgang mit Gegnern oder vermeintlichen Gegnern anlangt, dürften sich übrigens Lenin und Trotzki einig gewesen sein. Letzterer hatte als Volkskommissar für Militär und Marine und Vorsitzender des höchsten Militärsowjets am 8. August 1918 einen Befehl des kriegsrevolutionären Tribunals unterschrieben, der die Errichtung von *Konzentrationslagern* anordnete, »wohin alle dunklen Agitatoren, konterrevolutionären Offiziere, Sabotierenden, Parasiten und Spekulanten gebracht werden mit Ausnahme derer, die an Ort und Stelle des Verbrechens erschossen oder vom revolutionären Militärtribunal zu anderen Stra-

77 W. I. Lenin, Siebenter Parteitag der KPR (B). In: LW 27, S. 107.

78 W. I. Lenin, Wie soll man den Wettbewerb organisieren? In: LW 26, S. 413 (Hervorhebung getilgt).

fen verurteilt werden«[79]. Ganz ähnlich war für Hitler die Justiz »noch zu wenig elastisch«[80]. Für ihn war die Justiz »kein Selbstzweck«. Sie diene »der Erhaltung der menschlichen Gesellschaftsordnung«, eines »Organismus«, dem man »Kultur und Fortschritt« verdanke. Und er schlussfolgerte: »Richtig ist jedes Mittel, das diesem Zweck nützt.«[81]

### *7. Postulierung höchster Ziele*

Beide Weltanschauungen leiten das Kriterium, an dem sich die Organisation von Staat und Gesellschaft zu orientieren hat, aus der Bestimmung höchster Ziele ab.

Obwohl die diesbezüglichen Argumentationen – von Hitler ohnehin, aber selbst die von Marx und Engels – unsystematisch und teilweise unscharf sind, erscheint die Interpretation am plausibelsten, dass diese Ziele als objektive beziehungsweise als objektiv existierende Ziele vorgestellt werden – das heißt als Ziele, deren Realisierung dem einzelnen Menschen unabhängig von seinen spezifisch-individuellen Bedürfnissen und Interessen als Aufgabe gestellt ist. Bei Marx ist dies die freie Entwicklung der Persönlichkeit, die als die wahre Bestimmung des Menschen gilt. Bei Hitler ist es die »freie Entwicklung aller in dieser [der arischen – L.F.] Rasse schlummernden Kräfte«[82], die für einen Arier das eigentliche Ziel verkörpert, welches als Selbstzweck zu

79 »Befehl des Volkskommissärs für militärische Angelegenheiten«. In: W. Kossowski: Das bolschewistische Regime in Rußland. Olten/[Schweiz] o. J., S. 72 f., hier S. 73, abgedruckt in: The Opposition. At home and abroad, Bd. 1. Seeds of conflict. Series 4: The Russian Revolution from the October Revolution to the Moscow trials, 1917-1936. Nendeln 1975.

80 Picker, Hitlers Tischgespräche im Führerhauptquartier, S. 142.

81 Hitler, Monologe im Führerhauptquartier, Dok. 177, S. 350.

82 Hitler, Mein Kampf, S. 433.

betrachten ist. Sowohl Marx als auch Hitler haben damit Lebensziele postuliert, die über die pure Erhaltung des Lebens hinaus reichen.

Die einem menschlichen Wesen adäquate Lebensaufgabe sah Marx im »absolute[n] Herausarbeiten seiner schöpferischen Anlagen«, in »der Entwicklung aller menschlichen Kräfte als solcher, nicht gemessen an einem *vorhergegebnen* Maßstab«,[83] in der »menschliche[n] Kraftentwicklung, die sich als Selbstzweck gilt«[84]. Als ein mit Bewusstsein und Vernunft begabtes Wesen ist der Mensch nicht nur auf das »Reich der Notwendigkeit«, das heißt die Reproduktion der puren Daseinsvoraussetzungen, verwiesen; er ist vielmehr von seiner Gattungsnatur her freigesetzt für höhere Tätigkeiten, Kunst und Wissenschaft, und erst in der Betätigung und Entfaltung seiner diesbezüglichen Vermögen realisiert sich seine eigentliche Bestimmung.

Hitler begriff den Staat als ein Mittel zur »Erhaltung und Förderung einer Gemeinschaft physisch und seelisch gleichartiger Lebewesen«[85]. Handelt es sich, wie bei den Ariern, um eine schöpferische und kulturtragende Rasse, dienen diese Kräfte zugleich der Förderung der geistigen und kulturellen Weiterentwicklung, der Entfaltung der »Schönheit und Würde eines höheren Menschentums«.[86] Indem die völkische Bewegung »jenes freie Spiel der Kräfte wiederherstellt, das zu einer dauernden gegenseitigen Höherzüchtung führen muß«, entspreche sie »dem innersten Wollen der Natur«.[87]

83 Karl Marx, Grundrisse der Kritik der politischen Ökonomie. In: MEW 42, S. 396.

84 Marx, Das Kapital. Dritter Band, S. 828.

85 Hitler, Mein Kampf, S. 433 (Hervorhebung getilgt).

86 Ebd., S. 432 ff.

87 Ebd., S. 422.

Beide Weltanschauungen weisen trotz ihrer naturalistischen Grundeinstellung einen metaphysischen Restbestand auf. Dieser metaphysische Glaube an eine (objektive) Bestimmung des Menschen und der Menschheit war selbst im Denken der Aufklärung nie überwunden worden.

## *8. Zivilisationskritik*

Die Protagonisten beider Weltanschauungen waren von der Vorstellung beherrscht, die Menschheit habe auf dem gegenwärtigen Stand ihrer zivilisatorischen Entwicklung beziehungsweise auf dem eingeschlagenen Zivilisationspfad ihre »wahre« Bestimmung noch nicht realisiert oder diese gar verfehlt. Demgemäß übten sie sich in einer teils vernichtenden Zivilisationskritik und erwarteten oder propagierten eine grundsätzliche Neuorientierung in der zivilisatorischen Entwicklung der Menschheit.

Marx und Engels versuchten, den Funktionsmechanismus einer auf Privateigentum an Produktionsmitteln und freier Lohnarbeit beruhenden Wirtschaft zu analysieren. Dabei deckten sie Ambivalenzen und Paradoxien auf. Sie zeigten, wie Fortschritte in der Produktivität der Arbeit mit Verlusten an Menschlichkeit erkauft werden, wie sich Zuwächse an individueller Freiheit in Formen der Knechtschaft durchsetzen. »Das Privateigentum«, schrieb der junge Marx, »hat uns so dumm und einseitig gemacht, daß ein Gegenstand erst der unsrige ist, wenn wir ihn haben«.[88] »Alle Leidenschaften und alle Tätigkeit muß also untergehn in der *Habsucht*.«[89] Und Engels resümierte:

88 Marx, Ökonomisch-philosophische Manuskripte, S. 540 (Hervorhebung getilgt).

89 Ebd., S. 550.

> »Die platte Habgier war die treibende Seele der Zivilisation von ihrem ersten Tag bis heute, Reichtum und abermals Reichtum und zum drittenmal Reichtum, Reichtum nicht der Gesellschaft, sondern dieses einzelnen lumpigen Individuums, ihr einzig entscheidendes Ziel.«[90]

Diesen Gedanken, nämlich dass eine einseitige Konzentration auf materiellen Reichtum zu einer Verfehlung der höheren, der eigentlichen Ziele des menschlichen Lebens führt, finden wir nun auch bei Hitler:

> »Der Tanz ums goldene Kalb wird zum erbarmungslosen Kampf um alle jene Güter, die nach unserm inneren Gefühl nicht die Höchsten und einzig erstrebenswerten auf dieser Erde sein sollen.«[91]

Zwar waren für Marx die von ihm analysierten Entfremdungserscheinungen eine Konsequenz der Knechtung der Arbeit unter das Privateigentum und insofern eine geschichtlich notwendige Entwicklungsphase, während Hitler glaubte, die Dominanz von Egoismus und Habsucht auf jüdische Eigenheiten zurückführen zu dürfen. Zwar war also für Marx das Problem der grundsätzlichen Fehlorientierung des menschlichen Strebens nach materiellem Reichtum ein Problem der Klassenspaltung, während Hitler an dieser Stelle ein Rassen- und Ideologieproblem erkannte. Gleichwohl hat auch der junge Marx – und zwar ebenso wie Hitler – dem

90 Friedrich Engels, Der Ursprung der Familie, des Privateigentums und des Staats. In: MEW 21, S. 171.

91 Adolf Hitler, [Gutachten vom 16. September 1919]. In: Werner Maser, Hitlers Briefe und Notizen. Sein Weltbild in handschriftlichen Dokumenten, Graz – Stuttgart 2002, S. 224. Dieses »Gutachten« – »Hitlers erstes politisches Dokument« (ebd., S. 226) – ist auch abgedruckt in: Werner Maser, Fälschung, Dichtung und Wahrheit über Hitler und Stalin, München o. J., S. 68–71.

Judentum eine besondere Stellung in der auf dem Eigennutz und dem Geld basierenden bürgerlichen Gesellschaft zugeschrieben. Diese besondere Stellung ergibt sich seiner Anschauung nach daraus, dass sich der Jude »die Geldmacht angeeignet« habe und gleichzeitig »durch ihn und ohne ihn das Geld zur Weltmacht und der praktische Judengeist zum praktischen Geist der christlichen Völker geworden« sei.[92]

Die Schöpfer der marxistischen und der nationalsozialistischen Weltanschauung sind in wesentlichen Punkten ihrer Analyse und Kritik der modernen Zivilisation zu ähnlichen Ergebnissen gelangt. Sie diagnostizierten eine universelle Verkehrung von Mittel und Zweck in der grundlegenden Orientierung des menschlichen Lebens, identifizierten einen kulturzersetzenden Einfluss des Geldes, prangerten die Konzentration auf materiellen Reichtum an und klagten darüber, dass selbst Kunst und Wissenschaft nicht in ihrem Eigenwert, sondern nur als Mittel der Reichtumsvermehrung wahrgenommen würden.

## *9. Propagierung historischer Missionen*

Beide Ideologien benennen soziale Träger, die berufen sind, die sich stellenden Aufgaben von weltgeschichtlicher Bedeutung zu erfüllen. Beide Ideologien weisen damit definierten Menschengruppen historische Missionen zu.

Die marxistische Theorie zeigt, dass die Interessen nur einer Klasse – nämlich der Arbeiterklasse – mit den »Erfordernissen« der gesellschaftlichen Entwicklung in Übereinstimmung stehen. Nur die Arbeiterklasse hat als Klasse von

92 Karl Marx, Zur Judenfrage. In: MEW 1, S. 373 (Hervorhebung getilgt).

Nicht-Eigentümern an Produktionsmitteln das Interesse, die im reifen Kapitalismus anstehende sozialökonomische Höherentwicklung zu vollziehen: die Abschaffung des Privateigentums an Produktionsmitteln sowie die Aufhebung der Anarchie der gesellschaftlichen Produktion. Nur die Arbeiterklasse ist auf ihrer eigenen sozialökonomischen Basis einer Höherentwicklung überhaupt fähig.

Nach der Vorstellung Hitlers ist nur der Arier und speziell das deutsche Volk auserwählt und aufgerufen, den Kampf gegen zwei entscheidende Gefahren zu führen: den Marxismus und das Judentum, die sich gemeinsam im jüdischen Bolschewismus manifestieren.[93] Was den Arier hierzu prädestiniert ist nicht nur seine Kultur schaffende Kraft, vielmehr verkörpert der Arier die einzige Rasse, zu deren Gesinnung es gehört, »das Interesse des eigenen Ichs zugunsten der Erhaltung der Gemeinschaft zurücktreten« zu lassen[94]. Im Vergleich dazu geht der Aufopferungswille im jüdischen Volk »über den nackten Selbsterhaltungstrieb des einzelnen nicht hinaus«[95]. Angesichts der Überlegenheit Deutschlands, insbesondere über die osteuropäischen Völker, sah Goebbels sowohl eine »politische Pflicht« als auch ein »moralisches Recht« für die Deutschen, Europa zu führen.[96]

Diese historischen Missionen werden nicht schlechthin postuliert, sondern begründen sich aus einer Eigenschaft ihrer Trägergruppen sowie der spezifischen Stellung dieser Gruppen in den jeweiligen Kämpfen der Zeit. Beide Ideologien unterstellen denselben Zusammenhang: Sowohl die

93 Vgl. Hitler, Mein Kampf, S. 20.

94 Ebd., S. 326.

95 Ebd., S. 330.

96 Joseph Goebbels, Tagebücher 1924–1945. Band 4: 1940-1942. Hrsg. von Ralf Georg Reuth, München – Zürich 1999, S. 1696.

objektiven Interessen der Arbeiterklasse als auch die der arischen Völker stehen mit den Voraussetzungen des geschichtlichen Fortschritts in Übereinstimmung.

Beide Missionen weisen jedoch über die unmittelbaren Ziele der Gefahrenabwehr hinaus und stehen gleichsam im Dienste höherer Ziele, ja des zivilisatorischen Fortschritts überhaupt. Im Falle der anzustrebenden Etablierung der klassenlosen Gesellschaft dürfte dieser Anspruch evident sein. Aber auch Hitler hat sich selbst beziehungsweise dem deutschen Volk eine Mission von menschheitsgeschichtlicher Bedeutung zugeschrieben:

> »Wer von einer Mission des deutschen Volkes auf der Erde redet, muß wissen, daß sie nur in der Bildung eines Staates bestehen kann, der seine höchste Aufgabe in der Erhaltung und Förderung der unverletzt gebliebenen edelsten Bestandteile unseres Volkstums, ja der ganzen Menschheit sieht.«[97]

Es sei die Aufgabe vor allem der germanischen Staaten »in erster Linie dafür zu sorgen, daß einer weiteren Bastardierung grundsätzlich Einhalt geboten wird«[98]. Die »Mission der Menschheit«[99], die Hitler zugleich als eine »vom Schöpfer des Universums«[100] zugewiesene Mission betrachtete,[101] müsste anderenfalls als beendigt angesehen werden.

Die Hervorhebung spezifischer Trägergruppen des Fortschritts geht einher mit der Stigmatisierung anderer sozialer Gruppen beziehungsweise Klassen als historisch überlebt.

97 Hitler, Mein Kampf, S. 439 (Hervorhebung getilgt).

98 Ebd., S. 444.

99 Ebd.

100 Ebd., S. 234.

101 Zu Hitlers »politischer Religion« siehe Claus-Ekkehard Bärsch, Die politische Religion des Nationalsozialismus, München 1998, S. 267–324.

Hitler, der die breite Masse des arbeitenden deutschen Volkes als Trägergruppe der von ihm ins Auge gefassten historischen Mission betrachtete, wusste sich in der Stoßrichtung gegen das Bürgertum einig mit dem Marxismus und Bolschewismus. War für Marx und Engels der bürgerliche Staat »weiter Nichts als die Form der Organisation, welche sich die Bourgeois sowohl nach Außen als nach innen hin zur gegenseitigen Garantie ihres Eigentums und ihrer Interessen notwendig geben«[102], so hielt Hitler die bürgerlichen Parteien für pure »Interessengemeinschaften bestimmter Berufsgruppen und Standesklassen«, denen es um »bestmögliche egoistische Interessenvertretung« gehe, weshalb das Bürgertum »für jede erhabene Aufgabe der Menschheit bereits wertlos geworden« sei.[103]

### *10. Betonung von Erziehung und Führung*

In beiden Ideologien wird der Beeinflussung und Disziplinierung der Massen ein entscheidender Stellenwert zugeschrieben. Entsprechend betonen beide die subjektiven Voraussetzungen eines erfolgreichen politischen Handelns. Dozierte Marx, die Theorie werde »zur materiellen Gewalt, sobald sie die Massen ergreift«[104], predigte Hitler die einfache Erkenntnis, dass »ohne die gewaltige Kraft der Masse eines Volkes keine große Idee, mag sie auch noch so hehr und hoch erscheinen, zu verwirklichen«[105] sei.

102 Marx/Engels, Die deutsche Ideologie, S. 62.

103 Hitler, Mein Kampf, S. 451.

104 Karl Marx, Zur Kritik der Hegelschen Rechtsphilosophie. In: MEW 1, S. 385.

105 Hitler, Mein Kampf, S. 117.

In beiden ideologischen Systemen finden wir die Vorstellung, dass es eine Instanz gibt, die aufgrund eines Erkenntnisvorsprungs einen Führungsanspruch legitimerweise geltend machen kann und berufen ist, durch Erziehung und Propaganda die notwendigen subjektiven Voraussetzungen zu schaffen. Im Marxismus ist es die Partei der Arbeiterklasse, im Nationalsozialismus der Führer Adolf Hitler. Nahmen die Kommunisten für sich in Anspruch, »vor der übrigen Masse des Proletariats die Einsicht in die Bedingungen, den Gang und die allgemeinen Resultate der proletarischen Bewegung voraus« zu haben[106], so war Hitler davon überzeugt, dass das Volk selbst nicht in der Lage ist, aus der Geschichte zu lernen und die sich in der geschichtlichen Erfahrung zeigenden »Lebensgesetze« im eigenen Kampf um »Freiheit und Brot« zu beachten. Es sei deshalb die Aufgabe eines »sich als Erzieher eines Volkes berufen fühlenden Menschen«, sein Wissen »ohne Rücksicht auf Einsicht, Verständnis, Unkenntnis oder auch Ablehnung durch die Masse« praktisch anzuwenden.[107]

### *11. Beanspruchung von Kritikimmunität*

Sowohl in der kommunistischen als auch in der nationalsozialistischen Ideologie entwickelten sich Vorstellungen, die eine Immunität der vertretenen Lehren gegen Kritik-von-außen behaupteten.

Ob und inwieweit diese Kennzeichnung bereits für das Ideensystem von Marx und Engels zutrifft, mag an dieser Stelle offen bleiben. Immerhin betonten beide das Unab-

106 Marx/Engels, Manifest der Kommunistischen Partei, S. 474.

107 Hitler, [Zweites Buch], S. 28.

geschlossene ihrer Lehren und hoben die Bedeutung der Freiheit der Kritik für die Wissenschaft und den sozialen Fortschritt hervor.[108] Anders die Ideologen des Marxismus-Leninismus! Sie versuchten, ihr Ideensystem gegen Kritik von außen zu immunisieren; das heißt, sie legten Argumentationen vor, die plausibel machen sollten, dass jede Kritik ihrer Lehre, die nicht deren soziale Perspektive oder deren Prämissen teilt, grundsätzlich inadäquat, unzutreffend und unbeachtlich ist.

Diese Funktion erfüllen ihre Lehren von der Parteilichkeit und den sozialen Erkenntnisschranken. Parteilichkeit, so ein wesentlicher Lehrsatz des Marxismus-Leninismus, ist ein »immanenter und tragender Bestandteil aller Erkenntnis- und Handlungsprozesse«[109]. Das menschliche Erkennen folgt stets bestimmten gesellschaftlichen Interessen, in einer Klassengesellschaft folglich Klasseninteressen.[110] Da allein die Arbeiterklasse sich auf ihrer eigenen sozialökonomischen Basis weiterentwickeln kann, befinden sich ihre Interessen in Übereinstimmung mit dem Entwicklungsprozess der menschlichen Gesellschaft. Denn als Klasse der Nicht-Eigentümer von Produktionsmitteln ist sie selbst an der Durchsetzung des Prozesses der Vergesellschaftung der Produktionsmittel interessiert. Sie ist als solche gleichsam das geschichtliche Subjekt der Verwirklichung der klassenlosen Gesellschaft. Daher ist die Ideologie der Arbeiterklasse nicht nur spezifischer Interessenausdruck dieser bestimmten Klasse, sondern repräsentiert das Menschheitsinteresse schlechthin.

108 Vgl. Karl Marx, Die Verhandlungen des 6. rheinischen Landtags. In: MEW 1, S. 60–64.

109 Manfred Buhr, Wissenschaftlichkeit – Parteilichkeit. In: W. Bahner/M. Buhr/H. Hörz/H. Horstmann/W. Neumann, Wissenschaftlichkeit – Objektivität – Parteilichkeit, Berlin (Ost) 1981, S. 11–24, hier S. 22 f.

110 Vgl. Dieter Wittich/Klaus Gößler/Kurt Wagner, Marxistisch-leninistische Erkenntnistheorie, Berlin (Ost) 1978, S. 281.

Dies ist der Grund, weshalb »einzig die Parteinahme für die Arbeiterklasse umfassend und konsequent – im Rahmen der historischen Möglichkeiten – mit einer Objektivität des Erkennens vereinbar ist«[111], weshalb Parteilichkeit aus der Perspektive der Arbeiterklasse zugleich Objektivität verbürgt.

Eine Parteinahme für Klassen, die andere Klassen ökonomisch ausbeuten oder politisch unterdrücken, führt hingegen notwendig zu einem »weltanschaulich-ideologischen Denken, das als Ganzes nicht der Wirklichkeit entspricht«; es führt zu einem »sozial determinierten verkehrten Abbild der Wirklichkeit«, das »seinem Inhalt nach ein falsches weltanschauliches Bewußtsein darstellt«.[112] Dieses verkehrte Abbild, so das marxistisch-leninistische Parteilichkeitstheorem, ist bei Wahrung der Interessenlage derartiger Klassen nicht korrigierbar.[113] Vielmehr unterliegen diese Erkenntnissubjekte sozialen Erkenntnisschranken, die aus dem einseitigen, beschränkten Klasseninteresse der Kapitalistenklasse resultieren.

In diesem Sinne konnten einerseits der Marxismus-Leninismus als eine »parteiliche Wissenschaft« und andererseits die Parteilichkeit selbst nicht nur als eine Haltung von Erkenntnissubjekten zu den Erkenntnissen, sondern – wie die Wahrheit – als eine Eigenschaft, die Erkenntnissen als solchen zukommt, aufgefasst werden.[114] Zugleich erlaubten es diese Argumentationsfiguren, Denkresultate von Theoretikern aus den eigenen Reihen, die von der herrschenden Orthodoxie abwichen, auf ein Verlassen des Klassenstandpunkts der

111 Ebd.

112 Ebd., S. 281, 285.

113 Ebd., S. 287.

114 Vgl. Hubert Horstmann, Objektivität, Wissenschaftlichkeit und Parteilichkeit im dialektisch-materialistischen und metaphysischen Denken. In: Ders. (Hrsg.), Denkweise und Weltanschauung. Studien zur weltanschaulichen und methodologischen Funktion der materialistischen Dialektik, Berlin (Ost) 1981, S. 15–82, hier S. 18–21.

Arbeiterklasse zurückzuführen und sie dessen zu bezichtigen. Damit schuf diese Lehre die Möglichkeit, Abweichler – scheinbar begründet – zu verteufeln und auszugrenzen.

Auch in der Weltanschauung Hitlers sind – bei aller Vagheit – Überlegungen präsent, die einen Anspruch auf eine immanente Wahrheitsgarantie erheben. Dazu gehört zunächst seine Auffassung, die Proklamation ihrer eigenen Unfehlbarkeit sei ein Kennzeichen jeder Weltanschauung.[115] Sodann gehört hierzu die Unterscheidung in höhere und niedere Rassen, verbunden mit der Behauptung, dass nur die höheren Rassen, allen voran die Arier, zu schöpferischen Kulturleistungen fähig sind.[116] Diese nationalsozialistische Lehre einer naturgegebenen Rassenhierarchie[117] legt zumindest den Gedanken nahe, nur Vertreter der höheren Rassen könnten die Gesetze des Lebenskampfes wirklich entschlüsseln.

Eine gegen Kritik immunisierende Wirkung inhäriert des Weiteren der Alfred Rosenbergschen Lehre von der »organischen Wahrheit«. Rosenberg zufolge sind die Wertmaßstäbe und die Maßstäbe des Seinsollenden »an der Zweckmäßigkeit der Lebensgestalt abzulesen«[118], wobei sich die grundlegenden Kriterien aus der Zweckdienlichkeit für das rassegebundene Volkstum ergeben. Wesentlich sei das Erkennen der völkisch bedingten Seelen- und Charakterwerte, der gestaltenden Willenskräfte der jeweiligen Rassenseele, und richtig, »organisch wahr«, jeweils das, was das »Rasse-Volkstum« erhält, es steigert, zur Selbstschöpfung anregt. Für Rosenberg bedeutet Wahrheit »kein *logisches* Richtig

115 Vgl. Hitler, Mein Kampf, S. 507 f.

116 Vgl. ebd., S. 317.

117 Vgl. dazu Karl Zimmermann, Die geistigen Grundlagen des Nationalsozialismus, Leipzig [1933], S. 73 ff.

118 Alfred Rosenberg, Der Mythus des 20. Jahrhunderts. Eine Wertung der seelisch-geistigen Gestaltenkämpfe unserer Zeit, München 1939, S. 683.

und Falsch«; sie messe sich vielmehr an der Antwort auf die Frage: »fruchtbar oder unfruchtbar, eigengesetzlich oder unfrei?«[119] Unterstellt man diese Auffassung, ist es durchaus zwingend, dass die neue völkische Weltanschauung (von einem externen Standpunkt aus) unwiderlegbar ist:

> »Der neue Mythus und die neue typenschaffende Kraft, die heute bei uns nach Ausdruck ringen, können überhaupt nicht ›widerlegt‹ werden. Sie werden sich Bahn brechen und Tatsachen *schaffen.*«[120]

### *12. Dogmatismus und Anspruch auf Revisionsresistenz*

Über den Anspruch auf Kritikimmunität hinaus wurde in beiden Weltanschauungsdiktaturen die eigene Systemideologie dogmatisiert und deren prinzipielle Revisionsresistenz verkündet. Wer jedoch ein gesellschaftstheoretisches Denkgebäude für bestenfalls präzisierbar und höchstens – im Sinne einer vertieften Erkenntnis des bereits Erkannten – verbesserbar, aber nicht für grundlegend korrigierbar hält, wird eine weitere Überprüfung fundamentaler Teile seiner politisch relevanten Überzeugungen nicht als geboten ansehen.

Hitler hielt Weltanschauungen für Überzeugungssysteme, die jeder öffentlichen Diskussion entzogen bleiben müssen. Eine Weltanschauung könne nicht »‹Partei neben anderen'« sein, sondern fordere »gebieterisch ihre eigene, ausschließliche und restlose Anerkennung sowie die vollkommene Umstellung des gesamten öffentlichen Lebens nach ihren

119 Ebd., S. 690.

120 Ebd., S. 700.

Anschauungen«.[121] Eine »von infernalischer Unduldsamkeit erfüllte Weltanschauung«, wie der Marxismus oder das Christentum, werde aber nur zerbrochen »durch eine vom gleichen Geist vorwärtsgetriebene, vom gleichen stärksten Willen verfochtene, dabei aber in sich reine und durchaus wahrhaftige neue Idee«. Ein »geistige[r] Terror« könne nur mit einem anderen (geistigen) Terror gebrochen werden.[122] Erst danach könnten wieder freiere Verhältnisse einziehen, wie sie in der antiken Welt gegeben waren.

Gemäß der Überzeugung, seine Anschauungen stünden mit dem letzten Stand der Wissenschaft in Übereinstimmung, versuchte Hitler, auch seinen Antisemitismus wissenschaftlich zu begründen.[123] Er vermeinte, über »eine kühle Wirklichkeitslehre schärfster wissenschaftlicher Erkenntnisse«[124] zu verfügen, und hielt sich dementsprechend für berechtigt, aus dieser Theorie politische Konsequenzen zu ziehen.

Dieselbe dichotomische und von vornherein jeden Ausgleich und jede Koexistenz ausschließende Gegenüberstellung konkurrierender Ideologien finden wir auch im Marxismus-Leninismus. Für Lenin stand fest, die Frage könne nur sein: »[...] bürgerliche oder sozialistische Ideologie. Ein Mittelding gibt es hier nicht [...]. Darum bedeutet *jede* Herabminderung der sozialistischen Ideologie, *jedes Abschwenken* von ihr zugleich eine Stärkung der bürgerlichen Ideologie.«[125] Es verlangt wenig Phantasie, sich auszumalen, dass diese Überzeugung Konsequenzen für den Umgang

121 Hitler, Mein Kampf, S. 506.

122 Ebd., S. 506 f.

123 Vgl. Zitelmann, Hitler, S. 376.

124 Adolf Hitler, Rede vom 6. September 1938. In: Domarus, Hitler. Reden und Proklamationen 1932-1945, Band I, Zweiter Halbband 1935–1938, S. 893.

125 W. I. Lenin, Was tun? In: LW 5, S. 396.

mit ideologischen Gegnern, mit Kritik und Kritikern oder mit Abweichlern haben wird. Wenn der gegenwärtige Weltzustand so beschaffen ist, dass es überhaupt nur zwei Ideologien gibt und geben kann, und wenn jedes Abschwenken von der einen Ideologie eine Stärkung der gegnerischen ist, dann scheint das dogmatische Festhalten an der eigenen Ideologie geradezu ein Gebot der Vernunft zu sein. Wenn der Dogmatismus zweckrational geboten erscheint, dann muss es als sinnvoll betrachtet werden, eine einmal fixierte Weltanschauung zumindest in ihren Grundzügen zu bewahren.

Dass beide ideologiegeleitete Diktaturen einen tendenziell ähnlichen Umgang mit Zweifel und Kritik herausbildeten, wird man kaum als Zufall betrachten. Dogmenglaube und der Versuch, gesellschaftstheoretische Grundüberzeugungen vermittels eines diktatorischen Systems in die Wirklichkeit umzusetzen, legen bestimmte Herrschaftstechniken nahe. Wie die Erfahrung zeigt, sind es nicht selten gerade diese Herrschaftstechniken, die die Lern- und Anpassungsfähigkeit dieser Systeme bestandsgefährdend vermindern.

### *13. Unfehlbarkeitsmythen und Begründung unbeschränkter Führerschaft*

In Verbindung mit den Ansprüchen auf Kritikimmunität und Revisionsresistenz entwickelten die Verfechter beider Ideologien die Überzeugung, selbst unfehlbar zu sein. Dieser Unfehlbarkeitsglaube führte zu erstaunlichen Parallelen in der herrschaftstechnischen Vermittlung der Ideologieinhalte, der Methoden zur kollektiven Indoktrinierung. Der NS-Führungselite gelang es, ein Unfehlbarkeits-Charisma von Hitler aufzubauen[126], und ganz ähnlich haben es die Ideologen des Sowjetkommunismus verstanden, eine Quasi-Vergöttlichung von Stalin zu inszenieren.

Entscheidungen und Handlungen von Unterführern und Untergebenen rechtfertigten sich allein dadurch, dass sie dem (mutmaßlichen) Willen des Führers Adolf Hitler entsprachen. Der Führerwille wurde denn auch von einflussreichen Juristen und Rechtsphilosophen zu einer letztinstanzlichen Rechtsquelle erklärt. Carl Schmitt zufolge fungiere Hitler kraft seines Führertums als »oberster Gerichtsherr«, der »im Augenblick der Gefahr« »unmittelbar Recht schafft«,[127] und Hans Frank, Reichsminister und Präsident der Akademie für Deutsches Recht, ordnete an, dass gegenüber Führerentscheidungen, die in die Form eines Gesetzes oder einer Verordnung gekleidet sind, dem Richter kein Prüfungsrecht zustehe.[128]

Die kommunistische Ideologie vertraute zwar formal auf die kollektive Vernunft der Partei und konnte Generationen von Ideologiegläubigen darauf verpflichten, dass die Partei immer Recht habe, die kollektive Vernunft der Partei konnte aber, wie das Beispiel Stalins zeigt, in der Weisheit und Genialität eines einzelnen Führers kulminieren, der auf diese Weise – ähnlich zur Stellung Hitlers – zum Despoten geriet. In beiden Weltanschauungsdiktaturen konnten einzelne Personen eine Stellung erlangen, die sie praktisch unangreifbar machte. Ihr Wille wurde zum Gesetz, ihren Befehlen war

126 Vgl. Kurt Salamun, Die Weltanschauung des Nationalsozialismus aus ideologiekritischer Sicht. In: Christian Brünner/Helmut Konrad (Hrsg.), Die Universität und 1938. Wien/Köln 1989, S. 54 f.

127 Carl Schmitt, Der Führer schützt das Recht. In: Ders., Positionen und Begriffe im Kampf mit Weimar – Genf – Versailles 1923–1939, Hamburg 1940, S. 199–203, hier S. 200.

128 Vgl. Bernd Rüthers, Die unbegrenzte Auslegung. Zum Wandel der Privatrechtsordnung im Nationalsozialismus, 4. Auflage, Heidelberg 1991, S. 131.

unbedingt Folge zu leisten. Beide Diktatoren wurden als Erlöser-Figuren aufgebaut, denen man übermenschliche Kräfte zuschrieb, und die gerade deshalb Hingabe erwarten und Opfer verlangen durften. Es nimmt nicht Wunder, wenn sich unter derartigen Vorzeichen Hitler den »erleuchtetsten Geistern aller Zeiten«[129] ebenbürtig hielt oder Stalin sich als »Genius der Menschheit« feiern ließ. Die Selbstinszenierung der Diktatoren sowie der propagandistisch erzeugte Unfehlbarkeitsmythos schufen das Vertrauen in ihre Entscheidungen und sorgten für Zustimmung, ja Zuneigung im Volk.

Von diesem Virus angesteckt waren aber auch Parteiarbeiter, Ideologen und Propagandisten und selbst viele ihrer Paladine. Ihr Glaube an die überlegene Einsichts- und Urteilsfähigkeit ihrer Herren erstickte jede kritische Reserve und nahm mitunter groteske und unwürdige Formen an.

In beiden Ideologiesystemen waren Instanzen geschaffen worden, die über eine nachgerade uneingeschränkte Willkürfreiheit verfügten und damit jederzeit eine absolutistische Herrschaft ausüben konnten. Indem die Entscheidungsmacht der Führer faktisch unbegrenzt und der Gebrauch dieser Macht unkontrolliert blieb, wurde der Unfehlbarkeitswahn der totalitären Machthaber quasi institutionalisiert.

## *14. Rechtfertigung des Machtmonopols und der Intoleranz*

In beiden Weltanschauungsdiktaturen konnte der Wille eines Einzelnen oder einer kleinen Gruppe zum Gesetz werden, zu einem Willen, dem blindes Vertrauen und unbedingter Gehorsam entgegenzubringen war.

129 Hitler, Monologe im Führerhauptquartier, Dok. 148, S. 303.

Sowohl das Recht auf die Okkupation der gesamten Macht als auch die Forderung nach bedingungsloser Gefolgschaft leiten sich aus dem Anspruch ab, die tatsächlichen Interessen der Herrschaftsunterworfenen advokatorisch zu vertreten.

Für Lenin stand es außer Frage, dass die Arbeiterklasse »nur ein trade-unionistisches Bewußtsein hervorzubringen vermag« und daher die Arbeiter ein revolutionäres Bewusstsein (er sprach 1902 noch von einem »sozialdemokratischen«) gar nicht haben können, sondern dieses »ihnen nur von außen gebracht werden« könne.[130] Aus dieser Anschauung ergab sich geradezu logisch-zwingend der Anspruch der Berufsrevolutionäre, nach einer gelungenen Revolution die Führung in den Händen zu behalten, organisiert als »Partei der Arbeiterklasse«.

Für Hitler glich die breite Masse einem Kind, welches das Spiel mit dem ihm unbekannten Feuer »auch im größten Umfang ununterbrochen« wiederholt.[131] Aus ihrer Unfähigkeit zu lernen begründete Hitler den Führungsanspruch eines sehenden Einzelnen. Dabei sei die Größe eines Mannes »um so bedeutender, je größer sein Mut war, im Gegensatz zu einer allgemein herrschenden, aber verderblichen Ansicht seine bessere Einsicht zum allgemeinen Siege zu führen«[132].

Die überlegene Einsicht des Führungsorgans rechtfertigt die Etablierung eines Monopols auf die verbindliche Deutung der Wirklichkeit und geht einher mit der Unterbindung von Kritik im Innern. Sie begründet ein jeder Fremdkontrolle enthobenes politisches Entscheidungsmonopol und führt letztlich zu einer Legitimation, den Willen der Unaufgeklärten oder Uneinsichtigen notfalls gewaltsam zu

130 Lenin, Was tun?, S. 385 f., vgl. auch S. 436.

131 Hitler, [Zweites Buch], S. 28.

132 Ebd.

brechen. Dieses Denken gebiert Unduldsamkeit gegenüber Andersdenkenden, und es liefert Rechtfertigungen für Intoleranz gegenüber ideologischen Abweichungen und Zuwiderhandlungen.

Politische Führer beider Diktaturen standen nicht an, die Konsequenzen dieses Denkens explizit auszusprechen. In Übereinstimmung mit Lenin, der die Revolutionsgerichte aufforderte, diejenigen erschießen zu lassen, die den Menschewismus öffentlich manifestierten,[133] predigte etwa Bucharin die »erbarmungslose Verfolgung jeglicher Abweichung vom orthodoxen Bolschewismus«[134], und Felix Dzierzynski, Chef der Tscheka beziehungsweise GPU, sprach sich dafür aus, jeden, der auch nur »die geringste Propaganda gegen die Sowjetunion wagt«, »unverzüglich« zu verhaften und »in ein Konzentrationslager« einzusperren.[135] Und wenn Hitler das von ihm geschaffene Informationssystem mit den Worten rühmte, man habe »aufgeräumt mit der Vorstellung, als gehörte es zur staatspolitischen Freiheit, daß jeder aussprechen kann, was er Lust hat«[136], so gab er genau diesem Monopolanspruch Ausdruck. In beiden Diktaturen war man blind gegenüber der Notwendigkeit einer institutionell abgesicherten Machtkontrolle.

133 Vgl. W. I. Lenin, XI. Parteitag der KPR(B). Politischer Bericht des Zentralkomitees der KPR(B). In: LW 33, S. 269.

134 N. I. Bucharin, Isbrannye proiswedenija, Moskau 1988, S. 35. Zit. in: Wolfgang Ruge, Die Doppeldroge. Zu den Wurzeln des Stalinismus. In: Rainer Eckert/Wolfgang Küttler/Gustav Seeber (Hrsg.), Krise – Umbruch – Neubeginn. Eine kritische und selbstkritische Dokumentation der DDR-Geschichtswissenschaft 1989/90, Stuttgart 1992, S. 33–42, hier S. 37.

135 Zit. in: Alexander Jakowlew, Die Abgründe meines Jahrhunderts. Eine Autobiographie, Leipzig 2003, S. 153.

136 Hitler, Monologe im Führerhauptquartier, Dok. 142, S. 294.

## *15. Moralische Verpflichtung zum Rettungshandeln*

Beide Ideologien begründen einen moralischen Zwang zum Rettungshandeln und zum diesbezüglichen Mitmachen. Dieser moralische Zwang ergibt sich aus der Einsicht in geschichtliche Abläufe, aus der Kenntnis drohender Gefahren und dem Wissen um die mögliche Abwehr dieser Gefahren.

Die Überlegung, man könne auf der Basis einer vorausschauenden Analyse des Geschehens drohendes Unheil durch aktives Handeln vermeiden oder abmildern, stellt eine der wirkmächtigsten Legitimationsfiguren dar, deren sich politische Führer überhaupt bedienen können. Mit dem Hinweis auf die Möglichkeit der Leidminimierung wird nicht nur eigenes Ausnahmehandeln gerechtfertigt, sondern es werden Mitstreiter oder Untergebene motiviert und moralisch verpflichtet, helfend einzugreifen und dabei selbst Lasten auf sich zu nehmen. Das unmittelbare Angesprochensein rührt an das Gewissen des mitfühlenden Einzelnen. Dass sein tatsächliches Verpflichtetsein zum Rettungshandeln von der Gültigkeit der Gefahrenanalyse und der Tauglichkeit der Mittel abhängt, bleibt allerdings in Situationen, in denen sich ein gutmeinender Mensch moralisch gefordert sieht, nur allzu häufig unbedacht.

Im Zentrum beider Weltanschauungen stehen nicht von ungefähr dramatische Gefahrenanalysen. So etwa prognostizierte bereits der junge Engels im Februar 1845 eine »*blutige* Lösung des sozialen Problems« für den Fall, dass der Übergang zum Kommunismus ausbleibt. Das Proletariat werde »einmal eine Stufe der Macht und Einsicht« erreichen, auf der es gegen die Ungleichverteilung der sozialen Lasten und Rechte aufbegehren wird; eine soziale Revolution sei dann nicht mehr zu vermeiden. Dieser Erkenntnis gemäß forderte er dazu auf, man solle sich mit den »Maßregeln« befassen, wodurch man »einer gewaltsamen und blutigen Umwälzung der sozialen Zustände vorbeugen« könne.[137] Und im Mai 1882 glaubte Engels gar – die erwartete revolutionäre Umwälzung war noch immer nicht eingetreten – , dass »über kurz oder lang« der Moment gekommen sein wird, »wo der europäische, speziell der deutsche Arbeiter vor der Alternative steht: Hungertod oder Revolution«.[138]

Im Ausmalen drohender Gefahren stand Hitler nicht nach. Bereits in *Mein Kampf* prophezeite er für Deutschland eine »Hungerverelendung« infolge von Bevölkerungszunahme und forderte, dieser Gefahr rechtzeitig vorzubeugen.[139] Aber auch in seinen Reden und Einlassungen ließ er keine Gelegenheit ungenutzt, in markigen Worten vor dem »böseste[n] Weltfeind aller Zeiten«[140], dem internationalen Judentum, den Plutokraten oder der »Bolschewisierung Europas«[141] zu warnen und schlimmste Befürchtungen auszusprechen.

Der inneren Logik beider Ideologiesysteme entsprechend standen die geforderten Maßnahmen im Dienste der Gefahrenabwehr und damit der Opfer- und Leidminimierung. Das gute Gewissen vieler Täter resultiert aus der subjektiven Gewissheit, Schlimmeres vermieden zu haben.

137 Friedrich Engels, [Zwei Reden in Elberfeld]. In: MEW 2, S. 548, 550, 556.

138 Friedrich Engels, [Über die Konzentration des Kapitals in den Vereinigten Staaten]. In: MEW 19, S. 307.

139 Hitler, Mein Kampf, S. 144.

140 Adolf Hitler, Rede vom 30. Januar 1942. In: Domarus, Hitler. Reden und Proklamationen 1932-1945, Band II, Zweiter Halbband 1941–1945, S. 1829 (Hervorhebung getilgt).

141 Hitler, Monologe im Führerhauptquartier, Dok. 182, S. 363.

## *16. Forderung und Entfaltung von Opferbereitschaft*

Beide Ideologien fordern vom Einzelnen, sich im Dienste der gemeinsamen Sache notfalls zu opfern, und beide erwiesen sich als tauglich, zu einer außergewöhnlichen Opferbereitschaft anzuregen. In beiden Weltanschauungsdiktaturen gelang es, eine quasi-religiöse Glaubensbereitschaft zu erzeugen und insbesondere junge Menschen dafür zu disponieren, ihr Leben für ein kollektives Werk hinzugeben.

Indem es beide Diktaturen darauf anlegten, den Ideologiegläubigen eine unkritische Erfolgsgewissheit einzupflanzen, nutzten sie eine offene Flanke, welche sich im Zeitalter der Säkularisierung bietet. Wahrscheinlich hat es der Nationalsozialismus noch mehr als der Kommunismus verstanden, eine bestimmte Facette des Menschseins anzusprechen: den spirituellen Wunsch, in einer höheren Einheit aufzugehen und auf diese Weise mit dem Bewusstsein der eigenen Endlichkeit fertigzuwerden. Wie aber sollten gerade säkulare Ideologien sterblichen Individuen ohne religiösen Glauben die Kraft vermitteln können, ihr Leben für Ziele hinzugeben, die erst erreicht werden, wenn sie selbst längst tot sind?

Während Hitler als dezidierter Gegner des Atheismus diesen als eine Haltung betrachtete, die er als »Vertiertsein«[142] brandmarkte, war Religion für Marx ein »verkehrtes Weltbewußtsein« einer verkehrten Welt; sie war für ihn eine Form der Kompensation des menschlichen Elends, der »Seufzer der bedrängten Kreatur«,[143] erzeugt in einer Welt des Elends, die dem Menschen nicht gestattet, Mensch zu sein. Das religiöse Bewusstsein war für Marx Ausdruck eines Bedürfnisses nach illusorischem Glück, das mit der Beseitigung der

142 Ebd., Dok. 33, S. 82.

143 Marx, Zur Kritik der Hegelschen Rechtsphilosophie, S. 378 (Hervorhebung getilgt).

verkehrten gesellschaftlichen Verhältnisse, die dieses Bedürfnis erzeugen, verschwinden wird.

Für Hitler war es offenkundig, dass der »Jenseitsgedanke« der christlichen Religion nicht ersetzbar ist. Stattdessen baute er auf den »Ewigkeitsgedanken« – dieser sei »in der Art fundiert«.[144] Für ihn stand zum einen fest, dass sich eine »organisierte Lüge«, wie das Christentum, auf Dauer nicht aufrechterhalten lässt. Die Vorstellung, dass das Leben seine Fortsetzung im Jenseits fände, betrachtete er zudem als eine »bestialische Idee« – offenbar weil er annahm, sie suggeriere, man dürfe »das Leben im Diesseits ausrotten, weil es im Jenseits weiterblüht«.[145] Zum anderen ging er davon aus, dass menschliche Opferbereitschaft nicht notwendigerweise an einen ohnehin unhaltbaren Jenseitsglauben gebunden ist: Er habe sechs völlig kirchenlose SS-Divisionen, die »mit der größten Seelenruhe sterben«[146]. Allerdings war sich Hitler wohl im Klaren darüber, dass für den Verlust der Hoffnung auf ein ewiges persönliches Leben im Jenseits Ersatz geschaffen werden muss. Deshalb, so ist zu vermuten, suchte er nach einem funktionalen Äquivalent für den christlichen Jenseitsglauben und fand ein solches in der Idee einer unbegrenzten Fortexistenz der eigenen Art. Wohl inspiriert von der Vorstellung, dass sich das »ewige Leben« in den lebenden Wesen »repräsentiert«,[147] formulierte Hitler das eigene politische Wollen: »Ich strebe einen Zustand an, in dem jeder einzelne weiß, er lebt und er stirbt für die Erhaltung seiner Art.«[148]

Auch in dieser Hinsicht sind die strukturellen Parallelen zur kommunistischen Weltanschauung – bei anderen Inhal-

144 Hitler, Monologe im Führerhauptquartier, Dok. 65, S. 151.

145 Ebd., Dok. 135, S. 279.

146 Ebd., Dok. 65, S. 150.

147 Ebd., Dok. 135, S. 279.

148 Ebd., Dok. 65, S. 151.

ten – offensichtlich. Die Idee, dass sich Einzelne für eine von ihnen nicht erlebbare Zukunft aufopfern und sich gerade darin der Sinn ihres Lebens erfüllt, ist ein, wenn nicht marxistisches, so doch marxistisch-leninistisches Gedankengut. Schon in seinem, später als »Oktoberrevolution« firmierenden, Putsch gegen die demokratische Regierung Kerenski gedachte Lenin, sich auf Truppen zu stützen, »die eher bereit sind zu sterben als den Feind in die Zentren der Stadt vordringen zu lassen«[149]. Auf dem VII. Sowjetkongreß erklärte Leo Trotzki am 7. Dezember 1917:

> »Ich muß sagen, daß wir in der Person unserer Kommissare, der an der Spitze marschierenden Kämpferkommunisten, einen neuen kommunistischen Samurai-Orden bekommen haben, der – ohne Kastenprivilegien – für die Sache der Arbeiterklasse zu sterben versteht.«[150]

Und den Funktionären der Kommunistischen Internationale galt ein Kommunist nicht nur als »der aufopferndste Soldat der proletarischen Revolution«, sondern sie fühlten sich zudem berechtigt, zum Einsatz des Lebens aufzurufen:

> »Es gibt auf der Erde nur ein Banner, das wert ist, daß unter ihm gekämpft und gestorben wird: dies Banner ist die Kommunistische Internationale.«[151]

149 W. I. Lenin, Marxismus und Aufstand. In: LW 26, S. 9.

150 Zit. in: Wladimir Antonow-Owsejenko, Der Aufbau der Roten Armee in der Revolution, Hamburg 1923, S. 79.

151 Manifest des II. Kongresses der Kommunistischen Internationale zur internationalen Lage und zu den Aufgaben der kommunistischen Parteien, gebilligt am 6. August 1920. In: Institut für Marxismus-Leninismus beim Zentralkomitee der Sozialistischen Einheitspartei Deutschlands (Hg.), Der I. und II. Kongreß der Kommunistischen Internationale. Dokumente der Kongresse und Reden W. I. Lenins, Berlin (Ost) 1959, S. 259–287, hier S. 287.

### *17. Definition objektiver Feinde*

Für beide Ideologien ist die Definition »objektiver Feinde«[152] charakteristisch. Diese Feindkategorie steht in Zusammenhang mit der Idee der Objektivität von Interessenlagen. Objektive Interessen ergeben sich der marxistischen Ideologie zufolge aus der sozialen Stellung und der nationalsozialistischen Ideologie zufolge aus der Rassen- beziehungsweise Volkszugehörigkeit eines Menschen. Objektive Feinde sind Personen, die als Angehörige von Personengruppen, die bestimmte natur- oder gesellschaftsgegebene Merkmale aufweisen, selbst bestimmte Interessen und, daraus resultierend, bestimmte Verhaltenstendenzen objektiv haben.

Um festzustellen, ob eine Person objektiv ein Feind ist, müssen weder deren Absichten noch deren Handlungen ermittelt werden. Es ist eine Konsequenz dieser Denkfigur, dass es im Umgang mit dem Gegner geradezu sinnlos ist, nach individueller Schuld oder Unschuld zu fragen. Einen solchen Feind zu bekämpfen heißt vielmehr, eine objektive Gefahr abzuwehren.

Der objektive Feind par excellence war aus Sicht der nationalsozialistischen Bewegung zweifellos »der Jude«. Hitler ließ keine Gelegenheit ungenutzt, nicht in seinen schriftlichen und nicht in seinen mündlichen Äußerungen, den Juden als solchen und damit zugleich jeden einzelnen Juden als Ausgeburt einer teuflichen Gefahr zu stigmatisieren – was paradoxerweise nicht ausschloss, dass auch Hitler »anständige Juden« kannte (etwa den Hausarzt der Familie Dr. Bloch) und sich für sie einsetzte. Sowohl ihren Rasseeigenschaften unterworfen als auch aufgrund ihrer gesellschaftlichen Stellung als einem nicht-territorialen Volk, folgten Juden – be-

152 Vgl. Arendt, Elemente und Ursprünge totaler Herrschaft, S. 654 f.

wusst oder unbewusst – ihrem kulturzersetzenden Trieb. Der Jude sei und bleibe »der ewige Parasit, ein Schmarotzer, der wie ein schädlicher Bazillus sich immer mehr« ausbreite, »sowie nur ein günstiger Nährboden dazu einlädt«.[153]

Man könnte meinen, dass der Marxismus nicht in derselben Weise prädestiniert ist, Klassengegner zu objektiven Feinden zu stilisieren, da sich doch soziale Eigenschaften individuell abstreifen lassen. Allerdings handelt es sich hierbei um oft langwierige Prozesse, und in revolutionären Umbruchsituationen mag man nicht die Zeit haben, diese abzuwarten. Insofern muss es keineswegs irrational gewesen sein, wenn man auch unter kommunistischer Herrschaft objektive Feinde definierte – so etwa Lenin, der in einem *Prawda*-Artikel vom 21. September 1921 forderte, die Partei von »ungefähr neunundneunzig von hundert« aller ehemaligen Menschewiki zu reinigen, die sich erst nach 1918 der Kommunistischen Partei Russlands angeschlossen haben, und zwar aufgrund bestimmter Eigenschaften von Menschewiken, die sich »aus der gesamten Geschichte des Menschewismus« ergeben.[154]

## *18. Hass auf den politischen Gegner*

Für beide Ideologien ist ein ausgeprägter Hass auf den politischen Gegner kennzeichnend. Der politische Gegner wird nicht nur als Andersdenkender begriffen, sondern als Feind. Diese Einstellung resultiert nicht nur aus der überragenden Bedeutung der verfolgten Ziele; sie ergibt sich vor allem aus der Annahme, dass es sich um Gegner handelt, die bereits

153 Hitler, Mein Kampf, S. 334.

154 W. I. Lenin, Über die Parteireinigung. In: Ders., Ausgewählte Werke in zwei Bänden, Bd. II, Berlin 1959, S. 887 f.

durch ihre Existenz die Verwirklichung der eigenen Zielstellungen unmöglich machen.

Die marxistische Ideologie unterstellt eine soziale Überlebtheit des Gegners, wobei die soziale Fortexistenz des Gegners von der Fortexistenz der überlebten gesellschaftlichen Verhältnisse zeugt. Die nationalsozialistische Ideologie unterstellt eine rassische Minderwertigkeit des Gegners, wobei aus dieser Minderwertigkeit eine spezifische Gefährlichkeit des Gegners abgeleitet wird.

Die Totalkritik am Gegner ist eine Konsequenz des Katastrophendenkens. Wer glaubt, die Alternative zum eigenen Politikentwurf werde eine verheerende Katastrophe nicht abwenden oder führe in eine solche, wird es auf die Eliminierung des Gegners absehen. Für Lenin war daher ganz folgerichtig Hass auf die Bourgeoisie Bestandteil des Klassenbewusstseins.[155] Wenn es in der Parteizeitung *Prawda* vom 31. August 1918 hieß: »Die Hymne der Arbeiterklasse wird von nun an das Lied des Hasses und der Rache sein!«[156], war dies gewiss kein Zufall. Und Goebbels dürfte im Predigen von Hass geradezu seine Hauptaufgabe erblickt haben.

### *19. Opferkalkulationen utilitaristischer Art*

Beide Ideologien gestatten es, utilitaristische Rechtfertigungen für die billigende Inkaufnahme von Opfern abzuleiten. Diese Möglichkeit ergibt sich aus der für beide Ideologien kennzeichnenden Vorstellung, dass die Zahl der Opfer ohne die fraglichen steuernden Eingriffe nur größer sein könnte.

155 Vgl. W. I. Lenin, Die Aufgaben der Jugendverbände. In: LW 31, S. 279.

156 Zit. in: Jakowlew, Die Abgründe meines Jahrhunderts, S. 153.

Politisches Handeln hat den moralisch höchst achtenswerten Sinn, Opfer zu vermeiden. Und gerade weil es darum geht, zum einen, drohende Katastrophen aufzuhalten und, zum anderen, Bedingungen für das Leben und Glück späterer Generationen zu schaffen, fühlt man sich auch berechtigt, unvermeidbare Opfer in Kauf zu nehmen.

Für beide Ideologien ist es charakteristisch, dass sie in utilitaristischer Manier Leben gegen Leben abwägen oder den Untergang von existierenden Menschen gegen das dadurch möglich werdende Leben und Glück zukünftiger Menschen aufrechnen. Ohne diese Idee dürfte sich weder das Handeln von Hitler noch von Stalin und den führenden Bolschewiki begreifen lassen. Sie handelten in der Annahme, dass es moralisch erlaubt sei, selbst Millionen von Menschen das Leben zu nehmen oder es aufs Spiel zu setzen, um anderen Menschen das Leben zu bewahren, oder noch Ungeborenen das Leben zu ermöglichen. Diese Prämisse ist ein wesentlicher Bestandteil einer in beiden Ideologien zumindest implizit vertretenen ethischen Theorie.

Explizite Äußerungen dieser Theorie sind vor allem von Hitler überliefert. Hitler hat mehrfach seine kriegerische Lebensraumpolitik unter Bezugnahme auf die utilitaristische Idee der Austauschbarkeit des Individuums moralisch zu rechtfertigen gesucht:

> »Wenn uns dieser Krieg eine Viertelmillion Tote und hunderttausend Verkrüppelte kostet: Sie sind in dem Geburtenüberschuß uns wiedergeschenkt, den das deutsche Volk von der Machtübernahme an aufweisen kann; sie werden uns in vielfacher Zahl wiedererstehen in den Siedlungen, welche ich dem deutschen Blut im Osten schaffe.«[157]

157 Hitler, Monologe im Führerhauptquartier, Dok. 117, S. 242.

Oder:

> »Wenn man mir vorhält, hundert- oder zweihunderttausend Menschen sind durch deine Kriegführung ums Leben gekommen, so kann ich dem entgegenhalten: Durch meine bisherige Tätigkeit hat die deutsche Nation schon über zweieinhalb Millionen Menschen mehr bekommen; verlange ich zehn Prozent davon als Opfer, habe ich neunzig Prozent gegeben; ich hoffe, daß wir in zehn Jahren mindestens zehn bis fünfzehn Millionen Deutsche mehr auf der Welt sind; [...] ich schaffe die Lebensvoraussetzungen.«[158]

Allerdings wäre es ein Missverständnis anzunehmen, Hitler rechtfertigte *schlechthin* ein Recht, Menschen zu opfern und fremden Boden zu erobern. Diese Rechte gelten gleichsam nur konditioniert; sie sind an Bedingungen gebunden, genauer gesagt: an Tatsachen, Ziele und Handlungsabsichten. Ein Bluteinsatz, so Hitler, könne vor dem Volk nur dann gerechtfertigt werden, wenn dadurch der für eine Vermehrung des Volkes nötige Raum gewonnen wird und damit »von selbst ein vielfacher Ersatz des auf dem Schlachtfeld eingesetzten Menschentums statt[findet]«[159]. Das Recht, Menschen zu opfern, ist mithin gebunden an die Absicht und die Möglichkeit, durch die Inkaufnahme von Opfern einen Geburtenüberschuss zu erzeugen, sodass letztlich mehr Menschen leben als zuvor.

Hitler vertrat die Idee der Austauschbarkeit des Individuums in zwei Formen. Zum einen unterstellte er eine moralische Erlaubnis zur Aufrechenbarkeit getöteter Individuen gegen die dadurch erfolgte Rettung anderer (bereits existie-

158 Ebd., Dok. 17, S. 58.

159 Hitler, [Zweites Buch], S. 11.

render) Individuen. Zum anderen unterstellte er, dass der Tod von Menschen aufgewogen werden kann, wenn durch die in Kauf genommene Tötung eine größere Zahl anderer Menschen ins Leben tritt. Dies kann etwa der Fall sein, wenn drohende Geburtenbeschränkungen vermieden werden. Hitler nahm an, man könne Menschen vor ihrer Geburt töten[160] – und zwar nicht nur durch Abtreibung, sondern auch durch Nicht-Zeugung. Die Vermeidung so verstandener Tötungen setzte er dann als Rechnungsposten in die Bilanz seines politischen Handelns ein.

Auch im marxistischen Denken war die Idee, den Einzelmenschen in seinem individuellen Eigenwert zu achten, nicht notwendigerweise primär. Vielmehr betrachteten es viele Marxisten als durchaus zulässig, den Einzelnen als eine austauschbare Größe zu behandeln. Die entscheidende Rechtfertigungsfigur für diese Art zu denken geht auf Marx zurück. Er hatte durchaus seine Bereitschaft erkennen lassen, praktische Konsequenzen aus seiner Einsicht zu ziehen, dass die »höhere Entwicklung der Individualität nur durch einen historischen Prozeß erkauft« werden könne, »worin die Individuen geopfert werden«.[161] Selbst wenn man die Frage, ob und in welcher Form die marxistische Geschichtstheorie utilitaristische Prämissen involviert, unbeantwortet lässt, ist doch festzuhalten, dass unter Marxisten sowie im kommunistischen Machtbereich sich eine ausgeprägte Bereitschaft entwickelt hatte, große Menschenmassen ebenso für aktuelle Ziele wie für weit in der Zukunft liegende Visionen zu opfern. Auch wenn es bei Marx und Engels keine Argumentation dafür gibt, dass der Sozialismus in entwickelten kapitalistischen Ländern

160 »Der Mensch, den ich vor der Geburt töte, ist das ewige Rätsel.« (Hitler, Monologe im Führerhauptquartier, Dok. 17, S. 58.)

161 Karl Marx, Theorien über den Mehrwert. Zweiter Teil. In: MEW 26.2, S. 111.

mit allgemeinem Wahlrecht und parlamentarischer Demokratie terroristisch durchgesetzt werden muss, so haben doch beide den Terror als eine legitime Option betrachtet.[162] Für Marx stand es außer Frage, dass es – zumindest in bestimmten Situationen – »nur ein Mittel gibt, die mörderischen Todeswehen der alten Gesellschaft, die blutigen Geburtswehen der neuen Gesellschaft abzukürzen, zu vereinfachen, zu konzentrieren, nur ein Mittel – den revolutionären Terrorismus«[163]. Und selbst Engels war in der Wahl der Mittel keineswegs wählerisch:

> »In Russland ist der politische Mord das einzige Mittel, das intelligente, anständige und charakterfeste Menschen haben, um sich gegen die Agenten eines unerhörten Despotismus zu verteidigen.«[164]

Bei diesen Bereitschaftsbekundungen zur Gewaltanwendung handelt es sich nicht um einmalige Entgleisungen. Vielmehr sind sie Ausdruck eines Denkens, in dem die revolutionäre Umgestaltung der alten Gesellschaft eine solche Fortschritt fördernde und Humanität stiftende Bedeutung hat, dass Menschenverluste ohne Weiteres hinnehmbar erscheinen.

Diese und ähnliche Worte sind nicht ungehört verhallt. Lenin und Genossen praktizierten nicht nur Terror, sondern standen auch nicht an, Gewaltanwendung unterschiedlichster Form politisch zu fordern und theoretisch zu rechtfertigen.

162 Vgl. Andreas Wildt, Revolutionärer Terror und Moral bei Marx und Engels. In: Deutsche Zeitschrift für Philosophie, 50 (2002) 3, S. 425–443, hier S. 438 f.

163 Karl Marx, Sieg der Kontrerevolution zu Wien. In: MEW 5, S. 457 (Hervorhebung getigt).

164 Friedrich Engels, [Das Ausnahmegesetz gegen die Sozialisten in Deutschland – Die Lage in Rußland]. In: MEW 19, S. 149.

Wenn man glaubt, sittlich sei, »was der Zerstörung der alten Ausbeutergesellschaft und dem Zusammenschluß aller Werktätigen um das Proletariat dient«[165], dann ist es nur konsequent, wenn man gewillt ist, die Revolution notfalls kriegerisch zu exportieren.[166] Wenn man dem Proletariat »das Recht« zuspricht, »Zwang anzuwenden, um seine Errungenschaften, *koste es, was es wolle,* zu behaupten«[167], dann akzeptiert man praktisch jedes Mittel, um die ultimativ guten Ziele zu erreichen.

Zu diesen pauschalen Rechtfertigungen passt, dass selbst Vorgehensweisen, die sich dem Common sense als offenkundige Verbrechen darstellen, moralisch verbrämt und legitimiert wurden. Nur mit Erschütterung ist zu konstatieren, dass derartige Erklärungen subjektiv ernst gemeint sein konnten. So wie sich Hitler für »kolossal human«[168] hielt, war auch Grigori Sinowjews Äußerung vom September 1918 keineswegs zynisch gemeint:

> »Um unsere Feinde erfolgreich zu bekämpfen, brauchen wir unseren eigenen, den sozialistischen Humanismus. Von den 100 Millionen Bewohnern Russlands müssen wir 90 Millionen auf unsere Seite ziehen. Was den Rest betrifft, so haben wir ihnen nichts zu sagen – sie müssen vernichtet werden.«[169]

Wahrscheinlich wäre Hitler von dieser brutalen Kaltschnäuzigkeit beeindruckt gewesen; so aber empfand er Hochachtung vor allem für die »ungeheure Persönlichkeit« Stalins.

165 Lenin, Die Aufgaben der Jugendverbände, S. 283.

166 Vgl. W. I. Lenin, Über die Losung der Vereinigten Staaten von Europa. In: LW 21, S. 345 f.

167 W. I. Lenin, IX. Parteitag der KPR(B). Rede bei der Eröffnung des Parteitages. In: LW 30, S. 446 (Hervorhebung von mir).

168 Hitler, Monologe im Führerhauptquartier, Dok. 110, S. 229.

169 Zit. in: Jakowlew, Die Abgründe meines Jahrhunderts, S. 153.

Stalin sei »ein richtiger Asket, der mit einer eisernen Faust dieses Riesenreich zusammengefaßt hat«. Und: »An der Spitze ein Mensch, der sagte: Finden Sie den Verlust von 13 Millionen Menschen zuviel für eine große Idee?«[170]

Sowohl für Stalin als auch für Hitler waren Menschen, ja ganze Völker nichts anderes als eine Manövriermasse im Dienste der Realisierung politischer Ziele. Das Schicksal der Einzelnen spielte in diesen Überlegungen keine primäre Rolle; das Leid des einzelnen Menschen war lediglich eine Verrechnungseinheit und konnte durch einen Zuwachs an Lebensmöglichkeiten für andere Einzelne aufgewogen werden. Beide Diktatoren betrachteten sich in diesen Angelegenheiten von Leben und Tod als unumschränkte Herrscher und weise Weltenlenker.

## *20. Rechtfertigung durch Erfolg*

Sowohl für das kommunistische als auch das nationalsozialistische Denken war die Idee kennzeichnend, das eigene politische Handeln werde letztlich durch den praktischen Erfolg gerechtfertigt.

In der Idee der Rechtfertigung durch den Erfolg äußert sich nicht nur ein purer Zynismus der Macht, wonach der Siegreiche den am Boden liegenden Gegner zertritt, die Geschichte schreibt und die nunmehr geltenden Beurteilungsmaßstäbe festlegt. Vielmehr hat man sich klarzumachen, dass beide Ideologien umfassende Wahrheitsansprüche erheben – und zwar hinsichtlich einer zutreffenden Widerspiegelung von Verhältnissen in der natürlichen und sozialen Welt, aber auch bezüglich ihrer Aussagen über

170 Hitler, Monologe im Führerhauptquartier, Dok. 184, S. 366.

Zweckmäßigkeiten des politischen Handelns. In beiden ideologischen Lagern konnte man auf die Idee kommen, die Richtigkeit entsprechender Vorschläge an ihrer praktischen Durchsetzbarkeit und damit letztlich die Wahrheit der Ideologie an ihrer Sieghaftigkeit in der wirklichen Welt zu messen. Das Denken und Handeln von Nationalsozialisten, so mahnte Hitler, solle nicht vom Beifall oder der Ablehnung der Zeit bestimmt werden, sondern »von der bindenden Verpflichtung an eine Wahrheit«, die man erkannt hat.[171] Ein derart an Erkenntnissen orientiertes revolutionäres Handeln wird sich durchsetzen und erfolgreich sein, wenn und weil die zugrunde liegende Lehre wahr ist. Und dann auch dürfe man überzeugt sein, »daß die höhere Einsicht einer Nachwelt unser heutiges Vorgehen nicht nur verstehen, sondern auch als richtig bestätigen und adeln wird«[172]. Mithin: Erfolg gründet auf Wahrheit und bestätigt das Wahrsein der handlungsorientierenden Theorie; der Beweis der Wahrheit der vom Handelnden akzeptierten Theorie rechtfertigt dessen Handeln.

Wenn es nun bei Lenin heißt, die Lehre von Marx sei »allmächtig, weil sie wahr ist«[173], so finden wir auch hier den Gedanken einer Erfolgsgarantie qua Wahrheit der das Handeln orientierenden Lehre. Das auf marxistische Einsichten gestützte Handeln ist erfolgreich, weil es sich bei diesen »Einsichten« um objektives Wissen handelt. Dies ist die eine Seite des Zusammenhangs. Aber auch die andere, nämlich den tatsächlichen Erfolg eines Handelns zum letzten Beweis für die Wahrheit der handlungsleitenden Theorie zu nehmen, finden wir im Marxismus – und zwar in Ge-

171 Hitler, Mein Kampf, S. 435.

172 Ebd.

173 W. I. Lenin, Drei Quellen und drei Bestandteile des Marxismus. In: LW 19, S. 3.

stalt der Lehre von der Praxis als dem höchsten Kriterium der Wahrheit. Die Praxis galt in der marxistischen Theorie als ein »von Gedanken geleiteter materieller Prozeß«. In diesem Prozess selbst oder durch ihn können die in materielle Tätigkeit überführten Gedanken mit der objektiven Wirklichkeit verglichen werden. Daher gilt: Die Praxis und »nur die Praxis« sei es, die »menschliche Gedanken mit der objektiven Realität zu konfrontieren vermag«,[174] und genau diese Eigenschaft ist es, die sie zum Wahrheitskriterium letzter Instanz macht.

174 Wittich/Gößler/Wagner, Marxistisch-leninistische Erkenntnistheorie, S. 301.

# V. INHALTLICHE UNTERSCHIEDE

Bei einem Vergleich beider totalitärer Ideologien kann es nicht darum gehen, inhaltliche Unterschiede zu verwischen. Allerdings ist die Herausarbeitung von Unterschieden für die uns beschäftigende Frage wenngleich wichtig, so doch sekundär. Nichtsdestotrotz sollen einige wesentliche Unterschiede genannt werden.

1. Zunächst ist festzuhalten, dass das theoretische Schaffen von Marx und Engels von wirklichen Problemen ausging. Beide Denker befassten sich u.a. mit ungelösten Strukturproblemen des Kapitalismus des 19. Jahrhunderts, thematisierten die soziale Frage und interessierten sich für die Möglichkeit einer rationalen Steuerung des gesellschaftlichen Reproduktionsprozesses. Zwar sahen die Nationalsozialisten in der denkbaren Ausbreitung des Kommunismus Leninscher und Stalinscher Prägung durchaus zu Recht eine ungeheure Gefahr für die Zukunft Europas, weitere Hauptprobleme jedoch, die Hitler zum Gegenstand seiner weltanschaulichen Theoriebildung gemacht hat, wird man als irreal oder in ihrer wahren Bedeutung verkannt betrachten müssen.[175] Das allerdings schließ nicht aus, dass auch Hitler Tatsachen und Probleme analysierte – etwa die Unaufhebbarkeit der Knappheit von Lebensräumen und Ressourcen und den daraus resul-

175 Zu Hitlers Ängsten siehe Ernst Nolte, Der Faschismus in seiner Epoche. Action française – Italienischer Faschismus – Nationalsozialismus, Neuausgabe, München/Zürich 1995, S. 486–491.

tierenden Konflikten –, mit denen die Menschheit auch in Zukunft konfrontiert sein wird.

2. Ein entscheidender Unterschied zwischen Kommunismus und Nationalsozialismus besteht im universalistischen Gehalt der marxistischen und im antiuniversalistischen Gehalt der nationalsozialistischen Ideologie. Allerdings wäre diese Unterscheidung – was hier nicht zu leisten ist – genauer zu bestimmen. Immerhin impliziert die sozialdarwinistische Komponente der nationalsozialistischen Weltanschauung einen Universalismus bezüglich des Selbstbehauptungsrechtes.[176]

3. Während der Marxismus eine grundsätzliche Gleichheit und Gleichbefähigung aller Menschen unterstellt, postuliert die nationalsozialistische Weltanschauung das Dogma einer natürlichen Ungleichwertigkeit der Menschen und geht von der Existenz höher- und minderwertiger Rassen aus, die entsprechend unterschiedlich behandelt werden müssen. Während der Kommunismus als Befreiung der gesamten Menschheit gedacht wird, ist der Nationalsozialismus im Umgang mit den Angehörigen verschiedener Rassen selektiv und predigt die Selektion. Während der Marxismus einen Weltzustand erhofft, in dem die sozialökonomischen Grundlagen der Entstehung von Kriegen ein für alle Mal beseitigt sein werden, geißelte Hitler den Verzicht auf die Eroberung fremden Lebensraums als Ausdruck einer »pazifistischen Verblendung«[177]. Während die sowjetischen Kommunisten glaubten, das »Vaterland aller Werktätigen« aufzubauen, war es die nationalsozialistische Vision in einem germanischen Reich, dessen Grenzen am Ural liegen werden, dereinst »Hunderte von Millionen Un-

176 »[...] gewiß hat der Russe Recht auf seinen Grund, [...], aber auch die andere Partei hat Rechte.« (Hitler, Rede vom 10. Dezember 1919, S. 96.)

177 Hitler, Mein Kampf, S. 148.

termenschen zu beherrschen und sie als Arbeitskräfte zu benutzen«[178].

4. Marx hat die menschliche Geschichte mit ihrer Abfolge von Gesellschaftsformationen als einen Fortschrittsprozess begriffen. Die Entstehung des Privateigentums an Produktionsmitteln und damit der Übergang zur Klassengesellschaft war Folge und Voraussetzung der Entwicklung der Produktivkräfte. Nach diesem geschichtsphilosophischen Verständnis gibt es keinen »Sündenfall«, keine ursprüngliche Verkehrung wohlgeordneter Verhältnisse, die es einfach rückgängig zu machen gälte. Zwar haben Klassengesellschaften die Menschheit in Systeme der Ungleichheit und Unterdrückung hineingerissen, in denen Minderheiten sich die Lebenskräfte von Mehrheiten zunutze machen und in denen große Menschenmassen in menschenunwürdigen Verhältnissen zu leben gezwungen sind. Die Welt musste aber durch das Jammertal antagonistischer Gesellschaftsverhältnisse hindurchgegangen sein, um auf einem hinlänglichen Entwicklungszustand der Produktivkräfte jenes »Reich der Freiheit« zu erlangen, in welchem die Arbeit aufhört, nur Mittel zum Zweck zu sein, und ihn nicht mehr verkrüppelt, indem sie »sein Detailgeschick treibhausmäßig fördert durch Unterdrückung einer Welt von produktiven Trieben und Anlagen«[179]. Auch »asiatische, antike, feudale und modern bürgerliche Produktionsweisen« werden daher von Marx als »progressive Epochen der ökonomischen Gesellschaftsformation«[180] bezeichnet. Anders bei Hitler! In seiner Weltanschauung fügt sich das Problem der Rassenmi-

178 Heinrich Himmler, Rede vor den Reichs- und Gauleitern in Posen am 6. 10. 1943. In: Ders., Geheimreden 1933 bis 1945 und andere Ansprachen. Hrsg. von Bradley F. Smith und Agnes F. Peterson, Franfurt/M./Berlin/Wien 1974, S. 162–183, hier S. 175.

179 Marx, Das Kapital. Erster Band, S. 381.

180 Marx, Zur Kritik der Politischen Ökonomie, S. 9.

schung durchaus dem »Sündenfall«-Modell. Aus der Sicht der hochwertigen Rasse ist die Vermischung mit minderwertigen Rassen das Übel schlechthin, Ursache für Dekadenz, schwindende Abwehrfähigkeit und sinkende Durchsetzungskraft. Diesem radikalen, widernatürlichen und letztlich kulturzersetzenden Missstand gilt es abzuhelfen und die ursprüngliche Reinheit, die allein eine umfassende Selbstverwirklichungsmöglichkeit der Individuen bewahrt, wieder herzustellen.

5. Wesentliche Unterschiede in der politisch-ethischen Orientierung ergeben sich folgerichtig aus der Identifikation der geschichtlichen Akteure und den ihnen zugeschriebenen Eigenschaften beziehungsweise Interessen. Nach marxistischer Vorstellung agieren Klassen, nach nationalsozialistischer Vorstellung Völker beziehungsweise Rassen. Die Zugehörigkeit zu *Klassen* ergibt sich auf der Basis von *sozialen*, die zu *Rassen* auf der Basis von *biologischen* Eigenschaften. Soziale Eigenschaften können mit der Veränderung der sozialen Positionen ihres biologischen Trägers unwirksam gemacht werden, ohne dass dieser Träger selbst vernichtet werden müsste. Biologische Eigenschaften können nur verschwinden, indem auch ihr biologischer Träger verschwindet.

6. Die Möglichkeit, soziale Merkmale abzustoßen, erlaubte es zugleich, dass die Theorie zur Befreiung der Arbeiterklasse wesentlich von Nicht-Arbeitern, von Sprösslingen des Bürgertums, ja – wie im Falle von Engels – von aktiven Kapitalisten aufgestellt werden konnte. Hingegen wäre es kaum denkbar gewesen, dass die Weltanschauung des Nationalsozialismus von Angehörigen einer nicht-arischen Rasse oder gar einem Juden, der weiß, dass er nach den rassischen Maßstäben dieser Lehre ein Jude ist, formuliert worden wäre.

7. Von Anfang an war im Marxismus der Gedanke virulent, dass die Neuordnung der gesellschaftlichen Verhältnisse auch im rechtverstandenen Interesse der Vertreter der

Ausbeuterklasse selbst liegt. Das, was die Ausbeuterklassen aufzuopfern genötigt sind, ist nicht »ihr wahrhaft menschlicher Lebensgenuß«, sondern nur der durch die »schlechten Zustände erzeugte Schein des Lebensgenusses«, »etwas, was wider die eigne Vernunft und das eigne Herz derer geht, die sich jetzt dieser scheinbaren Vorzüge erfreuen«.[181] Der Prozess der Auflösung der antagonistischen Klassengesellschaft sieht daher – objektiv betrachtet – letztlich nur Gewinner vor. Im Gegensatz hierzu ist es entsprechend der sozialdarwinistischen Vorstellungen von Hitler ganz unvermeidlich, dass der Lebenskampf der Völker und Rassen auch Verlierer hinterlässt. Der Stärkere setzt sich in einem Prozess der natürlichen Auslese durch, verdrängt den Schwächeren oder zwingt ihm seinen Willen auf. Allerdings folgt aus Hitlers Denken in naturgegebenen Hierarchien, dass auch hier Konstellationen denkbar sind, in denen selbst der Unterlegene profitiert – und zwar, indem er mehr erhält, »als er aus eigenem würde erreichen können«[182].

8. Wichtig zu sehen ist: Diese Konsequenzen ergeben sich nicht aus den Wertvorstellungen oder Wünschen der Theoretiker, sondern aus den Theorien selbst. Es wäre daher falsch, die Tatsache der Unterschiedlichkeit dieser Konsequenzen zum Anlaß zu nehmen, Marx eine humane und Hitler eine inhumane Haltung zu unterstellen. Hitler, der von der Unvermeidlichkeit des Völker- beziehungsweise Rassenkampfes ausging, hätte eine solche Deutung – innerhalb seines Denksystems durchaus folgerichtig – zurückgewiesen.

9. Neben Unterschieden in der politisch-ethischen Ausrichtung fällt vor allem auf, dass beide Ideologien von sehr unterschiedlichen Menschenbildern ausgingen. Im Mar-

181 Engels, [Zwei Reden in Elberfeld], S. 556 f.

182 Hitler, Monologe im Führerhauptquartier, Dok. 135, S. 279.

xismus wird der Mensch als ein vernünftiges Wesen vorgestellt, das sich als bildungshungrig und aufklärbar erweist und mit Argumenten ansprechbar ist. Der Mensch wird hier als ein Wesen gedacht, das seine aufgeklärten Interessen in rationaler Weise verfolgt, und entsprechend appellierte die marxistische Agitation und Propaganda vornehmlich an den Verstand des Menschen und sein logisches Denkvermögen. Dies erklärt, warum so viele Intellektuelle in ihren Bann gerieten. Durchaus anders der Nationalsozialismus! Er mobilisierte Ressentiments, schürte die Angst, appellierte an dumpfe Gefühle und entmenschlichte den Gegner. Er setzte nicht auf Aufklärung, sondern wandte sich an den »unverdorbenen Instinkt der breiten Masse«[183]. Er sprach das Unbewusste an, verbalisierte unausgesprochene Sehnsüchte und kultivierte nicht nur in Gestalt von Hitlers »Schicksals«-Rhetorik einen unverkennbaren Hang zum Mystizismus. Während der theoretische Sozialismus seine Wurzeln im Zeitalter der Aufklärung hat, huldigte die völkische Weltanschauung »dem aristokratischen Prinzip der Natur« und glaubte, »den Sieg des Besseren, Stärkeren« fördern und »die Unterordnung des Schlechteren und Schwächeren« verlangen zu dürfen[184].

10. Zu bedenken bleibt: Hier handelt es sich um Unterschiede in der Theorie. Diese inhaltlichen Unterschiede müssen sich in den praktischen Sozialexperimenten keineswegs niederschlagen. Die Hitler- und die Stalin-Diktatur haben ungeachtet ihrer ideologischen Differenzen einen sehr ähnlichen Umgang mit ihren tatsächlichen oder vermeintlichen Feinden entwickelt. Allerdings sollte diese Feststel-

183 Adolf Hitler, Rede auf NSDAP-Gauführertagung in Weimar am 12. April 1931. In: Hitler: Reden, Schriften, Anordnungen. Februar 1925 bis Januar 1933, Band IV/Teil 1, München u. a. 1994, S. 286.

184 Hitler, Mein Kampf, S. 421

lung einen wesentlichen Unterschied nicht verdecken: Im Gegensatz zum Sozialdarwinismus der nationalsozialistischen Ideologie liefert der auf Ergebnisgleichheit abzielende politisch-ethische Universalismus des Marxismus einen Maßstab, der es – so glaubte man jedenfalls – erlaubte, sowohl »Fehlentwicklungen« in der Praxis als auch Unrecht zu erkennen. Da nach marxistischem Verständnis der Kampf gegen die Feinde nicht den Menschen selbst, sondern ihren gesellschaftlichen Positionen gilt, können Menschen legitimerweise nur insoweit bekämpft werden, als sie die mit ihrer gesellschaftlichen Position verbundene soziale Funktion ausüben. Die physische Liquidation von Gegnern lässt sich gerade nicht als eine Konsequenz der marxistischen Ideologie begreifen.

11. Mithin ist die unterschiedliche ethische Ausrichtung beider Ideologien von wesentlicher Bedeutung. Obwohl beide Ideologien im Prinzip ein opferträchtiges Handeln rechtfertigen können (wenn man ihre Prämissen akzeptiert), besteht doch folgender Unterschied: Zwar hatte Himmler in einer seiner berüchtigten Posener Reden ein Schweigegebot bezüglich der Ausrottung der Juden erteilt[185] – offenbar in der Befürchtung, dass eine derart barbarische Maßnahme auch von der deutschen Bevölkerung nicht hätte akzeptiert werden können – , gleichwohl wäre es möglich gewesen, selbst die physische Vernichtung des europäischen Judentums im Rahmen der nationalsozialistischen Weltanschauung theoretisch-kohärent zu begründen. Für Stalin hingegen wäre es unmöglich gewesen, seine Verbrechen, insbesondere seinen Massenterror, unter Berufung auf die Theorie von Marx offensiv zu rechtfertigen. Die Verbrechen des Kom-

185 Vgl. Himmler, Rede vor den Reichs- und Gauleitern in Posen am 6. 10. 1943, S. 169 f.

munismus sind gerade auch aus marxistischer Sicht zu allen Zeiten kritisiert worden.

12. Die Unterschiede in der ethischen Ausrichtung beziehungsweise den moralisch relevanten Konsequenzen beider Ideologien sind der Grund für die Befremdlichkeit, die einen befällt, wenn die Namen von Marx und Hitler in einem Atemzug genannt werden. Doch dieses Befremden muss man aushalten, wenn man begreifen will, wie nicht nur im Nationalsozialismus, sondern auch unter Berufung auf die marxistische Theorie Verbrechen unvorstellbaren Ausmaßes möglich waren.

# VI. SCHLUSS

Beide Weltanschauungen waren komplexer und facettenreicher als hier skizziert. Es ging an dieser Stelle lediglich darum, strukturelle Parallelen und inhaltliche Unterschiede unter einem speziellen Gesichtspunkt darzustellen: dem Gesichtspunkt der Geeignetheit der beiden weltanschaulichen Aussagensysteme, politische Zwangsmaßnahmen, bei denen Menschen physisch oder psychisch zu Schaden kommen oder gar getötet werden, (scheinbar) zu legitimieren.

## *1. Ideologien und ihre Rechtfertigungspotentiale*

Zu diesem Zweck war es nicht nötig, den Nachweis zu führen, dass die in beiden Ideologien behaupteten Gesetzmäßigkeiten inexistent sind oder jedenfalls eine Berufung auf sie zum Zwecke der Rechtfertigung des politischen Handelns zu Unrecht erfolgte. Des Weiteren war es weder nötig, auf haltlose Gefahrenanalysen, noch auf unsinnige Ursachenbenennungen oder illusionäre oder gar verbrecherische Zielbestimmungen hinzuweisen. Ebenso bedurfte es keiner Prüfung, inwieweit die vielen Selbstbeschreibungen – insbesondere von Hitler – der Wirklichkeit entsprachen. Denn selbst wenn sie nicht zutrafen, waren sie doch wirksamer Bestandteil legitimatorischer Behauptungen. Es ging mir nicht darum, die Falschheit und Fragwürdigkeit der Marxschen und Hitlerschen Prämissen und Thesen zu diskutieren, sondern das Rechtfertigungspotential aufzuzeigen, das diesen Theorien innewohnt. Dazu war es notwendig, sich auf die Sicht der Groß-Täter und Ideologieproduzenten, nicht auf die der Mitläufer, der Verführten, der Ideologiekonsumenten zu konzentrieren.

Unter dem Rechtfertigungspotential einer Theorie verstehe ich deren Geeignetheit, den Einsatz an sich schlechter Mittel zur Erreichung guter Ziele unter gegebenen Ausnahmebedingungen als erlaubt zu begründen – vorausgesetzt, man akzeptiert sie. Dass eine Theorie, eine Ideologie oder eine Weltanschauung über ein solches Potential verfügt, ist dann augenscheinlich, wenn sie den Entscheidungsträgern oder Tatausführenden ein gutes Gewissen beschert, obgleich diesen bewusst ist, es handelt sich um Dinge, die außerhalb der rechtfertigenden Notsituation nur als verwerflich betrachtet werden könnten.

Als Himmler den Reichs- und Gauleitern die Entscheidung begründete, auch die jüdischen Frauen und Kinder umbringen zu lassen, hatte er genau ein solches Bewusstsein. Er nannte die »Judenfrage« die »schwerste Frage« seines Lebens; wer das Geforderte, nämlich die »Ausrottung«, durchführen müsse, für den sei es »das Allerhärteste und Schwerste, was es gibt«. Der Entschluss, »dieses Volk von der Erde verschwinden zu lassen«, hätte jedoch gefasst werden müssen, weil er, Himmler, sich »nicht für berechtigt [hielt], die Männer auszurotten [...] und die Rächer in Gestalt der Kinder für unsere Söhne und Enkel groß werden zu lassen«.[186] Diese Rechtfertigungsargumentation bezieht ihre (vermeintliche) Plausibilität aus einer Reihe von Annahmen

186 Ebd., S. 169.

– insbesondere der Annahme der Gefährlichkeit der Juden. Erst die Akzeptanz dieser Annahmen, erst das Für-wahr-Halten der theoretischen Prämissen, ermöglicht die Überzeugung, das ins Auge gefasste Vorgehen sei in der gegebenen Situation moralisch erlaubt. Himmler versuchte deutlich zu machen, dass sowohl in der Entschlussfassung als auch bei der Tatausführung moralische Skrupel überwunden werden mussten. Zugleich jedoch ging es ihm darum, keinen Zweifel an der Rechtmäßigkeit aufkommen, ja sogar Stolz darüber entstehen zu lassen, dass dieser »schwerste« Auftrag durchgeführt worden sei, »ohne daß – wie ich glaube sagen zu können – unsere Männer und unsere Führer einen Schaden an Geist und Seele erlitten hätten«.[187]

Weltanschauungsanalyse allein kann jedoch die Anziehungs- und Verführungskraft von Ideologien nicht erklären. Deren Eignung, bei Rezipienten bestimmte Wirkungen zu erzielen, ist abhängig von menschlichen Bedürfnissen, die zu befriedigen sie versprechen. Es wäre daher verfehlt, allein aus der strukturellen oder inhaltlichen Analyse von Ideensystemen Aussagen über deren Potenzen abzuleiten, Menschen zu überzeugen und menschliches Handeln zu beeinflussen. Dazu bedarf es unter anderem der Analyse der realen gesellschaftlichen Verhältnisse sowie der damit in Zusammenhang stehenden Bedürfnis- und Interessenlagen breiter Massen. Gleichwohl wird die »Logik« von Weltanschauungsdiktaturen nicht aufklärbar sein, ohne Weltanschauungsanalyse. Gerade weil Weltanschauungen neben Deutungs- und Erklärungs- auch Wertvermittlungs- und Orientierungsfunktionen erfüllen, weil sie Integrations- und Legitimationsleistungen erbringen, weil sie als Instrumente der Sinnstiftung und der emotionalen Entlastung fungieren,

187 Ebd., S. 169 f.

ist ihr Verständnis elementar notwendig für das Verstehen der Funktionsweise ideologiegeleiteter Diktaturen.

Aus einem weltanschaulichen Glauben und selbst aus dem Überzeugtsein von der Gültigkeit einer Theorie folgt freilich noch kein Handeln. Weltanschauungsanalyse kann daher niemals beweisen, dass das, was geschichtlich passiert ist, passieren musste. Sie kann allerdings deutlich machen, dass Denkvoraussetzungen bestanden, die zu bestimmten Handlungsweisen geneigt machten – Überzeugungen, die die Wahrscheinlichkeit erhöhten, dass es zu bestimmten Handlungen kommt und diese von anderen akzeptiert werden.

## *2. Selbstermächtigung zur opferträchtigen Gefahrenabwehr*

Wer ideologiegeleitete Diktaturen zu vergleichen gedenkt, kommt nicht umhin, auch deren Ideologien zu vergleichen. Bislang jedoch scheint die Meinung vorherrschend zu sein, dass kommunistische und nationalsozialistische Ideologie nichts miteinander gemein haben, das sich zu untersuchen lohnte. Ich bin mir bewusst: Allein das Ansinnen, die Lehre von Karl Marx als Objekt eines (auch) nach Gemeinsamkeiten suchenden Vergleichs mit den Anschauungen eines Adolf Hitler zu nehmen, gilt vielen als Sakrileg. Ein solcher Versuch muss damit rechnen, die gutmeinenden Vereinfacher auf den Plan zu rufen, die darin entweder eine Entwürdigung eines der großen Gesellschaftswissenschaftler des 19. Jahrhunderts oder eine Verharmlosung oder gar Rechtfertigung eines der großen Verbrecher des 20. Jahrhunderts erblicken werden. Alle Versicherungen, dass es weder um das Eine noch um das Andere geht, werden sie nicht überzeugen.

Tatsächlich hat eine Rekonstruktion wesentlicher Anschauungen Hitlers und erst recht ihre Parallelisierung mit der Struktur der marxistischen Weltanschauung Konsequenzen, die emotional nur schwer erträglich sein mögen. Es zeigt sich nämlich, dass die großen Verbrechen nicht – oder jedenfalls nicht in erster Linie – in einem Defizit an moralischem Wollen, sondern einer radikalen Überschätzung der eigenen Erkenntnisresultate und persönlichen Prognosefähigkeit wurzeln. Es zeigt sich, dass man sich dann zu einem eingreifenden und folgenreichen Handeln berechtigt oder verpflichtet wähnt, wenn man glaubt, dadurch eine viel größere Zahl unschuldiger Leben retten zu können. Die größten Gefahren menschlichen Handelns liegen in der Selbstermächtigung zur opferträchtigen Gefahrenabwehr.

Der hier lauernden Hybris sind nicht wenige der »Geschichte machenden Männer« verfallen, vermutlich aber keiner so gründlich wie Hitler. Sein unkritisches, übersteigertes Vertrauen in die vermeintliche wissenschaftliche Solidität und Gültigkeit seiner Anschauungen hat Selbstzweifel nicht aufkommen und eventuelle Hemmungen in den Hintergrund treten lassen. Kombiniert mit einer Eigenschaft, die sich Hitler selbst zugute hielt, nämlich »Entschlußkraft« – d. i. »nicht zögern in der Verwirklichung dessen, das innerer Erkenntnis nach nun einmal getan werden muß«[188] –, hat seine Selbstgewissheit letztlich dazu geführt, dass er sich mit gutem Gewissen zum Herren über Leben und Tod aufschwingen konnte. Im Denken von Hitler begegnen uns illusionslose Nüchternheit und pragmatisch orientierte Folgerichtigkeit gepaart mit größenwahnsinnigem Sendungsbewusstsein und dem Fehlen jeglicher kritischer Distanz zu den eigenen Überzeugungen. Diese explosive Mischung

188 Hitler, Monologe im Führerhauptquartier, S. 60.

gebar jenen kaltschnäuzigen Inhumanismus, wie er zuvor nur von Nietzsche als intellektuelle Attitüde zelebriert, aber nicht, wie durch Hitler, exekutiert worden war. Und gleichwohl glaubte Hitler – und dies ist das Verstörende und scheinbar Unbegreifliche – , mit dem, was er tat, moralisch im Recht zu sein.

Diese Erkenntnis allerdings führt unweigerlich zu einer gewissen Entmoralisierung der »Hitler-Debatte«. Sie lässt deutlich werden, dass eine pauschale Darstellung Hitlers als Inkarnation des Absolut-Bösen ohne Erkenntnisgewinn ist. Wenn es ein Irrglaube ist, zu meinen, ein guter Wille schütze zuverlässig vor Verbrechen großen Stils, ist es auch falsch, große Verbrechen pauschal als Auswuchs des Bösen zu erklären.[189] Hitlers Versagen – wie auch das von Stalin – ist nur sekundär in moralischen Kategorien zu beschreiben. Zwar folgt allein aus dem Denken kein Handeln; es bleibt jedoch festzustellen: Die fürchterlichsten Diktatoren des 20. Jahrhunderts, Hitler und Stalin, waren Täter mit gutem Gewissen; sie wurden primär deshalb zu Massenmördern, weil sie kognitive Pflichten eklatant verletzten.

189 Siehe Lothar Fritze, Täter mit gutem Gewissen. Über menschliches Versagen im diktatorischen Sozialismus, Köln 1998.

# UTOPISCHES DENKEN – KARL MARX UND DER MARXISMUS

# I.
# PROBLEMSTELLUNG*

Der Zusammenbruch des Kommunismus in Europa war geeignet, eine lange vor diesem Zusammenbruch gewachsene Überzeugung zu bestätigen – die Überzeugung, in den Ländern des sogenannten realen Sozialismus werde versucht, ein Gesellschaftsmodell zu etablieren, das nicht wirklich zu realisieren oder jedenfalls auf Dauer nicht überlebensfähig, das also, sofern man seine Realisierung überhaupt wünschen konnte, in einem bestimmten Sinne utopisch sei. Da sich sowohl die Führer der jeweils herrschenden marxistisch-leninistischen Einheitsparteien als auch ihre Ideologen zur legitimatorischen Abstützung ihres Herrschafts- und Führungsanspruchs vor allem auf die Lehre von Karl Marx (und Friedrich Engels) beriefen, liegt es nahe, das Scheitern des von ihnen betriebenen sozialen Experiments als Ausdruck der Fehlerhaftigkeit Marxscher Vorstellungen zu deuten. Ich nehme diese Vermutung ernst, obgleich zwei Einwände nicht von vornherein abzuweisen sind: erstens, Marx sei womöglich falsch verstanden und seine Theorie falsch angewendet worden, und zweitens, das Marxsche Werk habe den kommunistischen Machthabern lediglich als Reservoire theoretischer Versatzstücke zur Rechtfertigung und Rationalisierung ihrer Revolution und späteren Herrschaft gedient.

* Erweiterte Fassung meines gleichnamigen Aufsatzes in: Uwe Backes/Stéphane Courtois (Hrsg.), »Ein Gespenst geht um in Europa«. Das Erbe kommunistischer Ideologien, Köln/Weimar/Wien 2002, S. 85–145.

Es kann kein Zweifel bestehen, dass die konkrete Ausgestaltung der europäischen Sozialismus-Experimente in bedeutendem Maße durch das theoretische Schaffen und praktische Handeln von Lenin und Stalin – um nur die zwei folgenträchtigsten bolschewistischen Führer zu nennen – beeinflusst war. Der europäische Realsozialismus war in der Tat ein Sozialismus bolschewistischer, sowjetkommunistischer Provenienz. Schon insofern dürfte die Frage, inwieweit das Experiment des Realsozialismus – vollzogen in Ländern Mittel- und Osteuropas – als Verwirklichung theoretischer Vorstellungen von Marx oder gar als praktische Umsetzung Marxscher Handlungsanweisungen gelten kann, die Wissenschaft noch längere Zeit beschäftigen.[1] Auch ist der Marxismus-Leninismus, die Herrschaftsideologie der bolschewistisch geprägten kommunistischen Parteien, ein Ergebnis sowohl der Reflexion auf die spezifischen russischen Verhältnisse als auch der Reaktion auf die nach der Machtergreifung der Bolschewiki entstandenen Probleme. Allerdings verstanden sich sämtliche bolschewistischen Theoretiker als Marxisten; sie beriefen sich auf die Lehren von Marx und Engels, vertraten die marxistischen Kernaussagen

1 Siehe etwa Oskar Negt, Karl Marx – Kein Bürgerrecht in der wissenschaftlichen Kultur? In: DIALEKTIK 2/1991, S. 11–24, hier S. 19; Wolfgang F. Haug, Determinanten der postkommunistischen Situation. Wahrnehmungsversuche (II), Hamburg 1993, bes. S. 119–140; Werner Becker, Die Überlegenheit der Demokratie. In: Kurt Bayertz (Hrsg.), Politik und Ethik. Stuttgart 1996, S. 40–62, hier S. 47; Assen Ignatow, Selbstauflösung des Humanismus. Die philosophisch-anthropologischen Voraussetzungen für den Zusammenbruch des Kommunismus. Baden-Baden 1996, S. 8, 21 f.; Helmut Fleischer, Epochenphänomen Marxismus, Hannover/Frankfurt a. M. 1993, bes. S. 176–184; ders., Karl Marx diesseits und jenseits des Marxismus. In: LOGOS, N. F., 4 (1997), S. 173–196, hier S. 179–181, 184 f., 195, sowie Peter Ruben, Von der Philosophie und dem deutschen Kommunismus. Ein Blick in die Vorgeschichte der DDR-Philosophie. In: Volker Gerhardt/Hans-Christoph Rauh (Hrsg.), Anfänge der DDR-Philosophie. Ansprüche, Ohnmacht, Scheitern. Berlin 2001, S. 22–60, hier S. 36–38.

oder versuchten einzelne Theoreme bei der Lösung der praktischen Probleme des Aufbaus des Sowjetstaates fruchtbar zu machen. Der Marxismus-Leninismus war eine mögliche Fortentwicklung der ursprünglichen Marx-Engelsschen Lehre, eine mögliche Konkretisierung unter spezifischen Verhältnissen. Auch wenn dieses Ideengebäude seinen Feinschliff in den kriegerischen und revolutionären Kämpfen der Zeit erhielt, ist es doch deshalb nicht weniger ein legitimer Bestandteil der kommunistischen Ideologie.

Natürlich: Die Gesellschaften des Realsozialismus entsprachen nicht den Vorstellungen von Marx und Engels – genauso wenig wie denen auch vieler Marxisten-Leninisten. Gleichzeitig waren zentrale Vorstellungen der marxistischen Gründungsväter – Konstruktionsprinzipien, die von ihnen für jede sozialistisch/kommunistische Gesellschaft für konstitutiv gehalten wurden – in den realsozialistischen Gesellschaften verwirklicht. Ich halte daher den Versuch, nach dem Scheitern dieser Gesellschaften nunmehr den Nachweis führen wollen, dass es »in Osteuropa keine sozialistischen Gesellschaften gab«[2], für ein zum Scheitern verurteiltes Rückzugsgefecht. Freilich: Die realsozialistischen Gesellschaften waren unter denkbar ungünstigen historischen Bedingungen entstanden; sie hatten sich tödlicher Feinde zu erwehren und mussten eine nachholende Entwicklung in der Koexistenz mit wirtschaftlich überlegenen Industriegesellschaften vollziehen. Diese Gesellschaften waren gemessen an marxistischen Vorstellung unvollkommen. Aber diese Gesellschaften waren dem entschlossenen Handeln von Marxisten entsprungen, die im Bewusstsein, marxistischen Vorgaben zu folgen, den Sozialismus aufzubauen versuchten. Es geht kein

2 Jürgen Kuczynski, Fortgesetzter Dialog mit meinem Urenkel. Fünfzig Fragen an einen unverbesserlichen Urgroßvater, Berlin 1996, S. 71.

Weg an der Erkenntnis vorbei, dass sie das Produkt eines Handelns waren, das die Vorhersage von Marx und Engels Wirklichkeit werden lassen wollte, wonach das Proletariat »seine politische Herrschaft dazu benutzen« werde, »der Bourgeoisie nach und nach alles Kapital zu entreißen, alle Produktionsinstrumente in den Händen des Staates, [...], zu zentralisieren« – und zwar »vermittelst despotischer Eingriffe«.[3]

Wenn es gleichwohl nicht einfach ist, zu klären, inwieweit die realsozialistischen Gesellschaften als Verwirklichungen Marx-Engelsscher Vorstellungen gelten können, so ist ein Grund darin zu suchen, dass sich sowohl Marx als auch Engels mit Aussagen über die konkrete Beschaffenheit der zukünftigen Gesellschaft zurückhielten und diese Zurückhaltung unter Hinweis auf die Unvorhersehbarkeit der in Zukunft zu lösenden Probleme sowie die Autonomie der Akteure auch begründeten. Diese Vorgehensweise als »Immunisierungsstrategie« zu deuten,[4] als bewussten Versuch, die eigene Lehre möglichen Falsifikationen von vornherein zu entziehen, scheint zumindest gewagt, wenngleich man eine faktische Wirkung dieser Art nicht bestreiten muss. Allerdings ist auch zu bedenken, dass uns die grundsätzlichen Vorstellungen von Marx und Engels hinsichtlich der Konstitution und der Struktur der zu erwartenden sozialistisch-kommunistischen Zukunftsgesellschaft bereits auf indirektem Wege zugänglich sind: nämlich über die Prognose der Negation der kapitalistischen Produktionsweise. Trotz

3 Karl Marx/Friedrich Engels, Manifest der Kommunistischen Partei. In: Karl Marx/Friedrich Engels, Werke, Bd. 4, Berlin 1961 ff., (abgekürzt: MEW Bd.-Nr.; sämtliche Hervorhebungen, wenn nicht anders vermerkt, im Original), S. 481.

4 So Ernst Topitsch, Marx zwischen Mythos und Wissenschaft. In: Gerhard Szczesny (Hrsg.), Marxismus – ernstgenommen. Ein Universalsystem auf dem Prüfstand der Wissenschaften. Reinbek bei Hamburg 1975, S. 11–29, hier S. 25 f.

ihrer Abneigung, genauere Vorstellungen über die neue Gesellschaft oder gar anwendbare »Rezepte« systematisch zu entwickeln, versuchten sie, getreu der elften These über Feuerbach, die Welt nicht nur zu interpretieren, sondern sie vor allem zu verändern, zumindest Veränderer geistig zu beeinflussen, sodass die Frage, inwieweit sie in dieser Hinsicht *ihren Vorstellungen gemäß* erfolgreich waren, nicht ohne Bedeutung ist. Insgesamt betrachtet dürfte an der Feststellung kein Weg vorbei gehen, dass die Lehren von Marx und Engels von allen kommunistischen Revolutionären und Politikern als theoretisches Rüstzeug für ihr praktisches Handeln betrachtet und auch als solches genutzt wurden.

Der nachgerade unerschütterliche Glaube an die Wissenschaftlichkeit ihrer Theorien, die man zugleich als Beleg für ihre Wahrheit missdeutete, spielte dabei eine zentrale Rolle. Dieser Glaube war durch eine geschickte Selbststilisierung der beiden »Klassiker«, an der insbesondere Engels einen nicht unwesentlichen Anteil hatte, stimuliert, ja in Szene gesetzt worden. Engels hatte nicht nur in seiner Rede am Grabe von Marx diesen in eine Reihe mit dem wahrscheinlich bedeutendsten Naturwissenschaftler des Jahrhunderts, Charles Darwin, gestellt,[5] sondern ihm zwei große Entdeckungen zugeschrieben (»die materialistische Geschichtsauffassung und die Enthüllung des Geheimnisses der kapitalistischen Produktion vermittels des Mehrwerts«), mit denen »der Sozialismus eine Wissenschaft« geworden sei.[6] Mit Behauptungen wie der, Marx habe mit seinen Entdeckungen »plötzlich Licht geschaffen, während alle früheren Untersuchungen, sowohl der bürgerlichen Ökonomen wie der

5 Vgl. Friedrich Engels, Das Begräbnis von Karl Marx. In: MEW 19, S. 335 ff.

6 Friedrich Engels, Die Entwicklung des Sozialismus von der Utopie zur Wissenschaft. In: MEW 19, S. 209.

sozialistischen Kritiker, im Dunkel sich verirrt« hätten[7], war eine Lesart vorgegeben, der sich Gläubige und selbst herausragende Intellektuelle nur schwer zu entziehen vermochten. Und schließlich war es Engels, der mit der Herausgabe und inhaltlichen Bearbeitung von nicht-veröffentlichungsreifen Nachlassfragmenten, insbesondere der Veröffentlichung des zweiten und dritten Bandes des *Kapital,* Marxens Ruf als Theoretiker und seine Stellung als Theoretiker der Arbeiterbewegung begründete.

Wie auch immer man den Zusammenhang der Marx/Engelsschen Lehren und den »sozialistischen Experimenten« verstehen mag, diese Lehren waren nicht nur geeignet als Ideologien von Weltanschauungsdiktaturen zu fungieren, sondern haben sich in dieser Funktion als tauglich erwiesen, massive Gewaltanwendungen und Menschenrechtsverletzungen (scheinbar) moralisch zu rechtfertigen. Sofern man nicht der Vermutung anhängt, dass sich jedes geschichtsphilosophische oder soziale Ideensystem in derselben Weise ge- oder auch missbrauchen lässt, wird diese Tauglichkeit zum Gegenstand einer genaueren Befragung. Unter diesem Blickwinkel wird man das Befremden Werner Beckers nur teilen können, wenn er feststellt, dass viele der ehedem Gläubigen heute so tun, als ginge sie der Untergang des europäischen Kommunismus und mit ihm des Marxismus nichts mehr an.[8] Zu erklären, wie sich Täter beim Begehen schwerster Menschheitsverbrechen auf eine »Weltphilosophie« berufen konnten, »an der wie an keiner anderen die Sehnsüchte und Hoffnungen der Intellektuellen des Jahrhunderts hingen«[9], bleibt eine Aufgabe.

7 Engels, Das Begräbnis von Karl Marx, S. 336.

8 Vgl. Becker, Die Überlegenheit der Demokratie, S. 43.

9 Ebd.

Um sich dieser Aufgabe nicht stellen zu müssen, verfolgen manche der früheren Sozialisten/Kommunisten die Strategie, das emprische Scheitern des sogenannten Realsozialismus nicht für eine Widerlegung der sozialistisch/kommunistischen Idee zu halten, da der, wie sie meinen, wahre Sozialismus/Kommunismus noch nirgendwo Wirklichkeit gewesen sei.[10] Insofern die Wirklichkeit grundsätzlich hinter theoretischen Vorstellungen zurückbleibt, ist diese Argumentation einerseits wohlfeil, weil nicht widerlegbar; sie ist aber andererseits als Rettungsversuch untauglich. Nähme man sie ernst, ließe sich die Behauptung nicht mehr übergehen, dass auch ein rein kapitalistisches System bis heute nirgendwo existiert habe[11] – eine Behauptung, die zumindest einige der auf den Kapitalismus bezogenen marxistischen Lehren zweifelhaft werden ließe.

Die vorliegende Untersuchung ist der Marx/Engelsschen Gesellschafts- und Geschichtstheorie gewidmet.[12] Einen Schwerpunkt der Untersuchung werden diejenigen Facetten der Theorie bilden, in denen sich ihr »utopischer Überschuss« manifestiert. Weder ist eine Synopse des Marxschen Werkes noch eine Darstellung seiner Entstehung und Entwicklung beabsichtigt. Marx selbt wird uns primär als Gesellschaftstheoretiker und Geschichtsdenker interessieren und nur am Rande, nämlich insoweit dies für die hier zu behandelnden Fragestellungen notwendig ist, als Philosoph und Ökonom.

Auf Versuche, paradigmatische Divergenzen zwischen einem »jungen« und einem »alten« beziehungsweise »rei-

10 Siehe dazu Lothar Fritze, Anatomie des totalitären Denkens. Kommunistische und nationalsozialistische Weltanschauung im Vergleich, München 2012, S. 33.

11 So (im Jahre 1964) Ayn Rand, Die Tugend des Egoismus. Eine neue Auffassung des Egoismus. Mit weiteren Beiträgen von Nathaniel Branden, Jena 2015, S. 41, 168.

12 Zum Zwecke der Abkürzung werde ich im Folgenden von der »Marxschen Geschichtstheorie« sprechen.

fen Marx« zu konstruieren, wird nicht im Einzelnen eingegangen. Zum einen liegt es auf der Hand, dass Marx seine theoretischen Positionen, die ihn (gemeinsam mit Engels) zum Begründer des Marxismus werden ließen, erst erarbeiten und formulieren musste. Gleichzeitig ist das Marxsche Denken – trotz bestehender Inkonsistenzen – durch eine große innere Folgerichtigkeit gekennzeichnet. Selbst eine gewisse Wende, die Marx zwischen 1844 (*Ökonomisch-philosophische Manuskripte*) und 1845/46 (*Deutsche Ideologie*) vollzogen zu haben scheint, kann »kaum« als »totale theoretische Revolution« bezeichnet werden,[13] da sich gleichwohl wesentliche Kontinuitäten aufweisen lassen.[14] Zum anderen sind diese Konstruktionen – falls sie überhaupt überzeugen – wenig relevant für die im Mittelpunkt stehende Frage, wie zu verstehen ist, dass sich eine auf die Tradition der Aufklärung und des Humanismus berufende Gesellschafts- und Geschichtstheorie tauglich erweisen konnte, als Systemideologie einer zu massiven Verbrechen fähigen Weltanschauungsdiktatur zu dienen. Unberücksichtigt bleiben zudem die Abhängigkeiten zwischen den Anschauungen von Marx und Engels sowie etwaige Differenzen. Und außer Betracht bleibt der – kaum zu überschätzende – Anteil, den Engels an der Formulierung der weltanschaulichen Lehre hatte, die man später »Marxismus« nannte.

13 Helmut Fleischer, Marxismus und Geschichte, Frankfurt am Main 1969, S. 32.

14 Zur »Relativierung« der Marxschen Frühschriften »zur unwissenschaftlichen Vorstufe des Marxismus« in der offiziellen DDR-Philosophie siehe Wolfgang Bialas, Deutungskämpfe um die Marxschen Frühschriften. Eine ostdeutsche Retrospektive. In: Marx und Engels, Kontroversen – Divergenzen (= Beiträge zur Marx-Engels-Forschung, N. F.), Hamburg 1998, S. 5–30, hier S. 19 f.

# II. METHODOLOGISCHE VORÜBERLEGUNGEN

Jeder Versuch, das Verhältnis zu klären, in welchem die Geschichtstheorie von Marx zur Utopie steht, stößt zunächst auf die Schwierigkeit, die Genese seiner Theorie von ihrem logisch-systematischen Gehalt zu unterscheiden. In der Entwicklung des Marxschen Denkens spielen sozialkritische Anschauungen sowie Vorstellungen darüber, wie humanere Gesellschaftsverhältnisse beschaffen sein müssten, eine herausragende Rolle. Ihnen liegen ethische Überzeugungen zugrunde,[15] die Marx teils explizit äußert, die teils in Analysen nur implizit zum Tragen kommen, mitunter in Einlassungen aufscheinen oder in Gestalt moralisch aufgeladener Invektiven geradezu aus ihm herausbrechen. Dass dabei in der Marx-Exegese immer wieder die Frage erörtert wurde, wie Marx zur Verurteilung bestehender Verhältnisse gelangen konnte, wenn doch das, was als moralisch gut oder legitim, zum Beispiel als gerecht, zu gelten hat, gerade durch die Verhältnisse, genauer gesagt: durch die jeweilige Produktionsweise, bestimmt

15 Vgl. dazu Iring Fetscher, Die Frage ethischer Grundwerte und der Grundrechte im Marxismus. In: Ansgar Paus (Hrsg.): Werte, Rechte, Normen, Graz/Wien/Köln 1979, S. 203–254, sowie Emil Angehrn, Dialektische Ethik. In: Annemarie Pieper (Hrsg.), Geschichte der neueren Ethik. Bd. 1: Neuzeit, Tübingen und Basel 1992, S. 204–230, hier S. 218 ff. Zu Marx' Betonung des moralischen Aspekts sozialer Institutionen siehe Karl R. Popper, Die offene Gesellschaft und ihre Feinde. Bd. II: Falsche Propheten. Hegel, Marx und die Folgen, Tübingen 1992, Kap. 22.

wird,[16] soll hier unbeachtet bleiben. Wichtig ist, dass die Verwobenheit von wissenschaftlicher Analyse und prognostischen Aussagen, von moralischer Anklage und geschichtsprophetischen Deutungen einen eminent utopischen Charakter des Marxschen Denkens jedenfalls vermuten lassen kann.

Allgemein gilt: Soziale Utopien imaginieren zukünftige gesellschaftliche Zustände, deren Realisierung für möglich oder gar wahrscheinlich gehalten und zu denen normativ Stellung bezogen wird, indem sie als wünschenswert oder nicht wünschenswert ausgewiesen werden. Im Unterschied jedoch zum blinden Utopismus, der unter Ausklammerung von Realisierbarkeitsfragen ein zukünftiges Heil propagiert, zielen wissenschaftstheoretisch akzeptable Utopien auf die Bewusstmachung von Möglichkeiten, die in den gegenwärtigen Zuständen latent vorhanden sind. Derartige Utopien befassen sich mit Noch-nicht-Wirklichem, welches (mit unbestimmter Wahrscheinlichkeit) realisierbar ist. Insoweit sie auf positive Zielvorstellungen gerichtet sind, ist allerdings im Allgemeinen anzunehmen, dass sie nur schwer verwirklichbar sein werden. Was ohnehin passiert, was sich auch ohne Kampf oder Opfer einstellen wird, hat nicht den Charakter des Utopischen.

Für das Verständnis der Genese des Marxschen Denkens scheint mir folgender Umstand wesentlich: Marx hatte seine Vorstellungen von dem, was zukünftig wirklich sein werde und sein soll, bereits weitgehend ausgebildet, bevor er sich der wissenschaftlichen Analyse der ökonomischen und sozialen Struktur der kapitalistischen Gesellschaft widmete.

16 Marx hielt zum Beispiel die Art beziehungsweise die Modalitäten des Austausches zwischen den Produktionsagenten in einer kapitalistisch organisierten Gesellschaft dann für gerecht, wenn sie »aus den Produktionsverhältnissen als natürliche Konsequenz entspringen« (Karl Marx, Das Kapital. Dritter Band. In: MEW 25, S. 352).

Dass das Zukünftig-wirklich-Werdende mit dem Sein-Sollenden zusammenfiel, war dabei immanenter Bestandteil seiner utopischen Vorstellungswelt. Es mag offenbleiben, inwieweit Forschung ohne jede Vorstellung von ihrem Ergebnis überhaupt betrieben werden kann, in Bezug auf Marx' *Kapital* allerdings erscheint in der Tat die Vermutung Eduard Bernsteins nur schwer abweisbar, das Werk, obgleich es wissenschaftliche Untersuchung sein will, suche eine lange vor seiner Konzipierung fertige These zu beweisen, das Resultat, zu dem die Entwicklung hinführt, habe mithin von vornherein festgestanden.[17]

Fragen der Genese einer Theorie tangieren jedoch nicht ihre Geltung. Selbst wenn man zur Auffassung gelangte, Marx habe sich in seinen Untersuchungen von Wunschphantasien, von bestimmten Vorab-Annahmen über den historischen Fortschritt beziehungsweise das Ziel der menschlichen Geschichte oder gar von eigenen Geltungs- oder Machtansprüchen[18] leiten lassen, enthöbe uns dies nicht einer Prüfung des propositionalen Gehalts seiner Theorie. Es mag sein, dass Marx für die mitunter diagnostizierte Mehrdeutigkeit seiner Geschichtsphilosophie – Geschichte als Heilsgeschehen, Geschichte als quasi-naturgesetzlicher

17 Siehe Eduard Bernstein, Die Voraussetzungen des Sozialismus und die Aufgaben der Sozialdemokratie. Neue, verbesserte und ergänzte Ausgabe, Stuttgart und Berlin 1921, S. 244. – Ein ähnlicher Vorwurf war zuvor bereits von Heinrich von Treitschke erhoben worden (vgl. Konrad Löw, Der Mythos Marx und seine Macher. Wie aus Geschichten Geschichte wird. 3., durchgesehene Neuauflage, München 2001, S. 292). Dieser Umstand allerdings kann durch eine Analyse der Genesis des Marxschen philosophischen Denkens plausibel gemacht werden. Vgl. dazu Dieter Henrich, Karl Marx als Schüler Hegels. In: Marxismus – Leninismus. Geschichte und Gestalt (= Universitätstage 1961; Veröffentlichung der Freien Universität Berlin), Berlin 1961, S. 5–19, bes. S. 14.

18 Einen entsprechenden Verdacht erläutert Ernst Topitsch, Die Sozialphilosophie Hegels als Heilslehre und Herrschaftsideologie, München 1981, S. 99–103.

Prozess oder Geschichte als Resultante der konkreten Praxis der Menschen[19] – selbst gesorgt hat. Dieser Vorwurf jedoch hat sich mit der methodologischen Tatsache auseinanderzusetzen, dass eine Rekonstruktion des logisch-systematischen Gehalts einer Theorie immer auch eine Interpretation ist.

Für den Interpretationscharakter der Rekonstruktion einer Theorie spricht eine Reihe von Gründen.[20] *Erstens* ist der Kontext zu berücksichtigen, in dem sich Theoretiker zu bestimmten Fragen äußern. Dies gilt zum einen – und zwar gerade bei der Rekonstruktion geistes- beziehungsweise sozialwissenschaftlicher Theorien – für den historischen Kontext. Zum anderen werden zentrale Positionen nicht selten in der Auseinandersetzung mit konkurrierenden Theorien formuliert, sodass sie in ihrer – mitunter polemischen – Kontrastierung zunächst verstanden und anschließend auf ihren intendierten Sinn reduziert werden müssen. *Zweitens* dürften nie sämtliche Aussagen oder Verlautbarungen eines Theoretikers den gleichen Stellenwert und die gleiche Relevanz innerhalb seines Denkgebäudes haben. Die Feststellung diesbezüglicher Rangunterschiede hat jedoch interpretativen Charakter, denn sie hängt von dem vorgängigen Verständnis des Denksystems ab. Insofern involviert ihr unaufhebbar ein zirkuläres Moment. *Drittens* ist zu ermitteln, ob und inwiefern ein Theoretiker seine Auffassungen modifiziert, präzisiert oder gar verworfen und durch andere ersetzt hat. Sind Veränderungen dieser Art zu konstatieren, kann gefragt werden, welche Auffassung konstitutiv für die mit sei-

19 Vgl. etwa Gerd-Klaus Kaltenbrunner, Die Frage nach dem Sinn des Lebens im zeitgenössischen Marxismus. In: Aus Politik und Zeitgeschichte, B 11/72, S. 3-20, hier S. 7. Siehe auch Fleischer, Marxismus und Geschichte, S. 13, sowie Svetozar Stojanovic, Kritik und Zukunft des Sozialismus, Frankfurt am Main 1972, S. 116–119.

20 Vgl. dazu Fritze, Anatomie des totalitären Denkens, S. 37–40.

nem Namen identifizierte Theorie ist. *Viertens* scheint jedes hinreichend komplexe philosophische oder sozialwissenschaftliche Denkgebäude Aussagen zu enthalten, die mit anderen Aussagen dieses Systems in Widerspruch stehen oder von denen zumindest nicht klar zu sehen ist, wie sie mit jenen in Einklang zu bringen sind. Es obliegt daher unserer Interpretation, diejenigen Elemente eines Denkgebäudes ausfindig zu machen, die seine Haupttendenzen konstituieren. *Fünftens* wird der Sinngehalt einer komplexen und womöglich mit einer komplizierten Entstehungsgeschichte verbundenen Theorie sich nicht durch Aufzählung der (relevanten) Einzelaussagen rekonstruieren lassen. Mitunter wird ein solcher Rekonstruktionsversuch mit der Aufgabe verbunden sein, den Theoretiker »besser zu verstehen«, als es diesem selbst gelungen ist – indem man etwa Probleme durchdenkt, die dieser vernachlässigt hat, oder indem man fragwürdige Einzelaussagen im Lichte des Sinnganzen deutet. *Sechstens* umfasst der logisch-systematische Gehalt einer Theorie auch die Konsequenzen, die sich aus dem Aussagensystem der Theorie ergeben. Da aber Theoretiker nie sämtliche Konsequenzen aus ihren theoretischen Überzeugungen ziehen (können), ist der Gehalt einer Theorie nicht identisch mit dem, was der Theoretiker über seine eigene Theorie weiß beziehungsweise wusste. – Ich vermute, dass die aufgelisteten Schwierigkeiten bei der Interpretation des Werkes von Marx und Engels von Bedeutung sind. Darüber hinaus könnte ein weiterer Grund namhaft gemacht werden, der auf die Problematik der Rekonstruktion einer Theorie aus dem Konvolut der überlieferten Äußerungen verweist: *Siebentens* können theoretische Aussagen opportunistischen oder taktisch-strategischen Gesichtspunkten untergeordnet sein, sodass der Aussagegehalt gar nicht den tatsächlichen Auffassungen des Sprechers entspricht. Dies scheint bei

Theoretikern denkbar, die – wie etwa Lenin – zugleich Partei- oder Staatsführer sind und ihre Worte machttechnisch abwägen, sie also zum Zwecke der Überredung, Irreführung, Verschleierung, Mobilisierung, Diffamierung oder Rechtfertigung einsetzen. Und schließlich gilt das, was Marx und Engels 1846 in der *Deutschen Ideologie* an der bürgerlichen Geschichtsschreibung kritisierten, nämlich, sie glaube »jeder Epoche aufs Wort, was sie von sich selbst sagt und sich einbildet«[21], für die beiden Denker selbst. Auch, was Marx und Engels von sich selbst behaupteten oder sich zugutehielten, bedarf der kritischen Prüfung.

Aus Interpretationsschwierigkeiten resultieren mögliche Interpretationsdifferenzen. Dieser Umstand ist bei der häufig erörterten Frage zu bedenken, ob beziehungsweise inwieweit ein Autor für die Folgen verantwortlich gemacht werden kann, die sich aus der praktischen Anwendung seiner Theorie durch politisch Handelnde ergaben. Dass ich selbst die Möglichkeit einer solchen Verantwortungszuschreibung eher skeptisch beurteile, sei hier lediglich erwähnt – nicht zuletzt um dem möglichen Verdacht von vornherein zu begegnen, es könne ein Interesse bestehen, Marx auf dem Wege einer ihn »rechtfertigenden« Interpretation zu entlasten. In der Frage nach dem Zusammenhang zwischen einer Theorie und den Untaten, die von ihren (vermeintlichen oder tatsächlichen) Anwendern begangen wurden, bietet sich eine Art Gegenprobe an, die zumindest erste Aufschlüsse zu geben vermag: die Prüfung, ob die verbrecherische Praxis im Lichte dieser Theorie als eine solche erkennbar ist und aus der Theorie zugleich Maßstäbe der Kritik sowie normative Richtlinien zur Veränderung dieser Praxis erwachsen.

21 Karl Marx/Friedrich Engels, Die deutsche Ideologie. In: MEW 3, S. 49.

# III. DIE MARXSCHE GESCHICHTSTHEORIE UND IHR VERHÄLTNIS ZUM UTOPISCHEN DENKEN

Jener Denkansatz, der in die Gesellschafts- und Geschichtstheorie mündete, die wir als »historischen Materialismus« bezeichnen, wurde von Marx und Engels in Kontraposition zu sozialistischen Vorstellungen ihrer Zeit entwickelt. Sie sahen die sogenannten utopischen Sozialisten als Theoretiker, die sich Gesellschaftszustände ausdenken, in denen dem Elend der unterdrückten Massen abgeholfen ist, ohne jedoch nach den Bedingungen der Realisierbarkeit ihrer Vorstellungen zu fragen. Im Gegensatz zu diesen »Utopisten« beabsichtigten Marx und Engels nicht, ein neues Gesellschaftsmodell zu entwerfen, den Akteuren also dogmatisch vorzuschreiben, wie sie ihre zukünftige Welt zu gestalten haben; vielmehr war es ihre Absicht, das sich in den Verhältnissen selbst abzeichnende weltverändernde Potential deutlich zu machen, das heißt die Tendenzen geschichtlicher Veränderung in den Verhältnissen aufzuspüren.[22] Der »Vorzug der neuen Richtung« bestehe darin, so heißt es in einem Brief von Marx an Arnold Ruge aus dem Jahre 1843, »daß wir [...] erst aus der Kritik der alten Welt die neue finden wollen«.[23] Marx folgte hier der von Hegel inspirierten Vorstellung, dass die Vernunft schon immer in

22 Vgl. Karl Marx, Das Elend der Philosophie. In: MEW 4, S. 143.

23 Karl Marx, [Briefe aus den »Deutsch-Französischen Jahrbüchern«]. In: MEW 1, S. 344 .

der Wirklichkeit anwesend ist, dass sie sich in den Institutionen einer Gesellschaft sowie den Kämpfen der Zeit manifestiert, wenn auch »nicht immer in der vernünftigen Form«[24]. Diese Differenz allerdings, nämlich die Differenz zwischen den Forderungen der Vernunft einerseits und ihrem aktuellen Realisierungsgrad in den wirklichen Verhältnissen andererseits ist dem Theoretiker in der Analyse des wirklichen Lebens zugänglich. Unter dieser Prämisse ist es nach Marx möglich, »aus den *eigenen* Formen der existierenden Wirklichkeit die wahre Wirklichkeit als ihr Sollen und ihren Endzweck [zu] entwickeln«[25]. Die Wahrheit darüber, was die vernünftige und sich mithin realisierende Welt ist, wird nicht gefunden, indem Theoretiker das von ihnen für wünschenswert Gehaltene auf den Begriff bringen. Diese Wahrheit enthüllt sich vielmehr im Prozess der gesellschaftlichen Bewegung selbst, sie zeigt sich und wird theoretisch fassbar, indem Wissenschaftler untersuchen, wohin es die gegenwärtige soziale Welt in der Austragung ihrer Konflikte, in der Bearbeitung ihrer Probleme von sich aus treibt.[26] In diesem Sinne hat die Arbeiterklasse »keine Ideale zu verwirklichen; sie hat nur die Elemente der neuen Gesellschaft in Freiheit zu setzen, die sich bereits im Schoß der zusammenbrechenden Bourgeoisgesellschaft entwickelt haben«[27]. Der Sozialwissenschaftler hat daher die Aufgabe, die theoretischen und praktischen Kämpfe der jeweiligen Zeit zu analysieren – wobei er selbst zu einem Faktor der wahren Bewegung wird. Deshalb allerdings ist sein Tun niemals nur Deskription der Wirklichkeit, sondern eben auch zugleich ihre

24 Ebd., S. 345.

25 Ebd.

26 Siehe dazu auch Friedrich Engels, Die Entwicklung des Sozialismus von der Utopie zur Wissenschaft. In: MEW 19, S. 208; sowie ders., Herrn Eugen Dührings Umwälzung der Wissenschaft. In: MEW 20, S. 247–249.

27 Karl Marx, Der Bürgerkrieg in Frankreich. In: MEW 17, S. 343.

Mitgestaltung, die in der Darstellung der Wirklichkeit mitzuerfassen ist.

Die Analyse sozialer Konflikte und Kämpfe beginnt nun mit einer Analyse der dem menschlichen Streben zugrunde liegenden Bedürfnisse. Der Denkansatz des historischen Materialismus[28] reflektiert dabei eine Grundtatsache leiblich-organischen Lebens – nämlich die Notwendigkeit, zum Zwecke der Daseinserhaltung sich in geeigneter Weise zu verhalten, und das heißt im Falle von menschlichem, von vernünftigem Leben: tätig zu werden. Wie überhaupt organisches Leben grundsätzlich gefährdet ist, so ist auch uns Menschen das Leben nicht tatenlos geschenkt. Wir leben in einer Welt knapper Ressourcen. Einen Großteil seiner Lebensbedingungen muss sich der Mensch erarbeiten. Aus dieser naturgegebenen Tatsache ergibt sich seine Bedürftigkeit und aus der existentiellen Notwendigkeit der Befriedigung von Grundbedürfnissen ergibt sich – so jedenfalls können wir den Marx/Engelsschen Denkansatz rekonstruieren – eine *objektive Gerichtetheit* menschlichen Strebens. Diese objektive Gerichtetheit ist gleichsam die ontische Basis der von Marx gemeinten sozialen Gesetzmäßigkeit. Menschen sind im Prozess der Bewältigung ihres Daseins gezwungen, sich in bestimmter Weise zu verhalten – und zwar bei Strafe ihres Todes oder zumindest eines weniger wahrscheinlichen Überlebens. In diesem Sinne stellt die »gebieterische *Not*«, die Lebensbedingungen zu verbessern, »den praktischen Ausdruck der *Notwendigkeit*«[29] dar. Wenn in der Marxschen Theorie von »Gesetzmäßigkeit« oder »Unvermeidlichkeit« die Rede ist, so ist als deren ontische Grundlage ausschließ-

28 Siehe vor allem Marx/Engels, Die deutsche Ideologie, Kap. I.

29 Friedrich Engels/Karl Marx, Die heilige Familie oder Kritik der kritischen Kritik. In: MEW 2, S. 38.

lich diese Form des praktischen Zwanges zu verstehen[30] – eines Genötigtseins unter der Bedingung, das bestimmte allgemeine Ziel der Daseinbewältigung optimal realisieren zu wollen.

Dieser naturgegebene, objektive Zwang lässt Aussagen eines bestimmten Konkretheitsgrades über das menschliche Verhalten zu. Diese Aussagen sind naturgemäß außerordentlich allgemein und beziehen sich nicht auf die Ereignisse, deren Abfolge wir gewöhnlich als »die Geschichte« ansprechen.[31] Über die *allgemeine* Gerichtetheit menschlichen Verhaltens hinausgehend, lässt sich aus der Natur des Menschen nichts deduzieren – auch wenn dies Marx und Engels gelegentlich versuchten. Aus der anthropologischen Tatsache, dass Menschen essen, trinken und sich gegen unwirtliche Lebensbedingungen schützen müssen, resultieren Handlungszwänge. Diesen aber können sich vernunftbegabte, kreative Wesen auf verschiedene Weise stellen. Für die Reproduktion der Lebensvoraussetzungen, einschließlich der Erzeugung von Nachkommen, existiert ein Möglichkeitsfeld unterschiedlicher Problemlösungsvarianten. Das praktische Ergreifen von Verhaltensalternativen, die schöpferische Modifikation und Weiterentwicklung der Formen und Wege der Bedürfnisbefriedigung, Entscheidungen in konkreten Handlungssituationen – sie konstituieren die menschliche Geschichte! Die konkrete Art und Weise, in der Menschen ihre Lebensbedingungen reproduzieren, ihren Interessen und Eingebungen folgen, wird durch den allgemeinen praktischen Zwang zur Daseinsbewältigung nicht determiniert. Daher las-

30 Vgl. Karl Kautsky, Ethik und materialistische Geschichtsauffassung, Stuttgart 1920, S. 144.

31 Ähnlich äußert sich Cornelius Castoriadis, Gesellschaft als imaginäre Institution. Entwurf einer politischen Philosophie, Frankfurt am Main 1997, S. 250.

sen sich aus der allgemeinen Gerichtetheit menschlichen Verhaltens keine Gesetze ableiten, die die historische Entwicklung der Formen menschlicher Daseinsbewältigung erfassen.

Im Prozess der Reproduktion ihres Lebens treten die Menschen in Beziehungen zueinander; es entstehen Interaktionszusammenhänge, gesellschaftliche Verhältnisse. Die Gesellschaft, »welches immer auch ihre Form sei«, ist das »Produkt des wechselseitigen Handelns der Menschen«.[32] Jede Generation trifft dabei auf vorgefundene, nicht frei wählbare, Bedingungen: Sie erwirbt Produktivkräfte und stößt auf eine soziale Ordnung, eine Gesellschaftsform, die von vorhergehenden Generationen geschaffen wurden. Indem Menschen ihr Leben unter Bedingungen gestalten, die selbst schon Produkt menschlicher Tätigkeit sind, und sie ihrerseits späteren Generationen die Ergebnisse ihrer Tätigkeit hinterlassen, entsteht ein Zusammenhang zwischen den zeitlich aufeinander folgenden Generationen: die Geschichte der Menschheit.

Obwohl von Menschen erzeugt und nur durch deren aufeinander bezogenes Handeln stabilisiert, stellen die gesellschaftlichen Verhältnisse (Eigentums- und Wirtschaftsordnung, politische Institutionen, Rechtsverhältnisse etc.) unabhängig vom Einzelnen und einzelnen Gruppen existierende Gegebenheiten dar. Diese sozialen Gegebenheiten bestimmen Handlungsspielräume und generieren Sachzwänge, die im Handeln zu berücksichtigen sind. Auf diese Weise treten die Resultate des kollektiven Handelns den Menschen als objektive Mächte gegenüber. Bleibt dieser Zusammenhang undurchschaut, können diese Mächte, einschließlich der vom Einzelnen unabhängigen Gesellschaftsordnung, als unverfügbar, ja sogar als sakrosankt erscheinen.

32 [Karl Marx an P. W. Annenkow]. In: MEW 4, S. 548.

Im Kampf um die Bewältigung des Daseins kommt es zu technischen und organisatorischen Innovationen, zu einer Entwicklung der materiellen Produktivkräfte, die die Gesellschaft beziehungsweise die Art und Weise, wie das gesellschaftliche Leben reproduziert wird, verändern. Die durch das Handeln der vielen Einzelnen bewirkten Veränderungen überlagern sich zu einer Resultante – zu einer gesellschaftlichen Gesamtentwicklung. Diese modifiziert die kollektiven und individuellen Bedingungen der Daseinsbewältigung. Mit der Veränderung der Umstände, unter denen Menschen ihre Bedürfnisse zu befriedigen versuchen, verändern sich die Menschen selbst; sie entwickeln neue Kompetenzen, aber auch erweiterte und neuartige Ansprüche hinsichtlich der Befriedigung ihrer natürlichen Grundbedürfnisse. In der Reproduktion des Lebens unter veränderten Umständen stellen sich neue Probleme der Daseinsbewältigung und damit neue Herausforderungen für das problemlösende Handeln der Menschen.

Fragt man nach dem entscheidenden Antrieb zur erweiterten Reproduktion und damit der Quelle der geschichtlichen Entwicklung der Formen gemeinschaftlicher Daseinsbewältigung, so mag man streiten, ob sich bei Marx darauf eine eindeutige Antwort findet. Mit dem historisch-materialistischen Denkansatz scheint mir aber folgende Interpretation kompatibel: Die Dynamik gesellschaftlicher Veränderung resultiert – ontologisch betrachtet – primär aus der subjektinternen, endogenen Triebkraft, nach möglichst sicherer Daseinsbewältigung zu streben. Naturverhältnisse, gesellschaftliche Funktionsmechanismen etc. modifizieren die Bedingungen der Daseinsbewältigung und treten insofern als subjektäußere, exogene Determinationsfaktoren sekundär hinzu. Sie stimulieren oder drosseln die menschlichen Aktivitäten zur Reproduktion des Lebens, verändern sie aber nicht in ihrer grundsätzlichen Ausgerichtetheit. Ohne den Zwang, durch Tätigkeit die Lebensgrundlagen produzieren zu müssen, kein gesellschaftliches Zusammenleben und keine Gesellschaft! Ohne die Tatsache, dass die Reproduktion der Lebensgrundlagen stets verbesserbar und damit die Wahrscheinlichkeit einer gelingenden Daseinsbewältigung steigerbar ist, keine erweiterte Reproduktion und keine gesellschaftliche Evolution! Die Kombination eines endogenen Antriebs zur Selbsterhaltung mit exogenen Faktoren, die die konkreten Probleme der Daseinsbewältigung bedingen, eröffnet einen weiten Spielraum für Formen der gesellschaftlichen Reproduktion: von nahezu stationären, sich nur langsam verändernden bis hin zu ausgesprochen dynamischen, die Reproduktion der Lebensvoraussetzungen auf ständig neuer Basis und erweiterter Stufenleiter betreibenden Gesellschaften. Führt man sich vor Augen, dass, genauso wie individuelle, auch kollektive Anstrengungen zur Daseinsbewältigung scheitern können, sind sogar Perioden technologischer Regression denkbar.

In welchem Maße es dem Einzelnen gelingt, seine Lebensbedürfnisse zu befriedigen, hängt maßgeblich von seinem vorgefundenen oder auch erarbeiteten Platz innerhalb der Gesellschaft ab. Die in einer Gesellschaft zu vergebenden sozialen Plätze sind bezogen auf die Möglichkeiten zur Daseinsbewältigung ungleichwertig. In Abhängigkeit von der sozialen Stellung des Einzelnen resultieren aus dem Zwang zur Daseinsbewältigung spezifische Interessen. Sind diejenigen Interessen, die aus unterschiedlichen sozialen Stellungen entspringen, zu Bewusstsein gekommen, münden sie in ein entsprechendes Verhalten. Unter der Voraussetzung, dass dieser Bewusstwerdungsprozess stattgefunden hat, erlaubt daher die Kenntnis der sozialen Stellung eines Individuums eine Prognose seines Verhaltens.

In ihrem Streben um Interessenverwirklichung tragen die Akteure soziale Kämpfe aus. Es entstehen Konflikte, die in Abhängigkeit vom Kräfteverhältnis der kämpfenden Parteien gelöst werden. Das soziale Handeln der Akteure kann dabei nichtvorausgesehene und möglicherweise unerwünschte Folgen zeitigen. Bestehende Gruppen von gesellschaftlichen Akteuren verlieren ihre Funktion, gesellschaftliche Zusammenhänge lösen sich auf, neue etablieren sich. Angetrieben durch ihren Willen zur Daseinsbewältigung reagieren die Menschen auf entstandene Problemlagen. Sie reagieren mit verstärkten Anstrengungen, mit Kampf um Vorteile, strategische Positionen und soziale Anerkennung.

Die Entwicklung der Produktivkräfte – so eine der zentralen Prämissen der Marxschen Geschichtstheorie – erreicht schließlich eine Höhe, die zum einen eine gleichmäßige Verteilung des gesellschaftlichen Reichtums auf alle Gesellschaftsmitglieder ermöglicht, ohne Entwicklungsimpulse zu beschneiden, und zum anderen eine Vergesellschaftung der Produktionsmittel und eine Aufhebung der Klassenspaltung nötig macht, um neue Entwicklungsimpulse freizusetzen. Ist dieses Stadium erreicht, steht die politische und soziale Revolution auf der Tagesordnung.

Die gesellschaftliche Gesamtentwicklung erscheint, da sie niemand vorausgesehen und so auch niemand gewollt hat, als ein naturwüchsig verlaufender Selbstregulierungsprozess zur Lösung unvermeidlich auftretender Systemprobleme. Wenn nun, wie unterstellt, Geschichte das Resultat des Handelns der vielen, sich zu sozialen Gruppen (Klassen) formierenden Einzelnen und das Handeln jedes Einzelnen als objektiv gerichtet und in diesem Sinne als gesetzesförmig zu deuten ist, dann liegt die Vermutung nahe, dass auch die sich aus dem wechselseitigen Bezug des Handelns ergebende gesellschaftliche Veränderung Gesetzmäßigkeiten folgt, die der wissenschaftlichen Erforschung zugänglich sind.

Marx war von dieser Möglichkeit überzeugt und hielt es demgemäß für die Aufgabe des Theoretikers, erstens die Gesetzmäßigkeiten der gesellschaftlichen Entwicklung aufzudecken und zweitens die sich in der gesellschaftlichen Wirklichkeit – entsprechend dieser Gesetze – vollziehenden Prozesse zu antizipieren. Es kommt dem Theoretiker zu, diejenigen Prozesse, die sich als aggregiertes Resultat des Handelns der Menschen quasi naturwüchsig vollziehen, geistig vorwegzunehmen und bewusst zu machen. Dadurch wird es möglich, prognostizierte Entwicklungsresultate als anzustrebende Ziele auszuweisen. Dabei folgt aus der Existenz eines objektiven Trends nicht, dass man ihn durch geeignete Handlungen zu unterstützen habe. Insoweit aber dieser Trend als Verwirklichung eigener Interessen aufgefasst werden kann, kann seine Unterstützung der besseren Interessenverwirklichung dienen. Werden die tendenziellen Ergebnisse als Ziele bewusst verfolgt, können sich Entwicklungsprozesse verkürzen und notwendig eintretende Friktionen reduzieren. Der Sinn dieses Bewusstwerdungsprozesses ist es, die »Geburtswehen« der neuen Gesellschaft abzukürzen und zu mildern.[33] Marx selbst glaubte, nicht nur das ökonomische Bewegungsgesetz der modernen Gesellschaft, sondern das grundlegende Bewegungsgesetz der menschlichen Geschichte entdeckt zu haben.

Bezogen auf das Verhältnis des Marxschen Denkens zur Utopie ist mithin folgendes festzuhalten: Nach Marxens Selbstverständnis geht es nicht darum, der Welt ein Ziel von außen vorzugeben, sich gleichsam einen wünschbaren Gesellschaftszustand auszudenken und die Verwirklichung

33 Vgl. Karl Marx, Das Kapital. Erster Band. In: MEW 23, S. 16.

dieses Gesellschaftsmodells den Akteuren als ein moralisches Sollen vorzuschreiben. Vielmehr ist es das Ziel der wissenschaftlichen Bemühungen, die Akteure über ihre Situation und den wahren Inhalt ihrer Kämpfe aufzuklären. Der Marxismus, genauer gesagt der historische Materialismus, ist daher gerade keine Weltverbesserungstheorie; er präsentiert sich als »empirische Sozialwissenschaft«[34] (in die natürlich, wie in jede empirische Wissenschaft theoretische Annahmen eingehen – worauf zurückzukommen sein wird): Durch Analyse der Notwendigkeiten menschlicher Daseinsbewältigung, durch Analyse von Entfremdungsphänomenen, wie sie in der bürgerlich-kapitalistischen Gesellschaft auftreten, sowie durch Analyse der sozialen Stellung des Proletariats sollen den Angehörigen dieser Klasse ihre wirklichen Interessen zu Bewusstsein gebracht werden. Denn – so Marx und Engels in der *Heiligen Familie*:

> »Es handelt sich nicht darum, was dieser oder jener Proletarier oder selbst das ganze Proletariat als Ziel sich einstweilen *vorstellt*. Es handelt sich darum, *was* es *ist* und was es diesem *Sein* gemäß geschichtlich zu tun gezwungen sein wird. Sein Ziel und seine geschichtliche Aktion ist in seiner eignen Lebenssituation wie in der ganzen Organisation der heutigen bürgerlichen Gesellschaft sinnfällig, unwiderruflich vorgezeichnet.«[35]

Deshalb gilt – wie es im *Kommunistischen Manifest* heißt:

> »Die theoretischen Sätze der Kommunisten beruhen keineswegs auf Ideen, auf Prinzipien, die von diesem oder jenem Weltverbesserer erfunden oder entdeckt sind. [Absatz] Sie sind

34 Georg Geismann, Zur sogenannten »Politischen Philosophie« von Marx und Engels. In: LOGOS, N. F., 4 (1997), S. 197–209, hier S. 201.

35 Engels/Marx, Die heilige Familie der Kritik der kritischen Kritik, S. 38.

> nur allgemeine Ausdrücke tatsächlicher Verhältnisse eines existierenden Klassenkampfes, einer unter unsern Augen vor sich gehenden geschichtlichen Bewegung.«[36]

Interessenvertretung innerhalb eines weitgehend unregulierten Kapitalismus des 19. Jahrhunderts bedeutete für Marx, dass die Angehörigen des Proletariats zu einem Handeln gezwungen sein werden, welches die institutionellen Grundlagen dieser Wirtschaftsordnung beseitigt. Marx glaubte bewiesen zu haben, das Proletariat könne die Aufhebung der Entstehungsbedingungen der sozialen Übel, unter denen es leidet, nur leisten, indem eine gänzlich neuartige Regulierungsweise des menschlichen Zusammenlebens gefunden wird. Deren wesentliches Merkmal sollte eine Wirtschaftsordnung sein, in der die sozial-ökonomischen Bedingungen, die eine Ausbeutung und Unterdrückung von Menschen durch Menschen ermöglichen sowie eine Anarchie der gesellschaftlichen Produktion bedeuten, ein für allemal abgeschafft sind.

Das Bewusstsein dieser Zusammenhänge den proletarischen Akteuren zu vermitteln ist Aufgabe der Theoretiker und speziell der Partei der Arbeiterklasse. Marx formulierte:

> »Unser Wahlspruch muß also sein: Reform des Bewußtseins nicht durch Dogmen, sondern durch Analysierung des mystischen, sich selbst unklaren Bewußtseins, trete es nun religiös oder politisch auf. Es wird sich dann zeigen, daß die Welt längst den Traum von einer Sache besitzt, von der sie nur das Bewußtsein besitzen muß, um sie wirklich zu besitzen.«[37]

36 Marx/Engels, Manifest der Kommunistischen Partei, S. 474 f.

37 Marx, [Briefe aus den »Deutsch-Französischen Jahrbüchern«], S. 346.

Der Theoretiker leistet also zweierlei: Er hebt die aus der Interessenlage des Proletariats entspringenden, aber zunächst unbewusst gebliebenen, nur als »Traum« existierenden Ziele ins Bewusstsein der Akteure und stellt gleichsam das Know-how für ihre Verwirklichung bereit. Erst diese doppelte Dienstleistung wird das Proletariat zu einer effizienteren Interessenvertretung befähigen. In ihrem Kampf aber werden die Akteure – im Prinzip – nichts anderes tun als sie ohnehin schon tun; sie werden es nur effizienter tun, zielsicherer, weniger verlustreich, und sie werden schneller ihre Mission erfüllen. Dabei wird sich zeigen, »daß die Menschheit keine *neue* Arbeit beginnt, sondern mit Bewußtsein ihre alte Arbeit zustande bringt«[38]. Dieses Zustandebringen der Arbeit, das heißt die Umwälzung der bestehenden gesellschaftlichen Verhältnisse, wurde von Marx als ein revolutionärer Prozess vorgestellt, in dem das Proletariat unter Führung der Kommunistischen Partei, welche »der übrigen Masse des Proletariats die Einsicht in die Bedingungen, den Gang und die allgemeinen Resultate der proletarischen Bewegung voraus« hat und »stets das Interesse der Gesamtbewegung« vertritt,[39] die politische Macht ergreift. Dergestalt münden seine geschichtsphilosophischen Anschauungen in eine Theorie der sozialökonomischen und politischen Revolution.

Angenommen nun, man akzeptiert den Marxschen Denkansatz wie er hier in Grundzügen rekonstruiert wurde – eine Rekonstruktion, in die sich die im Marxschen Werk auffindbaren, scheinbar unversöhnlichen geschichtsphilosophischen Ansätze widerspruchsfrei integrieren lassen –, so ergeben sich gleichwohl Bedenken, die Marx und ebenso Engels ignoriert haben. Ausgehend von empirisch konsta-

38 Ebd.

39 Marx/Engels, Manifest der Kommunistischen Partei, S. 474.

tierbaren sozialen Verhältnissen, speziell der in Herausbildung begriffenen kapitalistischen Industriegesellschaft und ihrer Dynamik, wollte man die Potentialitäten zur weiteren Entwicklung sowie den wesentlichen Trend dieser Entwicklung aufdecken. Man glaubte, den Hauptstrom des zivilisatorischen Prozesses aus der Analyse der Bewegungs- und Lösungsformen vergangener und gegenwärtiger sozialer Konflikte ableiten zu können. Wie aber konnte man annehmen, dass es sich hierbei um eine einfache Aufgabe mit einer eindeutigen Lösung handelt? Wie konnte man glauben, dass »in dem Maße, wie die Geschichte vorschreitet und mit ihr der Kampf des Proletariats sich deutlicher abzeichnet«, die Theoretiker nur die Aufgabe haben könnten, »sich Rechenschaft abzulegen von dem, was sich vor ihren Augen abspielt, und sich zum Organ desselben zu machen«[40]? Musste es einem Philosophen nicht klar sein, dass es nie evident ist, was eigentlich sich vor Augen abspielt? Ist es nicht ebenso eine Offenkundigkeit, dass man in der sozialen Wirklichkeit stets mehrere, darunter widerstreitende Tendenzen beobachten kann, sodass Aussagen über die zukünftige Resultante des Kräfteparallelogramms mit allen Unwägbarkeiten von Prognosen behaftet sind – mithin nicht als infallibel gelten können? Konnte nicht allein das unvorhersehbare Auftreten neuartiger Faktoren zu Konstellationen führen, die bisherige Trends modifizieren, durch andere überlagern oder ersetzen? Der Marxsche Erkenntnisoptimismus, man müsse gleichsam nur die – vom bourgeoisen Klassenstandpunkt entrückten – Augen aufhalten, um zur Entschlüsselung des sich abzeichnenden geschichtlichen Entwicklungstrends in der Lage zu sein, erwies sich als unrealistisch, als spezifische Form von Utopismus.

40 Marx, Das Elend der Philosophie, S. 143.

## IV.
## DIE ANATOMIE DER MARXSCHEN GESCHICHTSTHEORIE

Bisher wurden zentrale Aspekte der Marxschen Geschichtstheorie dargestellt, um das Verhältnis des Marxschen Denkens zum utopischen Denken zu klären. Es sollte deutlich geworden sein, dass sich die Geschichtstheorie von Marx – jedenfalls insoweit sie sich als eine sozialwissenschaftliche Theorie auffassen lässt – von dem, was man sich gemeinhin unter »Utopie« vorstellt, radikal unterscheidet. Dass die bloße Wünschbarkeit von zukünftigen Gesellschaftszuständen kein hinreichendes Kriterium sein kann, um deren Realisierung zu fordern oder vorauszusagen, haben Marx und Engels mit ihrer Beobachtung angedeutet, die »Idee« habe sich immer dann blamiert, wenn sie vom »Interesse« unterschieden war[41]. Gleichzeitig enthält die marxistische Theorie sehr wohl utopische Elemente (im schlechten Sinne), die es in einer kritischen Diskussion der Marxschen Auffassungen herauszuarbeiten gilt.

Um sich ein Bild von der Vielfalt möglicher Kritik zu machen, sollte man sich verdeutlichen, dass diejenige Menge von Aussagen, die wir als die Marxsche Geschichtstheorie bezeichnen können, Theorie-Elemente verschiedener Art involviert. In einer vereinfachten Darstellung, die insbesondere keinen Anspruch auf Vollständigkeit erhebt, ergibt sich folgende Anatomie der Marxschen Geschichtstheorie.

41 Engels/Marx, Die heilige Familie der Kritik der kritischen Kritik, S. 85.

Dabei sei betont, dass Einteilung und Zuordnung sachlich keineswegs zwingend sind. Im Vordergrund steht vielmehr das Bedürfnis nach Komplexitätsreduktion und analytischer Handhabbarkeit.

Für die Marxsche Geschichtstheorie sind (1) bestimmte *methodische Vorentscheidungen* bedeutungsvoll. Marx ging (zumindest in den entscheidenden Passagen seines Werkes) davon aus, dass soziale Tatbestände durch das Handeln von Menschen konstituiert werden und deshalb auch – in diesem Sinne verhielt er sich als methodologischer Individualist – aus diesem Handeln zu erklären sind. Gleichzeitig thematisierte er – wie wohl kaum ein Sozialwissenschaftler vor ihm – die nicht vorausgesehenen Nebenwirkungen des wechselseitig aufeinander bezogenen menschlichen Tuns sowie die häufig nicht durchschauten Rückwirkungen der durch dieses Tun konstituierten gesellschaftlichen Verhältnisse auf das individuelle und gemeinschaftliche Handeln.[42] Auf der Basis dieser methodologischen Einstellung verfolgte Marx die Idee, analog zu den Zielstellungen in den Naturwissenschaften Gesetzmäßigkeiten der Entwicklung der menschlichen Gesellschaft aufzudecken und dieses Wissen zu Prognosen über sich künftig einstellende gesellschaftliche Verhältnisse zu nutzen.

Zu den Theorie-Elementen gehören (2) *anthropologische Annahmen.* Marx sah den Menschen primär als leiblich-organisches Wesen – als ein Wesen, das in einer Welt beschränkter Ressourcen und unter gefahrvollen Lebensbedingungen seinen eigenen Stoffwechselprozess regulieren muss. Als ein solches Wesen steht der Mensch vor Problemen der Daseinsbewältigung; er ist permanent mit verschiedenen Mangelzu-

42 Vgl. Karl Marx, Grundrisse der Kritik der politischen Ökonomie. In: MEW 42, S. 127 (111 = Seitenzahl der Separatausgabe: Ders., Grundrisse der Kritik der politischen Ökonomie [Rohentwurf], 1857–1858, Berlin 1974).

ständen konfrontiert, deren Aufhebung ihm Bedürfnis ist. Daraus ergibt sich sein Interesse, innerhalb der Gesellschaft Positionen zu erlangen, die ihm einen bestmöglichen Zugriff auf Befriedigungsmöglichkeiten bieten. Marx sah den Menschen aber auch als ein gesellschaftliches Wesen – als ein Wesen, das sich im gemeinschaftlichen Tätigsein selbst formt, dessen (für sein Verhalten wesentliche) »Natur« sich in der menschlichen Praxis allererst ausprägt und damit maßgeblich abhängig ist von den jeweiligen gesellschaftlichen Verhältnissen, sowie als ein vernünftiges und schöpferisches Wesen – als ein Wesen, das seinen Lebensprozess reflektiert und bewusst verändern kann.

Zu den Elementen der Marxschen Theorie gehören (3) *Anschauungen über den Sinn des Lebens* beziehungsweise die Bestimmung des Menschen – Anschauungen, die teils nur implizit vorgetragen wurden. Diese umfassen Aussagen darüber, was das wahre, nicht-entfremdete Leben ausmacht: nämlich freie, schöpferische Tätigkeit, die nicht Mittel zur Erlangung des Lebensunterhalts, sondern als Betätigung menschlicher Wesenskräfte Selbstzweck ist. Die Betätigung seiner innewohnenden Kräfte, das »absolute Herausarbeiten« seiner »schöpferischen Anlagen«, »nicht gemessen an einem *vorhergegebnen* Maßstab«,[43] soll zur Selbstverwirklichung des Menschen als menschliches Subjekt führen. Diese Bestimmung eines wahrhaft menschlichen und menschenwürdigen Lebens diente Marx als Folie, vor deren Hintergrund sich die Defizite, das Ungerechte, das Kranke und Zerstörerische, der herrschenden kapitalistischen Verhältnisse abzeichnen und kritisierbar werden. Der Weg der Selbstverwirklichung ist die selbstbestimmte Arbeit. Dieser Weg aber ist verbaut durch die für die kapitalistische Pro-

43 Marx, Grundrisse, S. 396 (387).

duktionsweise charakteristische Art, wie sie den Menschen vom Produkt seiner Arbeit, von seiner eigenen Tätigkeit, von seinen Mitmenschen, von sich selbst als Wesen einer bestimmten Gattungszugehörigkeit und schließlich von seiner Gattung entfremdet – nicht das sein lässt, was er seinem menschlichen Vermögen nach ist und sein könnte. Ein Leben, das Selbstverwirklichung ist, wird – jedenfalls für die Masse – erst dann möglich sein, wenn die Ökonomie ihre »bornierte bürgerliche Form«[44] abgestreift hat und damit die Entstehungsbedingungen für Entfremdungsphänomene generell aufgehoben sind.

In die Marxsche Theorie sind (4) *Annahmen über individuelle und kollektive Verhaltensweisen* eingegangen. Marx nahm an, dass für die lohnabhängigen Industriearbeiter aufgrund ihrer Stellung im Produktionsprozess eine bestimmte Interessenlage charakteristisch sei und dieses übereinstimmende Interesse (Klasseninteresse) sie zu gemeinsamen Aktionen im Kampf um die Durchsetzung dieses Interesses (Klassenkampf) verbinden müsse. Aus der Analyse von Sozialstrukturen (Produktionsverhältnissen) und auf der Basis bestimmter Annahmen über die Bedürfnisse von Proletariern schloss er auf das individuelle Verhalten der Arbeiter sowie deren gemeinschaftliches, kollektives Verhalten in Gestalt ihrer Klassenorganisationen.

Zu den Bestandteilen der Marxschen Theorie gehören (5) *Beschreibungen von empirischen Gegebenheiten und Trends.* Im Mittelpunkt von Marx' gesamtem geschichtsphilosophischen Denken stand zum einen die technische und organisatorische Entwicklung der Produktivkräfte, die zur Reduzierung des Arbeitsaufwandes führt. Zum anderen wurden vor allem solche Gegebenheiten hervorgehoben, die die zur damaligen

44 Ebd., S. 395 (387).

Zeit vorfindliche kapitalistische Gesellschaft betreffen: eine sich vertiefende Klassenspaltung bei gleichzeitiger Vereinfachung der Klassenverhältnisse, eine Konzentration und Zentralisation des Kapitals, der Ausschluss der Nichteigentümer von Produktionsmitteln von dem wachsenden Nutzen ihrer Arbeit sowie die daraus für sie entspringenden Konsequenzen (absolute und relative Verelendung). Schließlich gehören hierzu auch empirisch gestützte Aussagen über das Schicksal des Kapitalismus als Gesellschaftsordnung und die Natur des bürgerlichen Staates.

Konstitutiv für die Marxsche Geschichtstheorie sind (6) *universalhistorische Erklärungen und geschichtsphilosophische Deutungen.* Marx begriff Geschichte als ein Fortschrittsgeschehen, dessen innere Dynamik, dessen Bewegungsgesetz es zu entschlüsseln gilt. Eine herausragende Bedeutung kommt in diesem Zusammenhang seinem Verständnis von Geschichte als einer Abfolge von Gesellschaftsformationen zu. Charakteristisch für das Marxsche Vorgehen ist dabei die Suche nach nomologischen Zusammenhängen, um auf deren Basis theoretische Konstruktionen mit hohem Prognose-Potenzial zu entwickeln: zum Beispiel dass die kapitalistischen Eigentumsverhältnisse zunehmend zur Fessel der Produktivkraftentwicklung und durch die Entwicklung der Produktivkräfte letztlich gesprengt werden;[45] oder: dass ein weltrevolutionärer Prozess zur Aufhebung der kapitalistischen Produktionsform sowie der mit ihr verbundenen Anarchie der gesellschaftlichen Produktion führen und dass die bürgerlich-kapitalistische durch die klassenlose kommunistische Gesellschaft ersetzt werden wird.

Für die Marxsche Geschichtstheorie sind (7) *revolutionstheoretische Erörterungen* bedeutungsvoll. Zentrales

45 Vgl. Karl Marx, Zur Kritik der Politischen Ökonomie. In: MEW 13, S. 8 f.

Interesse erlangte die Frage, wie der Übergang zur neuen Gesellschaft gedacht werden kann. Dabei entwickelte Marx Überlegungen – etwa dass sich das Proletariat als der soziale Träger des Menschheitsfortschritts erweisen, in einer Weltrevolution die politische Macht ergreifen und die Eigentums- und Institutionenordnung der bürgerlichen Gesellschaft beseitigen wird –, die von späteren Akteuren in Handlungsanleitungen und teilweise in revolutionäre Aktionen umgesetzt wurden.

Als konzeptionell folgenreich erwiesen sich (8) *rechtsphilosophische Deutungen*. Für Marx konnten Menschenrechte eine Schutzfunktion für das Individuum nur innerhalb einer Gesellschaft des Privateigentums erfüllen – einer Gesellschaft, in der der isolierte Einzelne in Konkurrenz zu anderen isolierten Einzelnen steht und sich Machtdifferenzen herausbilden. In Verbindung mit der Annahme, die kommunistische Zukunftsgesellschaft werde sich durch eine Identität von gesellschaftlichen und individuellen Interessen auszeichnen, beeinflusste diese Überlegung die Anschauungen über den Status der Menschenrechte in der kommunistischen Gesellschaft.

In der Marxschen Geschichtstheorie werden (9) *staatstheoretische Vorstellungen* entwickelt. Unter der Prämisse, es komme darauf an, »daß das Privatinteresse des Menschen mit dem menschlichen Interesse zusammenfällt«[46], entwickelte Marx Vorstellungen, die sich vor allem auf die Übergangsgesellschaft zwischen Kapitalismus und Kommunismus bezogen – Vorstellungen über Herrschaftsstrukturen, über Institutionen sowie über Verteilungsprinzipien.

Kennzeichnend für das Marxsche Denken ist (10) das Operieren mit *Voraussagen* über bevorstehende Ereignisse (Kri-

46 Engels/Marx, Die heilige Familie der Kritik der kritischen Kritik, S. 138.

sen und Revolutionen), über Potenzen und zukünftige Absichten sozialer Akteure (Erringung der politischen Macht), über die zukünftige Gestaltung der Gesellschaft (Aufhebung des Privateigentums an Produktionsmitteln und Beseitigung der Klassengesellschaft), über qualitative Kennzeichen der kommunistischen Gesellschaftsformation (Stoffwechsel mit der Natur, Verhältnis des Menschen zur Arbeit und seinen Mitmenschen), über die Art der Lösung von Problemen in der sozialistisch-kommunistischen Zukunftsgesellschaft (Gerechtigkeitsprinzip, Verteilungsprinzip, Wirtschaftsordnung).

# V. ZUR KRITIK DER MARXSCHEN GESCHICHTSTHEORIE

Im Folgenden sollen einige Einwände benannt werden, die sich gegen die Marxschen Auffassungen erheben lassen. Zu diesem Zweck stelle ich die angeführten Theorie-Elemente der Reihe nach genauer vor und benenne – ohne Anspruch auf Vollständigkeit – Punkte, an denen Kritik zu üben ist, an denen Kritik geübt wurde oder an denen Kritik ansetzen könnte.

## *1. Methodische Vorentscheidungen*

Die methodische Vorentscheidung von Marx, nach Gesetzmäßigkeiten zu suchen, denen gesellschaftliche Veränderungen gehorchen, sowie seine verstreuten Ausführungen über sich gesetzmäßig beziehungsweise »naturwüchsig« vollziehende gesellschaftliche Entwicklungen haben immer wieder zu kritischen Nachfragen, Kontroversen und scharfer Ablehnung Anlass gegeben. Der wohl bekannteste und einflussreichste Einwand lautet, Marx habe mit seiner Konzeption der sich einander gesetzmäßig ablösenden Gesellschaftsformationen einen Geschichtsdeterminismus gepredigt, der keine Entwicklungsalternativen vorsah und damit der Illusion der sicheren Voraussagbarkeit zukünftiger Gesellschaftszustände aufsaß. Nach diesem Vorwurf impliziert die Geschichtstheorie von Marx Aussagen über sich unvermeidlich vollziehende gesellschaftliche Veränderungen beziehungsweise über gesellschaftliche Verhältnisse, die sich in der Zukunft mit Notwendigkeit einstellen werden.

In der Tat ist festzustellen, dass Marx durch viele seiner Formulierungen, die im Stile *unbedingter* Prognosen[47] – das heißt ohne Bezugnahme auf bestimmte, als konstant *unterstellte*, Rahmenbedingungen – abgefasst sind, diese Deutung zumindest provoziert hat. Allerdings hat er – obwohl von der Verwirklichung der Revolutionsziele persönlich überzeugt – die prognostizierten geschichtlichen Entwicklungen, die für ihn den historischen Fortschritt konstituierten, *nicht* im strengen, nomologischen Sinne für unvermeidlich gehalten, mithin tatsächlich *bedingte* Prognosen im Auge gehabt. Dies ergibt sich schon daraus, dass er sehr wohl in Alternativen dachte, wenn vielleicht auch nur in Form des Ge- und Misslingens. So hatte er beispielsweise im *Kommunistischen Manifest* nicht lediglich prophezeit, dass der Untergang der Bourgeoisie und der Sieg des Proletariats »gleich unvermeidlich«[48] seien, sondern gleichzeitig den »gemeinsamen Untergang der kämpfenden Klassen«[49] für möglich gehalten. Seine Prophezeiungen, dass bestimmte Entwicklungen in Zukunft stattfinden werden, konnte er selbst also nicht als Aussagen über Ereignisse auffassen, die mit quasinaturgesetzlicher Notwendigkeit eintreten. Man gewinnt jedoch den Eindruck, das totale *Scheitern* war die einzige Alternative, die Marx zugelassen hat. Ist diese Interpretation richtig, so wäre die These vom Marxschen Geschichts-

47 Zum Unterschied von bedingten und unbedingten Prognosen vgl. Karl R. Popper, Prognose und Prophetie in den Sozialwissenschaften. In: Ders., Vermutungen und Widerlegungen. Das Wachstum der wissenschaftlichen Erkenntnis. Teilband II: Widerlegungen, Tübingen 1997, S. 491–493.

48 Marx/Engels, Manifest der Kommunistischen Partei, S. 474.

49 Ebd., S. 462.

determinismus insofern aufrechtzuerhalten, als er eben nicht wirklich mit verschiedenen *Entwicklungs*möglichkeiten gerechnet hätte. Ein Untergang in der Barbarei stellt keine positive Entwicklungsoption dar – jedenfalls nicht für Wesen, die sich um die Bewältigung ihres Daseins bemühen. Allerdings ist diese spezielle Form eines »Entweder-oder«-Determinismus in dem angesprochenen Vorwurf nicht gemeint.

Des weiteren sind selbst die von Marx auf der Basis von (hypothetischen) gesetzesartigen Zusammenhängen (zum Beispiel zwischen Produktivkräften und Produktionsverhältnissen oder zwischen Produktionsweise und Staatseinrichtungen, Rechtsauffassungen, Kunst, Religion) prognostizierten gesellschaftlichen Entwicklungen in einem spezifischen Sinne als *bedingt* anzusehen. Das Marxsche Geschichtsdenkens – so wurde bereits oben gezeigt – ist orientiert an der Idee der Gesetzesförmigkeit des individuellen Handelns. Der Denkansatz des historischen Materialismus beruht auf der Konstatierung einer elementaren Tatsache – nämlich dass Menschen sich in bestimmter Weise verhalten müssen, um ihr Leben zu erhalten. In diesem Sinne ist die Engelssche Erläuterung zu verstehen, wonach »das *in letzter Instanz* bestimmende Moment in der Geschichte die Produktion und Reproduktion des wirklichen Lebens«[50] sei. Geschichte kann dieser materialistischen Auffassung zufolge nach Art eines Naturprozesses verstanden werden, weil jeder Einzelne »das will, wozu ihn Körperkonstitution und äußere, in letzter Instanz ökonomische Umstände

50 Engels an Joseph Bloch, 21. September 1890. In: MEW 37, S. 463. Die Produktion und Reproduktion des materiellen Lebens ist dabei von »doppelter Art«: »Einerseits die Erzeugung von Lebensmitteln, von Gegenständen der Nahrung, Kleidung, Wohnung und den dazu erforderlichen Werkzeugen; andrerseits die Erzeugung von Menschen selbst, die Fortpflanzung der Gattung.« (Friedrich Engels, Der Ursprung der Familie, des Privateigentums und des Staats. In: MEW 21, S. 27 f.)

(entweder seine eignen persönlichen oder allgemein-gesellschaftliche) treiben«[51] – eben zur Reproduktion seines Lebens. Von demjenigen, dem es gelingt, sich am Leben zu erhalten, kann daher angenommen werden, dass sein Verhalten in dieser allgemein bestimmten Weise, nämlich hin auf die kontinuierliche Herstellung seiner Lebensvoraussetzungen, ausgerichtet ist. Diese Ausgerichtetheit des Verhaltens – die historisch, kulturell und situativ konkrete Formen annimmt – ist der »ontische Kern«, der die sozialen Gesetzmäßigkeiten konstituiert. Wenn das Verhalten jedes Einzelnen – im Regelfall – in bestimmter Weise, nämlich auf Daseinssicherung – und dies heißt auf eine möglichst wahrscheinliche Bewältigung der Daseinsprobleme –, ausgerichtet und in diesem Sinne gesetzmäßig ist, dann ergeben sich im gesellschaftlichen Zusammenwirken der Einzelnen »Resultate«, die ebenfalls Gesetzesform annehmen. Bei diesen Resultaten handelt es sich um wesentliche, stabile, sich reproduzierende Beziehungen zwischen den Elementen von Gesellschaftssystemen. Die von Marx behauptete Dialektik von Produktivkräften und Produktionsverhältnissen, von Basis und Überbau etc. ist nichts anderes als eine in allgemeinen Termen (also mit universellem Anspruch) verfasste Beschreibung derartiger Abhängigkeiten beziehungsweise funktionalen Kopplungen. (Dabei war der Gedanke, wonach in der Theorie formulierte Gesetze in der Wirklichkeit nur als Tendenzen in Erscheinung treten, Marx nicht fremd.[52]) Allerdings setzt die Herausbildung und Reproduktion dieser gesellschaftssystem-internen Beziehungen nicht nur voraus, dass die menschlichen Akteure in bestimmter Weise prädisponiert sind und als biologische, soziale und vernünftige We-

51 Engels an Joseph Bloch, 21. September 1890, S. 464.

52 Vgl. Marx, Das Kapital. Dritter Band, S. 184.

sen entsprechende Bedürfnisse zu befriedigen haben, sondern auch, dass sie tatsächlich ihre Interessen erkennen, diese verfolgen und sich ihnen gemäß verhalten. Dass sich die vorausgesagten gesellschaftlichen Entwicklungen ergeben, ist also auch im Denken von Marx an das Gegebensein bestimmter *Bedingungen* gebunden, sodass es sich um *bedingte* Prognosen handelt. Eine geschichtliche Notwendigkeit im Sinne eines unvermeidlichen Ablaufs der Geschichte kann im Rahmen des historisch-materialistischen Denkansatzes nicht begründet werden.

Für das Verständnis der marxistischen Geschichtstheorie ist deren methodologischer Individualismus wesentlich:

> »*Die Geschichte* tut *nichts*, sie ›besitzt *keinen* ungeheuren Reichtum‹, sie ›kämpft *keine* Kämpfe‹! Es ist vielmehr *der Mensch*, der wirkliche, lebendige Mensch, der das alles tut, besitzt und kämpft; es ist nicht etwa die ›Geschichte‹, die den Menschen zum Mittel braucht, um *ihre* – als ob sie eine aparte Person wäre – Zwecke durchzuarbeiten, sondern sie ist *nichts* als die Tätigkeit des seine Zwecke verfolgenden Menschen.«[53]

Unter diesem Gesichtspunkt ist es eine mystifizierende, irreführende Sprechweise, zu sagen, gesellschaftliche Entwicklungen ergäben sich »aus der ökonomischen Basis als deren Folge«[54]. Vielmehr sind gesellschaftliche Entwicklungen das Resultat des Handelns von Menschen unter vorgefundenen Bedingungen – wobei wesentliche der vorgefundenen Bedingungen das sind, was in historisch-materialistischer Terminologie als »ökonomische Basis« bezeichnet wird. Die vorgefundenen Bedingungen und also auch die ökonomische Basis bewirken

53 Engels/Marx, Die heilige Familie der Kritik der kritischen Kritik, S. 98.

54 Sybille Tönnies, Determinismus und Freiheit nach Auflösung des Marxismus. In: UTOPIE kreativ, Heft 19/20 (1992), S. 139–148, hier S. 140.

selbst gar nichts. Dasselbe gilt für Gesetze. Die geschichtliche Bewegung ist das Interaktionsprodukt menschlichen Handelns. Handlungen beruhen auf individuellen Entscheidungen, die sich primär an Bedürfnissen beziehungsweise Interessen orientieren. Menschliche Handlungen und die durch sie konstituierte Geschichte können weder als Folge noch als vorherbestimmte Wirkung vorgefundener ökonomischer oder sonstiger Bedingungen beschrieben werden.

Die Möglichkeit bedingter Sozialprognosen – Voraussagen also, dass unter bestimmten Bedingungen bestimmte Zusammenhänge zwischen gesellschaftlichen Erscheinungen auftreten beziehungsweise bestimmte gesellschaftliche Entwicklungen eintreten werden – hängt, allgemein gesprochen, davon ab, ob die relevanten sozialen Bedingungen des menschlichen Handelns für den Zeitraum der Prognose als konstant angenommen werden dürfen. Ist diese Bedingung erfüllt, hängt die Richtigkeit der Prognose von der Korrektheit der Beschreibung der zugrundeliegenden Rahmenbedingungen (Antezedenzbedingungen) sowie der Gültigkeit der angenommenen Regelmäßigkeiten des Verhaltens der Akteure ab. Marx hat nun Voraussagen getroffen, die deshalb gescheitert sind, weil sie gesellschaftliche Zusammenhänge beziehungsweise geschichtliche Entwicklungen betrafen, die von Bedingungen abhingen, die von Marx entweder fälschlicherweise als konstant unterstellt oder in ihrer Relevanz für die Prognose nicht erkannt worden waren, sodass er deren Veränderlichkeit nicht beachtete.

Auf einen entscheidenden Faktor dieser Art – einen Faktor, der als Bestandteil der für das soziale Handeln relevanten Antezedenzbedingungen zu betrachten ist – hat Karl Popper hingewiesen und daraus die Unmöglichkeit abgeleitet, den Ablauf der menschlichen Geschichte mit rationalen Methoden vorherzusagen. Poppers Argumentation stützt sich auf die Überlegung, dass der zukünftige Verlauf der Geschichte durch das Anwachsen unserer wissenschaftlichen Erkenntnisse stark beeinflusst wird, dieses Anwachsen jedoch mit rational-wissenschaftlichen Methoden nicht vorhersagbar und daher auch der zukünftige Verlauf der Geschichte nicht prognostizierbar ist.[55] Allgemein gesprochen sind es die Konsequenzen menschlichen Schöpfertums sowohl für die äußeren Verhaltensbedingungen als auch für das menschliche Verhalten selbst, die sich aus bekanntem Wissen nicht ableiten lassen. Damit unterliegt sowohl die Voraussagbarkeit als auch die Vorausbestimmtheit des zukünftigen Geschehens prinzipiellen Grenzen. Hätte Marx diese Überlegung ebenfalls angestellt, so wäre ihm klar geworden, dass bestimmte Zusammenhänge zwischen gesellschaftlichen Erscheinungen, deren Realisierung er als naturnotwendiges (»gesetzmäßiges«) Produkt des Handelns der Menschen betrachtete, sich keineswegs einstellen müssen, wenn sich im Zuge von technologischen Erfindungen, institutionellen Innovationen etc. bestimmte handlungsrelevante Bedingungen (wie etwa Aufgaben und Stellung der Arbeiter im Produktionsprozess) oder die Akteure selbst (deren Bedürfnisse, Wert- und Moralvorstellungen, Beweggründe und Einstellungen) verändern.

Die Marxsche Methode, *unter idealisierenden Annahmen* funktionale Abhängigkeiten zwischen Elementen beziehungsweise Subsystemen von Gesellschaftssystemen aufzudecken, ist von dieser Kritik jedoch nicht betroffen. Der Versuch, Relationen zwischen Systemelementen und ihren Veränderungen zu erfassen, sofern diese Relationen nicht vom Wachstum des in der Gesellschaft vorhandenen Wissens abhängen, ist nicht von vornherein abzulehnen. Solche Gesetze werden sehr allgemein formuliert sein, sodass sich

55 Siehe Karl R. Popper, Das Elend des Historizismus, Tübingen 1987, S. XI f.

einzelne geschichtliche Phänomene oder Ereignisse – etwa das Stattfinden-Müssen von Revolutionen, geschweige denn das Stattfinden einer bestimmten Revolution – nicht deduzieren lassen. Gesetzmäßigkeiten allgemeinerer Art können unter der Voraussetzung aufgedeckt werden, dass es für das menschliche Handeln relevante Bedingungen gibt, die sich durch den Erkenntnisfortschritt nicht verändern – genauer gesagt: zumindest *nicht* von einer *unprognostizierbaren* Entwicklung unseres Wissens abhängig sind. Zu bedenken ist hier, dass wir durchaus über rationale Methoden verfügen, Veränderungen selbst wissensabhängiger Parameter – etwa durchschnittliche Steigerungsraten der Arbeitsproduktivität – mit bestimmter Sicherheit vorherzusagen, obwohl wir zukünftiges Wissen *inhaltlich* nicht kennen können.[56] Mit anderen Worten: Selbst dann, wenn in einer Gesellschaft Veränderungen auftreten, die von einem Wachstum des Wissens abhängen, sind bedingte Prognosen nicht generell ausgeschlossen. Solche sind insoweit möglich, als die Veränderungen von Parametern, die vom Wachstum des Wissens beeinflusst werden und ihrerseits die gesellschaftliche Entwicklung mitbestimmen, prognostizierbar sind. Diese Feststellung zeigt die Grenze des Popperschen Einwandes auf – und bestätigt ihn zugleich in seiner grundsätzlichen Bedeutung.

## *2. Anthropologische Annahmen*

In Marxens Denken sind anthropologische Annahmen eingegangen, die ihn die Bedeutung der biologischen Ausstattung des Menschen für das Verhalten haben unterschätzen lassen.

56 Zu ähnlichen Ergebnissen in Bezug auf die Marxsche Methodologie gelangt Leszek Nowak, Power and civil society. Toward a dynamic theory of real socialism, New York/Westport, Connecticut/London 1991, S. 217–221.

Marx überbetonte die Selbstschaffung des Menschen im Prozess der gesellschaftlichen Tätigkeit. Er unterstellte eine weitreichende Selbstformung des menschlichen Wesens in den wechselseitigen Beziehungen des vergesellschafteten Menschen. Er glaubte, dass die Art und Weise ihres gesellschaftlichen Zusammenwirkens im Reproduktionsprozess ihres Lebens auch die Bedürfnisse und Interessen, die Antriebs- und Verhaltensstruktur der Menschen signifikant determiniert beziehungsweise bestehende Ausprägungen entscheidend modifiziert. Auf der Basis dieser theoriegestützten – sich als unrealistisch erweisenden – Annahme begründete er die Möglichkeit einer klassenlosen Gesellschaft.

Dies bedeutet nicht, dass Marx von einer gewandelten Natur des Menschen als Bedingung oder Resultat der kommunistischen Gesellschaft ausgegangen wäre. Was ein Wesen des Menschen, eine »die vielen Individuen *natürlich* verbindende Allgemeinheit«[57], anlangt, so schwankte er möglicherweise zwischen der (durchaus modernen) Ablehnung einer solchen Vorstellung und ihrer impliziten oder gar expliziten Inanspruchnahme. Nach gängiger Deutung begegnet eine Ablehnung zum Beispiel in der berühmten Einlassung aus der sechsten Feuerbach-These:

> »Aber das menschliche Wesen ist kein dem einzelnen Individuum innewohnendes Abstraktum. In seiner Wirklichkeit ist es das ensemble der gesellschaftlichen Verhältnisse.«[58]

Hingegen in Anspruch genommen wird diese Vorstellung in Formulierungen wie: »eine Empörung, zu der sie [die Klasse des Proletariats] notwendig durch den Widerspruch ihrer

57 Karl Marx: [Thesen über Feuerbach]. In: MEW 3, S. 6.

58 Ebd.

menschlichen *Natur* mit ihrer Lebenssituation, welche die offenherzige, entschiedene, umfassende Verneinung dieser Natur ist, getrieben wird«[59] oder: »ihn [den Stoffwechsel mit der Natur] mit dem geringsten Kraftaufwand und unter den ihrer menschlichen Natur würdigsten und adäquatesten Bedingungen vollziehen«[60].

Es ist nun meines Erachtens überzeugend gezeigt worden, dass die sechste These über Feuerbach nicht im Sinne einer generellen Leugnung anthropologischer Invarianten zu verstehen ist, sondern primär eine Kritik an Feuerbach enthält, der »das Wesen ›*nur*‹ als Gattung faßt«[61]. Danach war Marx keineswegs bestrebt, das Wesen des Menschen vollständig in gesellschaftliche Beziehungen aufzulösen; vielmehr war er bemüht, konkretes Verhalten als abhängig von den sozialen Verhältnissen zu denken.

Auch wenn Marx allgemeine Gattungsmerkmale nicht bestritten haben sollte (wovon ich, wie gesagt, ausgehe), scheint es gleichwohl festzustehen, dass er die Rolle anthropologischer Universalien, ihre Wirkungsmächtigkeit im menschlichen Verhalten verkannte. Er überschätzte die Plastizität, die mögliche Varianz und die gesellschaftliche Bedingtheit der menschlichen Grundbedürfnisse sowie der grundlegenden Verhaltensdispositionen, und gleichzeitig unterschätzte er die Bedeutung destruktiver und irrationaler Kräfte der menschlichen Natur.

Gleichzeitig dürften sich verschiedene der Marxschen Überlegungen kaum vertreten lassen, ohne eine invariante menschliche Natur vorauszusetzen – und zwar nicht nur

59 Engels/Marx, Die heilige Familie der Kritik der kritischen Kritik, S. 37.

60 Marx, Das Kapital. Dritter Band, S. 828.

61 Fleischer, Marxismus und Geschichte, S. 30.

eine »Natur«, die sich, wie Lucien Sève nahelegen möchte[62], auf die biologischen Grundlagen der menschlichen Existenz reduziert. Allein die moralisch induzierte Kritik an der industriellen und im Kapitalismus zementierten Teilung der Arbeit, durch welche die Arbeitskraft des Menschen einseitig ausgenutzt und seine allseitige Entfaltung verunmöglicht werde, könnte ohne die Annahme universell angelegter menschlicher Potenzen nicht geübt werden.

Sodann kann der Zwang, den die gesellschaftlichen Verhältnisse auf das Verhalten der Menschen ausüben, nicht ohne die Annahme gedacht werden, dass Menschen ein in bestimmter Weise ausgerichtetes Streben eigen ist: dass sie bestimmte Bedürfnisse zu befriedigen, bestimmte Situationen zu meiden, bestimmte Ziele zu verfolgen suchen. Wenn Marx schreibt: »Die Menschen verzichten nie auf das, was sie gewonnen haben [...]. Um des erzielten Resultats nicht verlustig zu gehen, um die Früchte der Zivilisation nicht zu verlieren, sind die Menschen gezwungen, sobald die Art und Weise ihres Verkehrs [commerce] den erworbenen Produktivkräften nicht mehr entspricht, alle ihre überkommenen Gesellschaftsformen zu ändern«[63], so nimmt er auf ein, offenbar als anthropologisch invariant gedachtes, Streben Bezug, unter dessen Voraussetzung der Zwang, der von einer Nichtübereinstimmung der erworbenen Produktivkräfte mit der Art und Weise des gesellschaftlichen Verkehrs ausgeht, allererst zu einem solchen Zwang avanciert.

Analoges gilt für die Marxschen Versuche, die Abhängigkeit bestimmter Formen menschlichen Strebens von bestimmten gesellschaftlichen Verhältnissen nachzuweisen. Wenn Marx das Geld als Gegenstand und Quelle der Bereicherungssucht

62 Vgl. Lucien Sève, Marxismus und Theorie der Persönlichkeit, Berlin 1973, S. 115–117, 123 f.

63 [Karl Marx an P. W. Annenkow], S. 549.

darstellt, während Habsucht auch ohne Geld möglich sei,[64] so ist das Umschlagen von Habsucht in Bereicherungssucht nicht denkbar, ohne Habsucht als eine allgemeinmenschliche Verhaltensdisposition vorauszusetzen.

Der Denkansatz des historischen Materialismus lässt sich ohne die Annahme eines invarianten allgemeinmenschlichen Strebens nicht formulieren. Diejenigen relativ konstanten und sich stets neu reproduzierenden Beziehungen, die als ökonomische Gesetze beschrieben werden, sind letztlich das Resultat des interessengeleiteten Handelns von Menschen. Die ökonomischen Beziehungen, die sich unter den Bedingungen einer marktwitschaftlich organisierten Wirtschaft herauskristallisieren – etwa der Umstand, dass Preise in Abhängigkeit vom Verhältnis zwischen Angebot und Nachfrage schwanken –, stellen sich aber nur unter Voraussetzung dieser bestimmten Organisation des Produzierens ein. Marx ging nun davon aus, dass, wenn man die aus diesen ökonomischen Beziehungen resultierenden gesellschaftlichen Folgen zu vermeiden wünscht, man nur eine Möglichkeit hat – nämlich, die organisatorischen Voraussetzungen des gesellschaftlichen Produzierens zu verändern. Die *logisch* ebenfalls bestehende Möglichkeit, auf die Grundbedürfnisse oder Interessen der Menschen beziehungsweise ihren Willen, diese zu befriedigen oder durchzusetzen, Einfluss zu nehmen, etwa durch Appelle zu wirken, schloss er aus. Marx hat also die entscheidenden Bedürfnisse, das grundlegende, abstrakt-allgemeine menschliche Streben, als nicht veränderbar gedacht und ist insofern gerade von einer konstanten und nicht veränderbaren Menschennatur ausgegangen.

Eine hinreichend konstante Menschennatur ist die Bedingung der Möglichkeit einer nicht nur zufälligen, sondern

64 Marx, Grundrisse, S. 149 (133 f.).

objektiv gerichteten, strukturierten Evolution der Formen der gesellschaftlichen Daseinsbewältigung sowie ihrer Erkennbarkeit. Wer von einer solchen Evolution und ihrer Erkennbarkeit ausgeht, kann nicht ein vollständig regelloses menschliches Streben unterstellen oder annehmen, dass sich im menschlichen Verhalten keinerlei Invarianten auffinden lassen. Leo Trotzki jedenfalls hat an der Existenz gesellschaftsformationsunabhängiger anthropologischer Invarianten nicht gezweifelt:

> »Der Mensch, wie ich mir bereits zu sagen erlaubte, ist faul, d. h., er ist instinktiv bestrebt, bei möglichst geringem Kräfteaufwand eine möglichst große Menge von Produkten zu erzielen. Ohne dieses Bestreben gäbe es auch keine wirtschaftliche Entwicklung. Das Wachsen der Zivilisation wird an der Produktivität der menschlichen Arbeit gemessen, und jede neue Form der gesellschaftlichen Beziehungen muß die Probe auf dieses Exempel bestehen.«[65]

Zudem lässt sich zeigen, dass Marx auch gesellschaftlich relevante Verhaltensänderungen nicht von einer geänderten Menschennatur erwartete, vielmehr eine Unveränderbarkeit unterstellte. In seiner Darstellung der Pariser Kommune konstatierte er wunderbare Veränderungen im Sozialverhalten der Pariser, die die Kommune in nur Wochen vollzogen haben sollte:

> »Keine Leichen mehr in der Morgue, keine nächtlichen Einbrüche und fast keine Diebstähle mehr; seit den Februartagen von 1848 waren die Straßen von Paris wirklich einmal wieder sicher, und das ohne irgendwelche Polizei.«[66]

65 Leo Trotzki, Terrorismus und Kommunismus. In: Ders., Terrorismus und Kommunismus/Karl Kautsky, Von der Demokratie zur Staatssklaverei, Bd. 2. Hrsg. von Hans-Jürgen Mende, Berlin 1990, S. 133.

66 Marx, Der Bürgerkrieg in Frankreich, S. 349.

Die Wandlungen, die Marx für eine kommunistische Gesellschaft erwartete, sollten primär Resultat geänderter Umstände sein. Eine invariante Menschennatur führt unter veränderten Verhaltensbedingungen zu einem veränderten Verhalten.[67]

Der Marxsche Irrtum liegt also nicht darin, dass er die Natur des Menschen veränderbar gedacht hätte, sondern in einer Überschätzung der Abhängigkeit der *konkreten Formen* des menschlichen Strebens und Verhaltens von den gesellschaftlichen Verhältnissen. Entsprechende Fehldeutungen waren die Grundlage utopistischer Erwartungshaltungen. In Verkennung dessen, was man mit Schopenhauer das metaphysische Bedürfnis des Menschen nennen könnte, deutete Marx religiöse Bedürfnisse als Erscheinungsformen einer durch verkehrte gesellschaftliche Verhältnisse induzierten Mangelsituation – eine Deutung, die offenbar selbst ohne universelle anthropologische Maßstäbe, von denen Marx nur implizit Gebrauch macht, nicht auskommt. In Verhältnissen, in denen der Mensch nicht das ist, was er sein kann, in denen er seines möglichen Glücks, zu dem er als Mensch befähigt, beraubt ist, bedarf er des Trostes und der Illusion. Religion ist für Marx Ausdruck und Kompensation des menschlichen Elends unter Bedingungen, die die volle Emanzipation des Menschen nicht gestatten; sie ist »der Seufzer der bedrängten Kreatur« – »das *Opium* des Volks«[68]. Als ein solches phantastisches Gegengift ist Religion zugleich »Protestation« gegen diejenigen Zustän-

67 Vgl. dazu Max Adler, Die Staatsauffassung des Marxismus. Ein Beitrag zur Unterscheidung von soziologischer und juristischer Methode, Wien 1922, S. 295.

68 Karl Marx, Zur Kritik der Hegelschen Rechtsphilosophie. In: MEW 1, S. 378. – Marx frönte also gerade nicht der vulgärmaterialistischen Vorstellung, Religion sei Opium *fürs* Volk (wie mitunter falsch zitiert wird), also gleichsam ein von Priestern ausgedachter Betrug zur Zementierung ihres Einflusses.

de, unter denen sich Menschen ein illusorisches Glück verschaffen müssen.

Die Kritik der Religion mündet ein in die Kritik der Politik, und die Aufhebung der verkehrten sozialen Wirklichkeit wird zur Aufhebung der Religion führen. Marx nahm an, bestimmte Bewusstseinsformen, hier das religiöse Bewusstsein, werden mit denjenigen sozialen Verhältnissen verschwinden, an die sie gebunden, dessen »Ausdruck« sie sind. (Ähnliche Überlegungen dürften ihn auch zu der Prognose veranlasst haben, mit der Aufhebung des Gegensatzes der Klassen »im Innern der Nation« werde »die feindliche Stellung der Nationen gegeneinander« wegfallen.[69]) Dazu ist zweierlei zu sagen. Zum einen: Diese Erwartung fällt mit der Prämisse, auf der sie beruht – eben der Annahme, religiöse Bedürfnisse entsprängen ausschließlich »defizitären« Gesellschaftzuständen. Zum anderen: Diejenigen Sozialrevolutionäre, die glauben, den Atheismus als Weltanschauung dogmatisch vorschreiben zu müssen, können sich weder auf Marx noch auf Engels berufen. Denn wenn Religion der psychischen Kompensation sozialbedingten Elends dient, dann macht es Sinn, dieses Elend zu bekämpfen, es ist aber bei Fortbestand dieses Elends zwecklos und inhuman, religiöse Betätigung verbieten und eine atheistische Überzeugung vorschreiben zu wollen. Beide, Marx und Engels, haben sich deshalb auch folgerichtig gegen ein Diktat des Atheismus ausgesprochen.[70] Für Engels war es selbstverständlich, dass man nach der Machtergreifung des Proletariats religiösen Gemeinschaften nicht verbie-

69 Marx/Engels, Manifest der Kommunistischen Partei, S. 479.

70 Siehe Marx an Friedrich Bolte, 23. November 1871. In: MEW 33, S. 329, sowie Friedrich Engels, Flüchtlingsliteratur. Programm der blanquistischen Kommuneflüchtlinge. In: MEW 18, S. 532.

ten könne, eigne Schulen mit eignen Mitteln zu gründen.[71] Und Marx selbst hat sich noch nicht einmal als Atheisten betrachtet, da ihm Atheismus als die letzte Stufe des Theismus, als negative Anerkennung Gottes erschien.[72]

### *3. Anschauungen über den Sinn des Lebens*

Die Marxschen Anschauungen über den Sinn des Lebens und, damit zusammenhängend, über das Phänomen der sogenannten Entfremdung sind gekoppelt an eine unrealistische – bei Marx allerdings nur implizit anzutreffende – Unterscheidung: der Unterscheidung zwischen notwendigen und nichtnotwendigen Bedürfnissen.[73] Marx nahm an, der Mensch könne durch die Entwicklung der Produktivkräfte und eine rationelle Gestaltung des Produktionsprozesses ein Niveau der materiellen Daseinssicherung erreichen, jenseits dessen das Arbeiten aufhört, »durch Not und äußere Zweckmäßigkeit bestimmt«[74] zu sein – ein Niveau der materiellen Produktion, auf welchem die notwendigen Bedürfnisse des Menschen befriedigt sind. Damit verbunden war die Vorstellung, die Menschheit könne in ihrer Entwicklung eine Grenze überschreiten, jenseits der – neben den Problemen der materiellen Daseinsbewältigung – für jeden Menschen Zeit und Möglichkeiten zur Verfügung stehen, diejenigen Dinge zu tun, die (angeblich) ein wahres

71 Vgl. Friedrich Engels, Zur Kritik des sozialdemokratischen Programmentwurfs 1891. In: MEW 22, S. 237.

72 So Hermann Klenner, Über Marxens Religions- und Rechtskritik. In: UTOPIE kreativ, Heft 84/Oktober 1997, S. 5-10, hier S. 6.

73 Siehe hierzu Lothar Fritze, Die Idee von den »höheren« Lebenszielen. Zur Anatomie einer Illusion – dargestellt am Beispiel von Aristoteles und Karl Marx. In: Aufklärung und Kritik, 7 (2000) 2, S. 27–32.

74 Marx, Das Kapital, Dritter Band, S. 828.

menschliches Leben ausmachen. Mit diesem Übergang aus dem »Reich der Notwendigkeit« in das »wahre Reich der Freiheit« hört die Arbeit auf, nur Mittel zum Zweck, nämlich der Lebenserhaltung, zu sein; im Reich der Freiheit dienen die Tätigkeiten des Menschen der Entfaltung seiner persönlichen Anlagen, die ihrerseits (nach Meinung von Marx) Selbstzweck ist und daher als der Sinn des Lebens angesehen werden kann.

Gegen diese Vorstellung von Marx spricht zweierlei: zum einen die Tatsache, dass unser Leben nie so sicher ist, dass es nicht noch sicherer sein könnte – mithin jede Festlegung einer Grenze, bei deren Überschreitung die Probleme der Daseinssicherung verschwinden, willkürlich ist; und zum anderen die Erfahrung, dass Daseinsbewältigung – unabhängig vom erreichten Niveau der Produktivkraftentwicklung – auch misslingen kann. Zudem können Menschen ihre Grundbedürfnisse auf eminent irrationale Weise zu befriedigen suchen, sodass die allgemeine Gerichtetheit menschlichen Verhaltens hin zu einem höheren Niveau der Daseinsbewältigung konterkariert wird.

Gibt es aber eine solche Grenze nicht, dann ist das für Marx so wichtige Phänomen der Entfremdung, das sich aus der ausschließlichen und fremdbestimmten Nutzung menschlicher Vermögen zu »bestimmten einseitigen Zwecke[n]«[75] ergibt, nicht grundsätzlich aufhebbar. Wenn die Unterscheidung zwischen notwendigen und nichtnotwendigen Bedürfnissen und damit die Idee einer prinzipiellen Überwindbarkeit des Mangels hinfällig ist, dann ist es – selbst bei gänzlich veränderten Bedürfnisstrukturen – unmöglich, erstens an der Vision des Kommunismus als Überflussgesellschaft und dem in ihr regierenden kommunistischen Verteilungsprinzip

75 Marx, Grundrisse, S. 396 (387).

(»jedem nach seinen Bedürfnissen!«[76]) sowie zweitens an der Annahme festzuhalten, in der kommunistischen Gesellschaft stimmten die individuellen Interessen der Menschen notwendigerweise mit dem allgemeinen Gattungsinteresse überein, das in der dann etablierten gesellschaftlichen Ordnung zur Geltung gebracht wird. Haben sich aber diese – im schlechten Sinne: utopischen – Vorstellungen als Illusionen erwiesen, hat auch die Annahme an Plausibilität verloren, es könne sich bei der herzustellenden klassenlosen Gesellschaft um einen Gesellschaftszusammenhang derart neuer Qualität handeln, dass mit ihrem Eintritt gleichsam die »Vorgeschichte der menschlichen Gesellschaft«[77] abgeschlossen sei. Mit dieser Erkenntnis allerdings dürfte auch die Idee des Kommunismus an Faszinationskraft merklich einbüßen – auch wenn die Anziehungskraft sozialistischer Ideen nicht nur auf dieser ethischen Komponente beruht, sondern wesentlich auf der Vorstellung, unter den Bedingungen eines gesellschaftlichen Eigentums an den Produktionsmitteln sei es möglich, die Anarchie innerhalb der gesellschaftlichen Produktion durch eine planmäßige Steuerung des gesamten Reproduktions- und damit des menschlichen Zivilisationsprozesses zu überwinden.[78]

Aber abgesehen von der Unmöglichkeit, Entfremdung in diesem Sinne aufzuheben: Die gesamte Konzeption, wonach sich der »wirkliche Mensch« vom »wahren Menschen« entfremdet, von seinem wahren Gattungswesen getrennt habe und in seiner Isolierung als privater Einzelner ein unwahres Leben führe, beruht auf metaphysischen Annahmen, die man nicht akzeptieren muss und für die zu argumentieren

76 Karl Marx, Kritik des Gothaer Programms. In: MEW 19, S. 21.

77 Marx, Zur Kritik der Politischen Ökonomie, S. 9.

78 Vgl. Engels, Herrn Eugen Dührings Umwälzung der Wissenschaft, S. 264.

Marx noch nicht einmal versucht hat. Dies aber heißt, dass es sich bei der Identifikation der Interessen des Proletariats durch Marx nicht nur um die Konstatierung empirischer Tatsachen handelt (wie vor allem in der *Deutschen Ideologie* nahegelegt), sondern diese durchaus abhängt von Annahmen über den Sinn des Lebens beziehungsweise die Bestimmung des Menschen etc. Diese Annahmen dürften Marx' Zukunftserwartungen, seine Vorstellungen vom weiteren Gang der Geschichte sowie seine Auffassungen darüber, was das Proletariat in Verfolgung seiner eigenen Interessen zu tun gezwungen sein wird, nicht unwesentlich beeinflusst haben.

### *4. Annahmen über individuelle und kollektive Verhaltensweisen*

Die Marxschen Annahmen über individuelle und kollektive Verhaltensweisen waren durchaus voraussetzungsvoll, ihre tatsächliche Verwirklichung also keineswegs trivial, geschweige denn notwendig. Marx unterstellte, dass die Arbeiter sowohl individuell als auch im Rahmen ihrer Organisationen um Erkenntnis ihrer Klasseninteressen bemüht sind und dieser Erkenntnis entsprechend handeln.

Beide Annahmen sind optimistisch und beruhen obendrein auf weiteren, keineswegs selbstverständlichen Voraussetzungen. Zunächst ist die Vorstellung, die lohnabhängigen Industriearbeiter müssten ein gemeinsames objektives Interesse haben, welches sie zu erkennen hätten, problematisch. Wir wissen, dass zumindest die unmittelbaren, kurzfristigen, den Arbeitern durch eigene Erfahrung direkt zugänglichen Interessen branchen- und konjunkturabhängig sind, aber auch in Abhängigkeit von persönlichen Umständen durchaus differieren und variieren können. Man denke beispielsweise an die Interessendifferenzen von Arbeitsplatzbesitzern und Arbeitslosen. Bereits aufgrund solcher Differenzen ist es häufig nicht einfach, eine gemeinsame Stoßrichtung im Klassenkampf zu formulieren. Hinzu kommt jedoch, dass zwar alle Arbeiter gemeinsam ihre Situation verbessern können, wenn sie sich gegen die Kapitalisten organisieren, jeder einzelne Arbeiter aber hoffen kann, besser zu fahren, indem er mit den anderen Arbeitern konkurriert.[79] Die Interessen des einzelnen Arbeiters müssen sich mit denen seiner Klasse nicht decken.

Unterstellt, es sei *innerhalb gewisser Grenzen* von einer übereinstimmenden objektiven Interessenlage der Arbeiter auszugehen (eine Annahme, die durchaus sinnvoll erscheint), selbst dann folgt nicht, dass diese Interessen auch erkannt werden. Es ist durchaus unsicher, unter welchen Voraussetzungen eine Erkenntnis der Klasseninteressen möglich und wie das Vorliegen gültiger Erkenntnisse feststellbar ist. Erkenntnisprozesse sind an verschiedenste Bedingungen geknüpft, sie erfordern Zeit und können scheitern. Die Vorstellung jedenfalls, es läge gleichsam auf der Hand, was im Interesse der Arbeiter sei, wird umso unhaltbarer, je komplexer und dynamischer die Verhältnisse sind.

Weiter unterstellt, die gemeinsamen Klasseninteressen wären von den einzelnen Arbeitern oder wenigstens den Klassenkampforganisationen des Proletariats erkannt worden: Auch dann folgt nicht, dass sich dieses Wissen im Handeln der Akteure und in gemeinsamen Aktionen niederschlagen müsste. Annehmen, Menschen würden es generell darauf anlegen, ihre Interessen zu erkennen und besäßen da-

79 Vgl. Adam Przeworski, Methodologischer Individualismus als Herausforderung der marxistischen Theorie. In: Prokla, 16 (1986) 3, S. 132.

rüber hinaus grundsätzlich den Mut und die Willensstärke, den erkannten Interessen gemäß zu handeln, heißt die Rationalität und Willensstärke des Menschen überschätzen.[80] Nicht zuletzt hat die Erfahrung des Nationalsozialismus gelehrt, dass sich Menschen auch von irrationalen Impulsen leiten lassen und damit ihren Interessen schaden. Damit aber steht die marxistische Grundannahme, dass sich das sozial relevante Verhalten der Arbeiter aus deren Klassenzugehörigkeit ergibt und erklären lässt, in Frage.

Das kollektive Verhalten der Arbeiter ist keineswegs nur Ausfluss objektiver Klasseninteressen. Kollektive Akteure integrieren und mobilisieren sich über verschiedenste Faktoren: religiöse Gefühle, nationale oder rassische Identitäten, kulturelle Gemeinsamkeiten. Marx hat Einflüsse dieser Art zwar nicht geleugnet, deren Bedeutung aber verkannt.[81] Akteure, die nach objektiven Merkmalen eine Klasse konstituieren, müssen sich nicht zu einem kollektiven Akteur formieren. Dies heißt im Gegensatz zur marxistischen Klassentheorie, dass sich die sozialen Konflikte zwischen organisierten Gruppen keineswegs primär aus der Klassenstruktur der jeweiligen Gesellschaft erklären lassen müssen.[82] Und es ist darüber hinaus noch nicht einmal notwendig, dass sich die Arbeiter überhaupt unter Klassengesichtspunkten organisieren. Zur Entscheidung, sich für Gemeinschaftsinteressen einzusetzen, tragen in der Regel auch altruistische Motive bei.[83]

80 Vgl. Walter Theimer, Der Marxismus. Lehre – Wirkung – Kritik, München 1957, S. 57–59.

81 Vgl. Eduard März, Karl Marx und die Langlebigkeit des kapitalistischen Systems. In: Ossip K. Flechtheim (Hrsg.), Marx heute. Pro und contra, Hamburg 1983, S. 280 f.

82 Vgl. Jon Elster, Drei Kritiken am Klassenbegriff. In: Prokla, 15 (1985) 1, S. 78 ff.

83 So Fetscher, Die Frage ethischer Grundwerte und der Grundrechte im Marxismus, S. 215.

Des weiteren angenommen, man wüsste, welche konkreten Ziele im Klasseninteresse anzupeilen wären, garantierte diese Erkenntnis nicht, dass auch die unter den gegebenen Bedingungen günstigsten Formen des Klassenkampfes eingeschlagen würden. Ziele, vor allem konkrete Zwischenziele beschreiben können heißt noch nicht zu wissen, wie man sie verwirklichen kann.

Diese Überlegungen zeigen, dass der Schluss von theoretisch ermittelten Klasseninteressen auf das praktische Verhalten von Einzelnen oder Organisationen unsicher ist. Daher kann es nicht verwundern, wenn verschiedene Marxsche Prognosen, die sich auf genannte Kurzschlüsse gründeten, in die Irre führten. Dies gilt insbesondere für den immer wieder beschworenen Zusammenhang von zyklischer Wirtschaftskrise, Empörung der Massen und Ausbruch der Revolution (»Eine neue Revolution ist nur möglich im Gefolge einer neuen Krisis.«[84]). Als problematisch, ja als eine Übertreibung von hohen Graden dürfte sich zudem erwiesen haben, ausgerechnet den Proletariern, jener Bevölkerungsschicht, die aufgrund beschränkter Zugangsmöglichkeiten zu Bildung und Kultur sowie wenig kreativitätsfördernder Tätigkeiten gerade nicht über günstige Voraussetzungen verfügt, Bildung, Kultur und Schöpfertum genußvoll zu erfahren und als Genuß schätzen zu lernen, ein ausgeprägtes und im weitesten Sinne emanzipatives Interesse zu unterstellen – ein Interesse, das sich nicht wesentlich in dem Wunsch nach Verbesserung der materiellen Lebensumstände erschöpft, sondern auf die »allseitige Entfaltung« der menschlichen Anlagen gerichtet ist. Das Ergebnis dieser merkwürdigen Annahme war eine Überschätzung der revolutionären Potenz des Proletariats.

84 Karl Marx/Friedrich Engels, Revue. Mai bis Oktober [1850]. In: MEW 7, S. 440 (Hervorhebung getilgt).

## *5. Beschreibungen von empirischen Gegebenheiten und Trends*

Für wesentliche Beschreibungen empirischer Gegebenheiten ist es charakteristisch, dass Marx bei der begrifflichen Erfassung der sozialen Realität Vereinfachungen vorgenommen hat, die sich als zu grobschlächtig erwiesen. Marx und Engels unterstellten im *Kommunistischen Manifest*, dass sich die ganze Gesellschaft »mehr und mehr in zwei große feindliche Lager [spaltet], in zwei große, einander direkt gegenüberstehende Klassen: Bourgeoisie und Proletariat«[85]. Tatsächlich jedoch haben sich die Klassenverhältnisse im modernen Kapitalismus verkompliziert und die von der Klassenzugehörigkeit mitbestimmten Interessen der Akteure differenziert. Entscheidend für die Relevanz der Marxschen Theorie war, dass das Proletariat nie die prognostizierte gesamtgesellschaftliche Bedeutung sowie das erwartete politische Durchsetzungsvermögen erlangt hat.

Das Proletariat hat jedoch nicht nur die vorherrschende Bedeutung im gesellschaftlichen Reproduktionsprozess nicht erlangt, sondern wurde von Marx und vielen seiner Nachfolgern unrealistischerweise als sozial homogen vorgestellt. Gegensätze innerhalb des Proletariats, die sich in unterschiedlichen Interessen und politischen Vorstellungen niederschlagen (können), wurden somit außer Acht gelassen.[86] Aus differenzierten Interessenlagen gehen divergierende Zielvorstellungen hervor sowie unterschiedliche Bereitschaften, die mit sozialem Wandel verbundenen persönlichen Risiken zu tragen.

Ein ähnliches Schicksal wie Marxens Klassenanalyse hat die These von der Konzentration und Zentralisation des

85 Marx/Engels, Manifest der Kommunistischen Partei, S. 467.

86 Vgl. Cornelius Castoriadis, Sozialismus und autonome Gesellschaft. In: Ulrich Rödel (Hrsg.), Autonome Gesellschaft und libertäre Demokratie, Frankfurt am Main 1990, S. 346.

Kapitals ereilt. Auch hierbei handelt es sich zwar um die Beschreibung eines realen Trends, allerdings, wie wir als Beobachter des modernen Kapitalismus wissen, um einen solchen, der durch gegenläufige Prozesse[87] – durch Neugründungen von Unternehmen, die sich in stark innovativen Bereichen oder im Dienstleistungssektor ansiedeln, durch Ausgliederungen ursprünglich innerbetrieblicher Aufgabenbereiche in eigenständige Firmen, durch Kapitalentflechtungen sowie nicht zuletzt durch die Kartellgesetzgebung – konterkariert wird. Zwar haben wir es heute teilweise mit global operierenden Konzernen zu tun, man konnte aber auch in der Vergangenheit sehen, dass bereits erreichte Kapitalkonzentrationen wieder abgebaut wurden.

Generell hat Marx nur ungenügend gesehen, dass einfache Fortschreibungen zeitgenössischer Entwicklungen fehlgehen können. So etwa beobachtete er, dass die »Akkumulation von Reichtum auf dem einen Pol« zur »Akkumulation von Elend, Arbeitsqual, Sklaverei, Unwissenheit, Bestialisierung und moralischer Degradation auf dem Gegenpol« führt[88] und konstruierte auf der Basis dieser Beobachtung

87 Marx selbst hatte in einer Vorarbeit zum »Kapital« einen Mechanismus innerhalb der kapitalistischen Produktionsweise namhaft gemacht (vgl. Uli Schöler, Ein Gespenst verschwand in Europa. Über Marx und die sozialistische Idee nach dem Scheitern des sowjetischen Staatssozialismus, Bonn 1999, S. 91), wonach mit der Steigerung der Produktivität und dem dadurch frei gewordenen Kapital und der frei gewordenen Arbeit »beständig neue Geschäftszweige hervor[gerufen]« werden, »in denen das Capital wieder auf kleiner Stufenleiter arbeiten« (Karl Marx, Zur Kritik der politischen Ökonomie [Manuskript 1861–1863]. In: Karl Marx/Friedrich Engels, Gesamtausgabe [MEGA], Abt. II, Bd. 3, Teil 6, Berlin 1982, S. 2143) und damit die Katastrophe, so wäre wohl zu schlussfolgern, beständig hinausschieben kann.

88 Marx, Das Kapital, Erster Band, S. 675. – Inwieweit die empirische Analyse überhaupt haltbar ist, wäre noch zu fragen. Eric Hobsbawm stellt eine »zwangsläufige Pauperisierung der Arbeiter« selbst für die berüchtigten Hungerjahre nach 1840 in Zweifel (Eric Hobsbawm, Das Kommunistische Manifest. In: Ders. u. a., Das Manifest – heute. 150 Jahre Kapitalismuskritik, Hamburg 1998, S. 22).

ein »allgemeines Gesetz der kapitalistischen Akkumulation«. Für »jeden vorurteilsfreien Geist« sei es erwiesen, dass »jede frische Entwicklung der Produktivkräfte der Arbeit dahin streben muß, die sozialen Kontraste zu vertiefen und den sozialen Gegensatz zuzuspitzen«[89]. Im *Kommunistischen Manifest* wurde aus denselben empirischen Feststellungen die Unfähigkeit der Bourgeoisie zum Herrschen abgeleitet:

> »Um aber eine Klasse unterdrücken zu können, müssen ihr Bedingungen gesichert sein, innerhalb derer sie wenigstens ihre knechtische Existenz fristen kann. [...] Der moderne Arbeiter dagegen, statt sich mit dem Fortschritt der Industrie zu heben, sinkt immer tiefer unter die Bedingungen seiner eigenen Klasse herab. [...] Es tritt hiermit offen hervor, daß die Bourgeoisie unfähig ist, noch länger die herrschende Klasse der Gesellschaft zu bleiben und die Lebensbedingungen ihrer Klasse der Gesellschaft als regelndes Gesetz aufzuzwingen. Sie ist unfähig zu herrschen, weil sie unfähig ist, ihrem Sklaven die Existenz selbst innerhalb seiner Sklaverei zu sichern [...].«[90]

Er übersah, dass mit der Entwicklung der Produktivkräfte und einem wachsenden ökonomischen Reichtum sich größere Möglichkeiten für die Arbeiter ergeben, Forderungen nach einer gerechteren Verteilung sowie nach sozialstaatlichen Absicherungen durchzusetzen, wodurch die – gleichwohl bestehen bleibende – Ausbeutung und Ungleichverteilung der Einkommen und Vermögen ihre psychische Unerträglichkeit einbüßen. Dabei hatte Marx selbst darauf hingewiesen, dass

89 Karl Marx, Inauguraladresse der Internationalen Arbeiter-Assoziation. In: MEW 16, S. 9.

90 Marx/Engels, Manifest der Kommunistischen Partei, S. 473. Siehe auch Friedrich Engels, Einleitung [zu Karl Marx' »Lohnarbeit und Kapital«, Ausgabe 1891]. In: MEW 6, S. 599.

die Ungleichverteilung des gesellschaftlichen Gesamtprodukts den lohnabhängigen Akteuren als »quasi-natürliche« Folge der gesellschaftlichen Produktion überhaupt (anstatt der auf der privaten Aneignung des Mehrprodukts beruhenden kapitalistischen Produktionsweise) erscheint und daher der Eindruck entsteht, sie sei als solche hinzunehmen. Marx deutet diese Verkennung der realen Zusammenhänge als eine Form falschen Bewusstseins. Dass jedoch eine solche Fehlwahrnehmung das revolutionäre Potential der Arbeiterklasse dämpft und daraus eine die kapitalitische Gesellschaft stabilisierende Wirkung entspringt, hat er nicht ernst genommen. Er übersah darüber hinaus, dass durch wirtschaftliche Prosperität und eine allmähliche Hebung des Lebensstandards die Möglichkeiten zur Partizipation in anderen Lebensbereichen erweitert werden. Der Trend zu einer Erweiterung der Lebenschancen großer Teile der abhängig arbeitenden Bevölkerung führt das Marxsche Akkumulationsgesetz ad absurdum.

Zwar hat Marx einerseits verschiedene Entwicklungstendenzen des Kapitalismus seiner Zeit korrekt, teilweise genial beschrieben und auf den Begriff gebracht. Als eine solche Tendenz wird vor allem die weltumspannende Ausdehnung kapitalistischer Wirtschaftsprozesse sowie deren unablässige Dynamisierung angesehen – eine Tendenz, die heute unter dem Ausdruck »Globalisierung« bekannt ist. Andererseits hat Marx gegenläufige Tendenzen nicht gesehen, nicht sehen wollen oder, obwohl er sie gesehen hat, nicht angemessen gewürdigt. Der Wille, Beweise für bereits feststehende Anschauungen zu finden, dürfte in diesen Fällen eine nicht unwesentliche Rolle gespielt haben. So hat Marx viel Scharfsinn auf die Enthüllung innerer Widersprüche des Kapitalverhältnisses verwandt und zu zeigen versucht, wie bestimmte ökonomische Entwicklungstendenzen »unverträglich werden mit ihrer kapitalistischen Hülle«[91] – um schließlich resümieren zu können: »[...] die kapitalistische Produktion erzeugt mit der Notwendigkeit eines Naturprozesses ihre eigne Negation.«[92]

Diese Schlussfolgerungen hinsichtlich des notwendigen Untergangs des Kapitalismus, die zum Kernbestand des Marxschen geschichtsphilosophischen Determinismus' gehören, ließen sich aus seiner Analyse des kapitalistischen Reproduktionsprozesses nicht ableiten. Dies gilt auch für seine Konzeption vom »tendenziellen Fall der Profitrate« sowie für seine Krisentheorie. Zudem war es Marx nicht entgangen, dass sich selbst im Kapitalismus Formen der Vergesellschaftung des Privateigentums entwickeln – so sprach er von der »Aufhebung der kapitalistischen Produktionsweise innerhalb der kapitalistischen Produktionsweise selbst«[93] –, und ebenso hatte er Momente beschrieben, die den Kapitalismus flexibilisieren und stabilisieren, ohne jedoch eine Gewichtung der widerstreitenden Momente vorgenommen zu haben.[94] Stattdessen konstruierte er eine Untergangsdynamik, wonach die kapitalismustypischen Mittel zur Widerspruchslösung nur widerspruchsverschärfend wirken können.[95] Selbst die staatlichen Bemühungen, mit einer Fabrikgesetzgebung auf die Humanisierung der Arbeitsverhältnisse hin-

91 Marx, Das Kapital, Erster Band, S. 791.

92 Ebd.

93 Marx, Das Kapital. Dritter Band, S. 454.

94 Vgl. dazu Michael Heinrich, Geschichtsphilosophie bei Marx. In: Geschichte und materialistische Geschichtstheorie bei Marx. Beiträge zur Marx-Engels-Forschung, Neue Folge, Berlin/Hamburg 1996, S. 71 f., sowie Leszek Kolakowski, Die Hauptströmungen des Marxismus. Entstehung – Entwicklung – Zerfall. Erster Band, München 1988, S. 337 ff.

95 Vgl. Marx/Engels, Manifest der Kommunistischen Partei, S. 468; Engels/Marx, Die heilige Familie der Kritik der kritischen Kritik, S. 37.

zuwirken, stellte er unter Berufung auf eine dem Kapitalismus inhärente Logik als letztlich kontraproduktiv dar: Die »Verallgemeinerung der Fabrikgesetzgebung« – »als physisches und geistiges Schutzmittel der Arbeiterklasse unvermeidlich geworden« – beschleunigt »die Konzentration des Kapitals und die Alleinherrschaft des Fabrikregimes«, »vermehrt [...] die Anarchie und Katastrophen der kapitalistischen Produktion im großen und ganzen« und vernichtet mit »den Sphären des Kleinbetriebs und der Hausarbeit [...] die letzten Zufluchtsstätten der ›Überzähligen‹ und damit das bisherige Sicherheitsventil des ganzen Gesellschaftsmechanismus«.[96]

War eine Widerspruchsverschärfung oder gar ein Zusammenbruch nicht plausibel zu machen (so etwa zeigte Marx, wie das Verwertungsbedürfnis des Kapitals höhere Löhne nach sich ziehen kann[97]), beharrte er auf der qualitativen Unveränderbarkeit des Kapitalverhältnisses, um zu suggerieren, dass Entwicklungen innerhalb der kapitalistischen Produktionsform zu keiner prinzipiellen Veränderung der Lebensverhältnisse für die Massen führen können. Selbst eine eingeräumte Verbesserung der materiellen Lage des Arbeiters galt ihm offenbar wenig, da die »gesellschaftliche Kluft, die ihn vom Kapitalisten trennt«, sich erweitert habe.[98] Wir finden hier in der Tat, wie von Hans Joas angemerkt, einen sich im Denken von Marx und Engels – trotz vielfältiger Selbstrevisionen – durchhaltenden Theoriekern, der in der Annahme einer kapitalistischen ökonomischen Logik besteht, »die sich unabhängig macht von den normativen Orientierungen der handelnden Men-

96 Marx, Das Kapital. Erster Band, S. 525 f.

97 Vgl. ebd., S. 649, sowie Karl Marx, Theorien über den Mehrwert. Dritter Teil. In: MEW 26.3, S. 306.

98 Karl Marx, Lohnarbeit und Kapital. In: MEW 6, S. 416.

schen und stärker ist als die Institutionen, in die ihr Handeln eingebettet ist«[99].

Marx und Engels waren die ersten, aber beileibe nicht letzten Marxisten, die nach dem Motto verfuhren, das nicht sein kann, was nicht sein darf. Ihnen selbst und den ihnen nachfolgenden revolutionären Marxisten fiel es allzeit schwer, der Versuchung zu entgehen, empirische Fakten, die zu einer Falsifikation ihrer theoretischen Überzeugungen hätten führen können, ausschließlich im Lichte der eigenen Theorie zu deuten. Dies erklärt ihre Befangenheit in einer Staatstheorie, der zufolge der bürgerliche Staat »weiter Nichts« sei »als die Form der Organisation, welche sich die Bourgeois sowohl nach Außen als nach innen hin zur gegenseitigen Garantie ihres Eigentums und ihrer Interessen notwendig geben«[100]. Entsprechend dieser Theorie ist der Staat in der Klassengesellschaft mithin nichts anderes als ein Instrument der herrschenden Klasse zur Unterdrückung der beherrschten Klassen. Verbesserungen der Lage der Arbeiterklasse wurden so nicht als Ausdruck einer evolutionären Wandlungsfähigkeit des Kapitalismus verstanden, sondern als herrschaftsstabilisierende Korrumpierung der Arbeiter durch ihre Ausbeuter. Und in der Tat: Eine essentielle Verbesserung der Lebensbedingungen der Arbeiter einzuräumen und den gestiegenen Lohn nicht lediglich als selbst geschmiedete »goldne Kette«[101] zu denunzieren war innerhalb einer Theorie, welche die soziale Revolution prognostiziert und diese aus »der absolut gebieterischen Not« des Proletariats und dem daraus entspringenden Zwang »zur Empörung gegen

99 Hans Joas, Globalisierung und Wertentstehung – Oder: Warum Marx und Engels doch nicht recht hatten. In: Berliner Journal für Soziologie, 8 (1998) 3, S. 332.

100 Marx/Engels, Die deutsche Ideologie, S. 62.

101 Marx, Das Kapital. Erster Band, S. 646.

diese Unmenschlichkeit« ableitet[102], das menschliche Elend mithin als Katalysator der Bewusstseinsbildung begreift, unmöglich.

Sieht man von der faktischen Falschheit der »Verelendungstheorie« – sei es in ihrer absoluten oder relativen Fassung – ab, bleibt jedoch immer noch die Frage[103], wie Marx gerade von einer im Elend versinkenden Arbeiterklasse annehmen konnte, sie werde durch ihre Versklavung in einer stumpfsinnige Tätigkeiten abfordernden Produktion darauf vorbereitet, eine neue Gesellschaft aufzubauen. – Jedenfalls: Argumentationen, die den Kapitalismus an inneren Widersprüchen zu Grunde gehen sahen, wurden begünstigt durch die für das marxistische Denken charakteristische Neigung, sich wechselseitig ausschließende qualitative Gegensätze zu konstruieren, die durch quantitative Veränderungen nicht auflösbar sind. Dieses Denken erschwerte es, sich einen demokratisch vollzogenen Übergang zum Sozialismus vorzustellen oder auch die evolutionäre Vervollkommnung des bürgerlichen Staates als Tatsache anzuerkennen, und leistete damit einem revolutionären Utopismus Vorschub.

Kennzeichnend für das Marxsche theoretische Denken war eine Geringschätzung, ja Verachtung reformerischer Bestrebungen. Dies schloss nicht aus, daß er sich im politischen Kampf an der Ausarbeitung von Aktionsprogrammen – man betrachte etwa seine »Instruktionen« für die Delegierten des ersten Kongresses der Internationale im September 1866 – beteiligte.[104] Gleichwohl existierten für ihn vor allem radikale

102 Engels/Marx, Die heilige Familie der Kritik der kritischen Kritik, S. 38.

103 Vgl. Cornelius Castoriadis, Sozialismus oder Barbarei. Analysen und Aufrufe zur kulturrevolutionären Veränderung, Berlin 1980, S. 25 f.

104 Siehe Karl Marx, Instruktionen für die Delegierten des Provisorischen Zentralrats zu den einzelnen Fragen. In: MEW 16, S. 190–199.

Alternativen, und er neigte zu einer Überhöhung des zu Erreichenden gegenüber dem Erreichten. Die Eroberung der politischen Macht durch die Arbeiterklasse zum Zwecke der Anpassung der Produktionsverhältnisse an die sich entwickelnden Produktivkräfte war für ihn eine »Frage von Leben oder Tod«[105]. Mit der »Expropriation der Expropriateurs« und der Ablösung der kapitalistischen Produktionsform wird das »Teilindividuum« ersetzt durch das »total entwickelte Individuum«[106]. Ist das Leben der Arbeiterklasse unter dem Kapitalismus ein »ununterbrochne(s) Opferfest«[107], so verheißt die kommunistische Zukunftsgesellschaft eine allseitige Befreiung.[108]

Dieses Denken war nicht nur durch Erfahrungen nicht gedeckt, sondern musste offenkundige Erfahrungen ignorieren. Es wurde gespeist durch die – sich als verhängnisvoll erweisende – Suche nach Totallösungen; dem Versuch identifizierte Probleme grundsätzlich und ein für allemal auf dem Wege einer vollständigen Umwälzung des Bestehenden zu lösen. Diese Einstellung – vermutlich nicht zuletzt erwachsen aus seiner Neigung zu propagandistischen Übertreibungen – verleitete Marx wiederholt zu Kurzschlüssen und Fehlprognosen: Aus dem Bestehen von Widersprüchen leitete er die Notwendigkeit ihrer Aufhebung ab; Kritikwürdigkeit konnte ihm Grund genug sein, die Abschaffung des Kritisierten zu fordern.[109] Aus der Tatsache der Unterdrückung des Proletariats schloss er auf die

105 Marx, Das Kapital. Erster Band, S. 512.

106 Ebd.

107 Ebd., S. 511.

108 Vgl. Marx/Engels, Die deutsche Ideologie, S. 33.

109 Vgl. hierzu Volker Gerhardt, Die Asche des Marxismus. Über das Verhältnis von Marxismus und Philosophie. In: Berliner Debatte INITIAL, 8 (1997) 4, S. 99.

Entstehung eines revolutionären proletarischen Klassenbewusstseins; aus der »Verwandlung der Arbeitsmittel in nur gemeinsam verwendbare Arbeitsmittel«[110] zog er einen Schluss auf die Notwendigkeit der Beseitigung des kapitalistischen Privateigentums – Schlussfolgerungen, die die Analyse keineswegs erzwang: weder ist es sicher, dass sich die Arbeiterklasse revolutioniert, noch ist es unmöglich, dass über nur gemeinsam anwendbare Arbeitsmittel privat verfügt wird. – Und selbst wenn man der Auffassung ist, der bürgerliche Staat – auch als parlamentarische Demokratie organisiert – sei ein Instrument der ökonomisch herrschenden Klasse zur Befestigung ihrer Herrschaft, folgt daraus nicht, dass er »nichts weiter« als dieses ist und eine rechtsstaatliche Kontrolle der politischen Macht bedeutungslos wäre. Mit diesem Zugeständnis aber bräche die unsägliche – den Duktus politischer Kampfschriften atmende – »Nichts-weiter-als«-Formel, die Marx und Engels die formale Demokratie sowie deren Institutionen und Verfahren so gering schätzen ließ, zusammen.[111] Zu diesem Zugeständnis war aber Marx – auch wenn er in der Analyse konkreter Verhältnisse differenzierter argumentierte[112] – letztlich nicht bereit. Dies spricht zwar für seinen Willen zur Konsistenz, nicht aber für intellektuelle Redlichkeit.

110 Marx, Das Kapital. Erster Band, S. 790.

111 Zum »institutionenblinden Utopismus« im Marxismus vgl. Walter Euchner, Die Degradierung der politischen Institutionen im Marxismus. In: Leviathan, 18 (1990) 4, S. 487–505, insbes. S. 501.

112 Vgl. Jon Elster, Subversion der Rationalität. Mit einer Einleitung von Helmut Wiesenthal. Frankfurt/New York 1987, S. 128 ff.

### *6. Universalhistorische Erklärungen und geschichtsphilosophische Mutmaßungen*

Marxens universalhistorische Erklärungen unterliegen teils schwerwiegenden Bedenken, teils haben sie zu Voraussagen geführt, die mittlerweile als empirisch widerlegt gelten können.

Nicht widerlegt ist die Annahme, der zufolge die Entwicklung der Produktivkräfte sich als ein notwendiges Ergebnis des Konkurrenzkampfes privater Kapitaleigentümer einstellt und daher einer kapitalistischen Marktwirtschaft immanent ist. Anders sieht es mit dem zentralen Diktum aus, die »Produktionsweise des materiellen Lebens« bedinge »den sozialen, politischen und geistigen Lebensprozeß überhaupt«[113], der wirtschaftliche Faktor sei mithin das bestimmende Moment im Verhalten der Menschen und damit letztlich in der Entwicklung von Gesellschaften. Diesen Zusammenhang wird man nicht für alle historisch bekannten Gesellschaften mit derselben Plausibilität behaupten können. Die Menschen des christlichen Mittelalters zum Beispiel dürften durch religiöse Impulse stärker motiviert worden sein als durch wirtschaftliche.[114] Schon deshalb ist die Vermutung, Marx habe Erfahrungen seiner Zeit, Zusammenhänge, die die europäischen Gesellschaften der Neuzeit tatsächlich kennzeichneten, unzulässig extra-

113 Marx, Zur Kritik der Politischen Ökonomie, S. 8 f.

114 So Werner Becker, Karl Marx. In: Norbert Hoerster (Hrsg.), Klassiker des philosophischen Denkens. Bd. 2, München 1992, S. 173 f. – Allerdings wollte Marx auch religiöse Motive auf »wirkliche Interessen« zurückführen. Vgl. etwa Marx/Engels, Die deutsche Ideologie, S. 39.

poliert, nur schwer abzuweisen.[115] Sodann wirft die von Marx behauptete Abhängigkeit des »Überbaus« von der »Basis« durchaus schwierige Interpretationsprobleme auf. Wie etwa kann mit den Mitteln der materialistischen Geschichtsauffassung erklärt werden, dass die – im Vergleich zur industriellen – technologisch unterlegene antike griechische Gesellschaft Leistungen auf dem Gebiet von Kunst und Philosophie hervorgebracht hat, die den Leistungen in materiell fortgeschrittenen Gesellschaften keineswegs unterlegen sind?[116]

Dies allerdings heißt nicht, dass man jeglichen universalhistorischen Zusammenhang zwischen Produktivkräften und Produktionsverhältnissen leugnen müsste – auch wenn ein im Marxschen Duktus mitschwingender »deterministischer Zug« irritiert:

> »Auf einer gewissen Stufe ihrer Entwicklung geraten die materiellen Produktivkräfte der Gesellschaft in Widerspruch mit den vorhandenen Produktionsverhältnissen oder, was nur ein juristischer Ausdruck dafür ist, mit den Eigentumsverhältnissen, innerhalb deren sie sich bisher bewegt hatten. Aus Entwicklungsformen der Produktivkräfte schlagen diese Verhältnisse in Fesseln derselben um. Es tritt dann eine Epoche sozialer Revolution ein. Mit der Veränderung der ökonomischen Grundlage wälzt sich der ganze ungeheure Überbau langsamer oder rascher um.«[117]

115 Vgl. dazu Castoriadis, Gesellschaft als imaginäre Institution, S. 34 f. – Marx hat allerdings seinerzeit auf einen ähnlichen Einwand bereits geantwortet (vgl. Marx, Das Kapital. Erster Band, S. 96).

116 Vgl. Castoriadis, Gesellschaft als imaginäre Institution, S. 67–69.

117 Marx, Zur Kritik der Politischen Ökonomie, S. 9.

Diese These dürfte nach wie vor von heuristischem Interesse sein – insbesondere dann, wenn man berücksichtigt, dass der Determinationsmodus zwischen ökonomischer Basis und Überbau weitgehend unexpliziert bleibt.[118] Akzeptiert man, dass die Entwicklung der Produktivkräfte den Hauptdeterminationsfaktor für den Untergang von Produktionsweisen darstellt, dann allerdings bietet sich die von Habermas vorgeschlagene Deutung an, »die Produktivkraftentfaltung als problemerzeugenden Mechanismus [zu] verstehen, der die Umwälzung der Produktionsverhältnisse und eine evolutionäre Erneuerung der Produktionsweise zwar *auslöst, aber nicht herbeiführt*«[119].

Das hohe Abstraktionsniveau, auf dem diese Zusammenhänge formuliert sind, erschwert es, ihre Kenntnis zur Beurteilung konkreter Fälle zu nutzen. Dieser Tatsache musste auch Marx Tribut zollen. Entgegen seiner Erwartung zeigte die geschichtliche Entwicklung, dass die kapitalistischen Eigentumsverhältnisse ihr Potential, Rahmenbedingungen für die Entwicklung der Produktivkräfte zu sein, bei weitem noch nicht ausgeschöpft hatten. Marx unterschätzte vor allen die Bedeutung institutioneller, gesetzgeberischer und organisatorischer Innovationen innerhalb der bürgerlichen Gesellschaft (Gewerkschaften, Antitrust-Gesetze, Mindestlöhne, Streikrecht, Mitbestimmung der Arbeitnehmer, Pflichtversicherungssysteme, Sozialgesetzgebung, Tarifautonomie,

118 Helmut Fleischer weist darauf hin, dass die Art der Verknüpfung von Produktivkräften und Produktionsverhältnissen, die Arten der Kollisionen zwischen ihnen, die Wege, auf welchen Fortschritte in der Entfaltung von Produktivkraften zu welchen Veränderungen der Produktionsverhältnisse führen, bei Marx weitgehend im dunkeln bleiben (vgl. Helmut Fleischer, Warum eigentlich Materialismus? In: Urs Jaeggi/Axel Honneth [Hrsg.], Theorien des Historischen Materialismus, Frankfurt am Main 1977, S. 194–200).

119 Jürgen Habermas, Zur Rekonstruktion des Historischen Materialismus, Frankfurt am Main 1982, S. 161.

Umweltgesetzgebung, Verbraucherschutz) für die Anpassungs- und Wandlungsfähigkeit des Kapitalismus. Diese Innovationen dürften wesentliche Faktoren gewesen sein, die die Kapitalisten zwangen, sich in der »Produktion des Mehrwerts« weniger auf eine erhöhte quantitative Ausnutzung der Arbeitskräfte als vielmehr auf eine Erhöhung der Produktivität der Arbeit zu konzentrieren.[120] Mit der Nutzung neuer Technologien (Elektrotechnik, chemische Industrie) und dem Übergang zu neuen Kapitalformen (Aktiengesellschaften) wurden Entwicklungsblockaden überwunden, eine höhere Stufe kapitalistischer Vergesellschaftung hervorgebracht und schließlich eine entwicklungsfähige Übereinstimmung zwischen Produktivkräften und Produktionsverhältnissen auf neue Art hergestellt.[121]

Weiter: Für das Marxsche – an Hegelscher Dialektik geschulte – Denken ist eine Überbetonung qualitativer Unterschiede kennzeichnend. Aus seiner Konzeption der geschichtlichen Abfolge qualitativ unterschiedlicher Gesellschaftsformationen konnte gefolgert werden, dass der Prozess der Ablösung einer Gesellschaftsformation mit einer radikalen Umwälzung aller wesentlichen gesellschaftlichen Institutionen verbunden sein muss, die neue Gesellschaft gleichsam nur auf den Trümmern der alten Gesellschaft aufgebaut werden kann:

> »Es kann sich für uns nicht um Veränderung des Privateigentums handeln, sondern nur um seine Vernichtung, nicht um Vertuschung der Klassengegensätze, sondern um Aufhebung

120 Vgl. Hans Wagner, Menschliche Praxis und menschliche Selbstveränderung. Die 11. Feuerbach-These im Kontext der Veränderung der Welt. In: Volker Gerhardt (Hrsg.), Eine angeschlagene These. Die 11. Feuerbach-These im Foyer der Humboldt-Universität zu Berlin, Berlin 1996, S. 212.

121 Vgl. ebd., S. 216–219, 203.

der Klassen, nicht um Verbesserung der bestehenden Gesellschaft, sondern um Gründung einer neuen.«[122]

Uns begegnet hier – und an vielen anderen Stellen – eine Rhetorik, die zu Dramatisierungen neigt und in einer Art Selbstverhexung allein fundamentalistische Lösungen als denkbar erscheinen lässt.

Die Ablösung der kapitalistischen Gesellschaftsformation durch die sozialistisch/kommunistische wurde als ein – in historisch kurzer Zeit vollziehbarer – Übergang zu qualitativ neuen Lebensverhältnissen für die Masse der Menschen gedacht: als ein Übergang von Ausbeutungsverhältnissen in eine Assoziation freier Produzenten, als die Ersetzung von Verhältnissen, in denen »der Mensch ein erniedrigtes, ein geknechtetes, ein verlassenes, ein verächtliches Wesen«[123] ist, durch Verhältnisse, in denen »die freie Entwicklung eines jeden die Bedingung für die freie Entwicklung aller«[124] sein wird, als ein Sprung vom »Reiche der Notwendigkeit in das Reich der Freiheit«. Mit dieser Erwartung des Heraufziehens eines qualitativ ganz Anderen, einer Gesellschaft, die zwar auf den Produktivkräften der alten Gesellschaft aufbaut, sich ansonsten aber gänzlich neu strukturiert, war die Vorstellung, dass an bestehende Strukturen, Institutionen etc. anzuknüpfen und diese weiter zu entwickeln seien, nur schwer vereinbar. Stattdessen drängte sich eine Art »Vakuum-Fiktion« (Hans Albert) auf, wonach gesellschaftlicher Fortschritt nur auf dem Wege einer Beseitigung alles Überlebten und einer Totalerneuerung herstellbar sein wird – eine Vorstellung, aus der sich eine A-priori-Leugnung der Möglichkeit stabiler Zwischen- und

122 Karl Marx/Friedrich Engels, Ansprache der Zentralbehörde an den Bund vom März 1850. In: MEW 7, S. 248.

123 Marx, Zur Kritik der Hegelschen Rechtsphilosophie, S. 385.

124 Marx/Engels, Manifest der Kommunistischen Partei, S. 482.

Mischformen sowie der Möglichkeit einer progressiven Weiterentwicklung des bestehenden Alten ergab.

Wie problematisch eine Denkungsart dieser Prägung ist, zeigt sich in der empirischen Widerlegung der Marxschen Annahme, Massenarmut und Kriege ließen sich nur durch die Aufhebung des Privateigentums an Produktionsmitteln wirksam bekämpfen. Stattdessen haben wir zu konstatieren, dass sogenannte Überbauerscheinungen, so etwa die Rechtsverhältnisse, von der ökonomischen Basis der Gesellschaft unabhängiger sind als sich dies Marx offenbar vorstellen konnte.[125] Wie vor allem die Entwicklung in Westeuropa bewiesen hat, war es durch eine Ausgestaltung des Rechts, die Schaffung rechtlich geschützter autonomer gesellschaftlicher Bereiche sowie durch institutionelle Innovationen sehr wohl möglich, Herrschaft allgemein und speziell auch die – in Marxscher Begrifflichkeit: – Herrschaft der Bourgeoisie zu zähmen und damit Freiheiten, Menschen- und Bürgerrechte sowie soziale Sicherungen auch für die Herrschaftsunterworfenen zu gewährleisten, Massenarmut erheblich zu verringern und die Wahrscheinlichkeit von Kriegen zwischen demokratischen Verfassungsstaaten drastisch zu reduzieren.[126] Diese Ergebnisse allerdings wurden durch die Weiterentwicklung gerade derjenigen Institutionen (Privateigentum, Markt, Geld sowie der dazugehörigen rechtlichen Ordnung) erzielt, die Marx für überwindungsbedürftig hielt.[127] Für das marxistische Denken ist eine Hochstilisierung der Eigentumsfrage zum Zentralpunkt der Gesellschaftsbetrachtung kennzeichnend

125 Wesentliche Klarstellungen und Präzisierungen hatte Engels bereits in seinen sogenannten Altersbriefen vorgenommen. Siehe Friedrich Engels, Briefe über den historischen Materialismus (1890–1895), Berlin 1979.

126 Siehe dazu Hans Albert, Das Ideal der Freiheit und das Problem der sozialen Ordnung, Freiburg i. Br. 1994, S. 25.

127 Vgl. ebd., S. 17.

geworden, die sich insgesamt gesehen als Denkblockade erwiesen hat.

Ungeachtet dessen ist die Marxsche Analyse der systemimmanenten Dynamik einer kapitalistischen Wirtschaft keineswegs obsolet. Gerade weil der Kapitalismus Bewegungsformen für seine von Marx identifizierten inneren »Widersprüche« gefunden und damit deren Virulenz konserviert hat, ist der Marxsche Untersuchungsansatz auch heute noch von Bedeutung. Das von Marx und Engels bereits im *Kommunistischen Manifest* beschriebene und als notwendige Folge der Konkurrenz privater Unternehmen erklärte Phänomen der Globalisierung hat mittlerweile Dimensionen angenommen, die eine Zähmung des Kapitalismus auf ausschließlich nationaler Ebene unmöglich machen. Wie im neunzehnten und Anfang des zwanzigsten Jahrhunderts geht es immer noch darum, zerstörerische Folgen eines ungeregelten Wettbewerbs durch neue Institutionen, Verträge und Gesetze sozial- und umweltverträglich abzufedern – nur dass der global gewordene Kapitalismus auch global wirksamer Regeln bedarf.[128]

## *7. Revolutionstheoretische Erörterungen*

Schwierigkeiten in der Marxschen Geschichtskonstruktion legten theoretische Konsequenzen nahe, die sich im Handeln der Akteure letztlich verheerend auswirkten. Einerseits nämlich ist in der Konzeption von Marx das adäquate Bewusstsein der proletarischen Massen über ihre geschichtliche Situation als Klasse sowie über das daraus resultierende Interesse

128 Vgl. dazu: Die Gruppe von Lissabon, Grenzen des Wettbewerbs. Die Globalisierung der Wirtschaft und die Zukunft der Menschheit, München 1997, S. 15–28.

Voraussetzung für die aktive Gestaltung des revolutionären Prozesses. Andererseits fasst Marx das gesellschaftliche Bewusstsein und seine Entwicklung als eine Funktion des gesellschaftlichen Seins und seiner Veränderung – als eine Art Reflex der Entwicklung der Produktionsweise des materiellen Lebens auf. Nach diesem Verständnis jedoch könnte diejenige Klasse, die den revolutionären Prozess als ihr bewusster Träger zu gestalten hat, das richtige Bewusstsein dieses Prozesses erst im Verlauf seiner historischen Realisierung erlangen. Damit stellt sich die Frage, wer das eigentlich handelnde Subjekt im Revolutionsprozess sein kann, wenn die Masse der Arbeiterschaft das für die Durchsetzung dieses Prozesses nötige Bewusstsein erst als Resultat desselben Prozesses erlangen wird.

Marx war sich dieser Aporie – wie insbesondere seine dritte These über Feuerbach zeigt – bewusst. Er glaubte – oder hoffte –, dass das notwendige, aber aporetische Zusammenfallen des Änderns der Umstände (wozu bereits veränderte Menschen Bedingung sind) und der Selbstveränderung der Menschen (beim Verändern der Umstände) sich in der *revolutionären Praxis* vollzieht.[129] Auf welch unsicherem Terrain sich Marx (und Engels) hier bewegten und wie sie sich in jugendlichem Überschwang und in dem Bestreben, diesen gordischen Knoten theoretisch zu durchschlagen, zu rein spekulativen Aussagen über angebliche Kausalbeziehungen beziehungsweise Veränderungspotenzen hinreißen ließen, zeigt eine Einlassung in der *Deutschen Ideologie,* in der sie eine doppelte Begründung für die Notwendigkeit der Revolution gaben. Danach ist »die Revolution nicht nur nötig, weil die *herrschende* Klasse auf keine andre Weise gestürzt werden kann, sondern auch, weil die *stürzende* Klasse nur in einer Revolution dahin kommen kann, sich den ganzen

129 Vgl. Marx, [Thesen über Feuerbach], S. 6.

Dreck vom Halse zu schaffen und zu einer neuen Begründung der Gesellschaft befähigt zu werden«[130]. Die notwendige »massenhafte Veränderung der Menschen« soll *nur* »in einer *Revolution* vor sich gehen«[131] können – eine Behauptung, die den für das marxistische Denken typischen Revolutionsfetischismus mitgeprägt haben dürfte. Aber ist die theoretische Schwierigkeit, vor die sich Marx und Engels in diesem Zusammenhang gestellt sahen, eine Art »Henne-Ei-Problem«, damit wirklich gelöst? Jedenfalls: Wenn »die Umstände ebensosehr die Menschen, wie die Menschen die Umstände machen«[132], wenn »alle Formen und Produkte des Bewußtseins nicht durch geistige Kritik, [...], sondern nur durch den praktischen Umsturz der realen gesellschaftlichen Verhältnisse, [...], aufgelöst werden können«[133], dann liegt die Vorstellung zumindest nahe, der Prozess der revolutionären Umwälzung müsse (und dies gilt umso mehr in dem Fall, dass ein solcher Realprozess einmal ins Stocken geraten sein sollte) geleitet werden durch Menschen, die dem sich entwickelnden Bewusstsein der revolutionären Massen voraus sind, die die Idee der Umwälzung der bestehenden Gesellschaft bereits gefasst und sich von den Bewusstseinsformen, welche in der alten Gesellschaft erzeugt wurden, emanzipiert haben.

Dass es sich hier um einen heiklen Punkt der Marxschen Geschichtstheorie handelt, ist sowohl von marxistischen Denkern als auch ihren Kritikern gesehen worden. Zum einen ist zu fragen, wie die Befreiung von Menschen vonstatten gehen soll, die sich womöglich gar nicht befreien lassen

130 Marx/Engels, Die deutsche Ideologie, S. 70.

131 Ebd.

132 Ebd., S. 38.

133 Ebd.

wollen; zum anderen drängt sich die Frage auf, wie eigentlich »die Erzieher« der Massen in der Lage sein können, die Deformationen *ihres* Erkenntnisvermögens zu überwinden, wenn Deformationen doch eine Hervorbringung der erst noch zu überwindenden Verhältnisse sind – und vor allem: wodurch sichergestellt ist, dass die Erzieher ihr eigenes »falsches Bewusstsein« tatsächlich durch ein »wahres« ersetzt haben. Beide Fragen wurden immer wieder erörtert. Man konnte sich mit optimistischen Annahmen trösten, oder auch den Schwierigkeiten ins Auge sehen und auf damit verbundene Risiken hinweisen.

Wie dem auch sei: Der Emanzipationsprozess wird in jedem Falle Aufklärung voraussetzen. Nur ein bereits aufgeklärtes, zumindest sich im Prozess der Aufklärung befindendes Proletariat kann die ihm in der Entfaltung der Widersprüche der kapitalistischen Produktionsweise gebotenen Chancen zu seiner Selbstbefreiung nutzen. Die Proletarier können sich nur dann befreien, wenn sie diejenigen ökonomischen, rechtlichen, ideologischen Verhältnisse, die ihre Ausbeutung und Unterdrückung bewirken und zementieren, nicht als natur- oder gottgegeben, sondern als einer historisch-konkreten Entwicklungsstufe der menschlichen Gesellschaft angehörend und damit als zeitbedingt und veränderbar begreifen – wenn sie sich also ihres falschen Bewusstseins entledigen.

Aufklärung der Massen aber ist letztlich nur denkbar als Aufklärung durch die dem Massenbewusstsein vorauseilenden Aufgeklärten – oder auch: als Aufklärung der vielen Unwissenden durch die wenigen Einsichtigen. Als einzige Klasse in der Geschichte, die an ihrer Selbstaufhebung in einer klassenlosen Gesellschaft interessiert und daher auf ihrer eigenen sozialökonomischen Basis einer Höherentwicklung fähig ist, wird sie ihre Erfolgsaussichten im revolutionären

Kampf erhöhen, wenn möglichst viele ihrer Angehörigen ein Bewusstsein ihrer Situation, ihrer Stellung im kapitalistischen Produktionsprozess und der Möglichkeiten und Ziele im Klassenkampf gefasst haben, mithin über ein adäquates Klassenbewusstsein verfügen. Das adäquate Klassenbewusstsein wird also in der Regel nicht mit dem empirisch feststellbaren Bewusstsein der Summe der Proletariar identisch sein; es ist vielmehr, wie dies Georg Lukács deutlich machte[134], ein Bewusstsein, das der objektiven Lage des Proletariats entspricht und diesem allererst vermittelt werden muss.

Diese marxistische Klassenbewusstseinstheorie legt nun weiterhin den Gedanken nahe, dass die Arbeiterklasse ihre historische Mission zügiger und weniger opferträchtig erfüllen wird, wenn sie im revolutionären Prozess durch eine aufgeklärte, sich auf der Höhe der zeitgenössischen Wissenschaft befindende geistige Vorhut geleitet wird. Die Marxsche Vorstellung von der Geschichte als einem gesetzmäßig und zugleich naturwüchsig ablaufenden Prozess, in den jedoch zum Zwecke der Beschleunigung und der Schadensbegrenzung bewusst eingegriffen werden kann, erzeugt zwar nicht notwendigerweise, aber doch folgerichtig die Idee einer Führungspartei für diejenige Klasse, die allein die soziale Trägerin dieses Prozesses sein kann – eben der Arbeiterklasse. Lenin schließlich hat diese Konsequenz gezogen und in einer denkbar radikalen Form praktisch umgesetzt. Dass es sich dabei um genau *eine* und um eine bürokratisch-zentralistisch organisierte Partei, die zudem die gesamte Macht im Staat usurpiert, handeln muss, ist freilich aus dieser Vorstellung nicht stringent ableitbar – obgleich nicht gänzlich aus

134 Vgl. Georg Lukács, Geschichte und Klassenbewußtsein. Studien über marxistische Dialektik, Neuwied und Berlin 1970, S. 126.

der Luft gegriffen. Unterstellt man, dass das Proletariat weder bezüglich seiner Stellung im Produktionsprozess noch hinsichtlich seiner Vorstellungen, die es über diese Stellung und der daraus entspringenden Interessen entwickelt, homogen ist, liegt der Gedanke nahe, das Gelingen der Revolution könne von dem Agieren einer Einheitspartei abhängig sein, die in sich sowohl die Inhomogenität des Proletariats aufgehoben als auch alles »falsche Bewusstsein« überwunden hat und damit zur Führung des gesamten Proletariats – auch gegen den aktuellen Willen einzelner seiner Repräsentanten oder Fraktionen – berufen ist.

Dass in einem Prozess der grundlegenden Umgestaltung der bestehenden Verhältnisse nicht nur Zwang auf den Klassengegner, sondern ebenso auf »bewusstseinsmäßig zurückgebliebene« Angehörige der eigenen Klasse ausgeübt werden muss, konnte dabei – gerade auf der Grundlage der handlungsleitenden Theorie – von vornherein als wahrscheinlich gelten. Mit der Frage der Gewaltanwendung in der Revolution und der darauf folgenden Phase der Konsolidierung der errungenen Macht war ein Problem aufgeworfen, dass Marx und viele spätere Marxisten theoretisch nicht angemessen analysiert, geschweige denn praktisch zufriedenstellend gelöst haben: Einerseits schien Zwang im Interesse der Zielerreichung unvermeidlich; andererseits aber sollte in einem praktischen Emanzipationsprozess die anzustrebende zukünftige Freiheit bereits in den Mitteln verwirklicht sein – die Gefahr jedenfalls, dass ein Prozess der Emanzipation, der in seinen Mitteln mit seinen eigenen Erfolgskriterien nicht kompatibel ist, auch sein Ziel verfehlen wird, hätte, wäre sie angemessen gewürdigt worden, nicht gering veranschlagt werden dürfen.[135]

135 Vgl. dazu Albrecht Wellmer, Kritische Gesellschaftstheorie und Positivismus, Frankfurt am Main 1969, S. 93.

## *8. Rechtsphilosophische Deutungen*

Der Utopismus, der für verschiedene der Marxschen Theorie-Konstruktionen kennzeichnend war, blieb nicht folgenlos. So etwa hatte die Fiktion von der herstellbaren beziehungsweise sich einstellenden Interessenübereinstimmung zwischen Individuum und Gesellschaft verhängnisvolle Konsequenzen sowohl für die Menschenrechtskonzeption von Marx[136], wie er sie unter anderem in seiner Schrift *Zur Judenfrage*[137] entwikkelte, als auch für seine politischen beziehungsweise staatstheoretischen Vorstellungen.

Zwei, unmittelbar zusammenhängende Annahmen waren dabei von zentraler Bedeutung. Zum einen nahm Marx an, dass mit der Aufhebung der kapitalistischen Gesellschaftsstruktur, die das Individuum zwingt, auf eigene Rechnung und in Konkurrenz zu allen anderen zu arbeiten, sein Glück mithin als privater und isolierter Einzelner zu suchen, auch der egoistische Mensch verschwindet. Zum anderen ging er davon aus, dass die nach-kapitalistische Gesellschaft eine sichere und annähernd gleiche Daseinsfürsorge für jedes Gesellschaftsmitglied gewährleisten wird und der egoistische Mensch durch einen sich unmittelbar am Gemeinwohl orientierenden, in seinem *konkreten* Wesen, seinen tatsächlichen, gesellschaftlich relevanten Verhaltensäußerungen, gänzlich veränderten Menschentyp abgelöst wird – einem Menschen, der als Glied in der Gemeinschaft der »assoziierten Produzenten« persönliche Freiheit von sich

136 Eine Rekonstruktion und Kritik bietet Geog Lohmann, Karl Marx' fatale Kritik der Menschenrechte. In: Politisches Denken. Jahrbuch 1999. Stuttgart/Weimar 1999, S. 91–104. Zum Marxschen Humanismus siehe Albrecht Wellmer, Bedeutet das Ende des »realen Sozialismus« auch das Ende des Marxschen Humanismus? Zwölf Thesen. In: Ders., Endspiele: Die unversöhnliche Moderne. Essays und Vorträge, Frankfurt am Main 1993, S. 81–94.

137 Karl Marx, Zur Judenfrage. In: MEW 1, S. 347–377.

aus nur innerhalb eines für die Gemeinschaft förderlichen Rahmens wahrzunehmen sucht.

Unter diesen Voraussetzungen konnte nun des Weiteren angenommen werden, dass die individuellen Freiheitsrechte, die in der liberalen Tradition primär als Abwehrrechte gegen den Staat verstanden werden – Menschenrechte, die auch Marx schätzte und deren historisch-progressive Bedeutung er hervorhob[138] –, ihren Sinn verlieren, zumindest an Bedeutung einbüßen. Insofern es sich um Schutzrechte des egoistischen Menschen in einem politischen Gemeinwesen handelt – eines Gemeinwesens, welches die möglichst ungehinderte Verfolgung egoistischer Privatinteressen sichert, eben dem bürgerlichen Staat –, stehen und fallen sie mit der Überwindung dieses Gesellschaftszusammenhangs. Über Menschenrechte (und nicht nur über Staatsbürger- beziehungsweise politische Teilhaberechte, den »droits du citoyen«) verfügt der Mensch lediglich als Mitglied der bürgerlichen Gesellschaft; es sind Rechte »der Absonderung des Menschen von dem Menschen«[139]. Das »Menschenrecht der Freiheit« ist »das Recht des *beschränkten*, auf sich beschränkten«, das heißt vom Gemeinwesen getrennten, unabhängig von der Gesellschaft seine individuelle Freiheit zu seinem Nutzen auslebenden, Individuums – und seine »praktische Nutzanwendung [...] ist das Menschenrecht des *Privateigentums*«.[140] In den Menschenrechten, den »droits de l‹homme«, erkennt der moderne Staat lediglich die sozialen Grundlagen an, auf denen er beruht und die sein Funktionieren ermöglichen. Dieser Staat aber hat »die bürgerliche

138 Vgl. Karl Marx, An Abraham Lincoln, Präsident der Vereinigten Staaten von Amerika. In: MEW 16, S. 18–20.

139 Marx, Zur Judenfrage, S. 364. – Zu dieser Schrift siehe auch Fritze, Anatomie des totalitären Denkens, S. 169, 172.

140 Marx, Zur Judenfrage, S. 364 f.

Gesellschaft zur *Naturbasis,* sowie den *Menschen* der bürgerlichen Gesellschaft, d. h. den unabhängigen, nur durch das Band des Privatinteresses und der *bewußtlosen* Naturnotwendigkeit mit dem Menschen zusammenhängenden Menschen, den *Sklaven* der Erwerbsarbeit und seines eignen wie des fremden *eigennützigen* Bedürfnisses«[141].

Wenn dieser Konzeption zufolge »die *Anerkennung der Menschenrechte* durch den *modernen* Staat keinen anderen Sinn hat als die *Anerkennung der Sklaverei* durch den *antiken* Staat«[142], dann ist die Idee hinfällig, wonach der Einzelne dadurch, dass er sich der staatlichen Ordnung unterstellt, Ansprüche erwirbt, die er gegen den Staat geltend machen kann. Denkt man in diesem Paradigma, so liegt eine eklatante Unterschätzung der Menschenrechtsproblematik nahe, wie sie sich in Theorie und Praxis der realsozialistischen Länder niedergeschlagen hat. Menschenrechte – so die Vorstellung – werden in der klassenlosen Gesellschaft »objektive Gesellschaftsmerkmale«[143] und sind damit, weil »es kein ›Recht auf objektive Gesetzmäßigkeit' gibt«[144], keine Rechte mehr.[145] Die Illusion, gesellschaftliche und individuelle Interessen befänden sich unter Bedingungen sozialistischer Produktionsweise – objektiv – in Übereinstimmung, korreliert mit der Auffassung, sozialökonomische Verhältnisse dieser Art machten den Anspruch auf Menschenrechte ge-

141 Engels/Marx, Die heilige Familie der Kritik der kritischen Kritik, S. 120.

142 Ebd.

143 Jürgen Kuczynski, Menschenrechte und Klassenrechte, Berlin 1978, S. 24.

144 Ebd., S. 59.

145 Daher ist unter sozialistischen Bedingungen auch die Selbstverwirklichung des Menschen »kein Recht, kein Grundrecht des Menschen, kein Menschenrecht, sondern eine historische Aufgabe beruhend auf den Gesetzmäßigkeiten des Verlaufs der Menschheitsgeschichte – eine historische Aufgabe in dem Sinne, daß wir alles tun müssen, um der Gesetzmäßigkeit zum möglichst schnellen Durchbruch zu verhelfen« (ebd., S. 164).

genstandslos und ihre Gewährung überflüssig. Obwohl die Grund- und Freiheitsrechte unter diesen Bedingungen nicht als schlechthin abgeschafft, sondern in einem dialektischen Sinne aufgehoben gedacht werden, legt dieses Denken doch eine Geringschätzung der eigenständigen Bedeutung des Rechtssystems nahe.

Diese Art, über Rechte zu denken, ist zwar mit dem Marxschen Ansatz kompatibel und wird vielleicht auch durch die der kommunistischen Gesellschaft unterstellte »Großartigkeit« und Andersartigkeit nahegelegt. Schließlich lässt die Marx/Engelssche Analyse der bürgerlichen Gesellschaft nicht nur deren Einstellung zu der von ihnen analysierten Materie erkennen, sondern verdeutlicht auch, dass sich beide Autoren für die Zukunftsgesellschaft einen Gesellschaftszusammenhang qualitativ anderer Art vorgestellt haben – eine Gesellschaft, in der die Menschen nicht primär zum Zwecke ihres (eigennützigen) Lebenserhalts zueinander in Beziehung treten und in der Arbeit nicht mehr ausschließlich dem Erwerb gilt. Ihnen stand eine Gesellschaft vor Augen, in der das Recht Funktionen verloren hat, die ihm – so sind die Autoren wohl zu verstehen – begriffsnotwendig zukommen.

Gleichwohl konnte man auch unter marxistischen Vorzeichen einen anderen Weg einschlagen und die im bürgerlichen Rechtsstaat erreichten Menschenrechtsgarantien für gleichsam unhintergehbar halten. In diesem Sinne und im Gegensatz zur Anschauungsweise von Marx findet sich unter marxistischen Denkern ein Theoriestrang, der die positive und bleibende Bedeutung der naturrechtlich begründeten Menschenrechtslehren für die Humanisierung des menschlichen Zusammenlebens hervorhebt: »Keine wirkliche Installierung der Menschenrechte«, schrieb Ernst Bloch, »ohne Ende der Ausbeutung, kein wirkliches Ende der Ausbeutung ohne Installierung der Menschenrechte.«[146] Die Anerkennung der Unverzichtbarkeit einer Institutionalisierung von Menschenrechten und damit gleicher individueller Freiheiten hätte allerdings zur Voraussetzung gehabt, dass man sich von der Illusion einer faktischen Interessenharmonie unter den individuellen Einzelnen, einer weitgehenden Einheitlichkeit des gelebten Ethos und einer essentiellen Konfliktlosigkeit des Zusammenlebens im kommunistischen Gemeinwesen verabschiedet. Man hätte sich fragen müssen, ob die rechtsförmige Gewährung dieser Freiheiten nicht auch nach Abschaffung des kapitalistischen Privateigentums (welches die Installierung gleicher negativer Freiheiten zur Verfolgung privater ökonomischer Interessen erzwingt) ein humanes und zivilisatorisches Erfordernis bleibt – erforderlich, damit die ihre unterschiedlichen Anlagen entfaltenden Einzelnen ihre individuellen Glücksansprüche verfolgen können. Welche Vorstellungen von rationaler und moralischer Vollkommenheit, von Reinheit und Vollendung humanen Strebens musste Marx eigentlich vor Augen gehabt haben, um seinen kommunistischen Traum von der Aufhebung jeglicher Entfremdung und menschlicher Entzweiung, von einer sittlich geeinten Menschheit träumen zu können? Der Prognostiker des Kommunismus stellte sich nicht eine Pluralität von Lebenszielbestimmungen vor, er glaubte nicht an idiosynkratisch gewählte Lebensstile, an unterschiedliche Lebensentwürfe, sondern an eine hinreichend klare Bestimmtheit jener »höhre[n] Lebensform«[147], welche die Arbeiterklasse nach ihrer Selbstbefreiung hervorzuarbeiten und zu verallgemeinern habe. Unter dieser Voraussetzung freilich musste die Forderung nach Freiheit zur selbstbestimmten Lebensgestal-

146 Ernst Bloch, Naturrecht und menschliche Würde, Frankfurt am Main 1985, S. 13.

147 Marx, Der Bürgerkrieg in Frankreich, S. 343.

tung, wie sie etwa von John Stuart Mill, einem Zeitgenossen von Marx, erhoben wurde[148], als wenig relevant, wenn nicht überflüssig oder gar fortschrittsfeindlich erscheinen.

Die Geringschätzung der Menschenrechte hat jedoch eine weitere Wurzel. Mit der Beseitigung der kapitalistischen Produktionsform ändert sich nicht nur das Verhalten des Menschen. Marx sah zu Recht, dass die individuelle Freiheit durch das Privateigentum an Produktionsmitteln nicht nur geschützt, sondern ebenso bedroht wird – nämlich sowohl die Freiheit der Nichteigentümer (die sich in den Dienst einer fremden Gewalt stellen müssen) als auch die Freiheit derjenigen Eigentümer, die im Konkurrenzkampf unterliegen und ebenfalls zu Nichteigentümern werden. Weil der bürgerliche Staat als Garant des Privateigentums fungiert, bedarf der Bürger des rechtlichen Schutzes gegen die vom Staat direkt und indirekt (über den Schutz des Kapitaleigentums) ausgehenden Freiheitsgefährdungen. Mit der Aufhebung dieser Produktionsform fällt diese zentrale Funktion des (bürgerlichen) Staates weg; der Staat verändert seine Qualität. Es ist nach dem Verständnis von Marx und Engels überhaupt nur die Existenz eines Widerspruchs zwischen dem besonderen und gemeinschaftlichen Interesse, weshalb »das gemeinschaftliche Interesse als *Staat* eine selbständige Gestaltung« annimmt[149]. Der kommunistische Zukunftsstaat ist nicht mehr ein Staat, der die Herrschaft der besitzenden Klasse gegen den Rest der Gesellschaft sichert. Welche Funktionen, die bürgerlichen Staatsfunktionen analog sind, dann noch übrig bleiben, hat Marx zwar offen gelassen – dieser Staat soll jedoch ein der gesamten Gesellschaft »untergeordnetes Organ« sein.[150]

148 Siehe John Stuart Mill, Über die Freiheit, Stuttgart 1995.

149 Marx/Engels, Die deutsche Ideologie, S. 33.

150 Vgl. Marx, Kritik des Gothaer Programms, S. 27 f.

Trotz einer Vielzahl verstreuter Bemerkungen hatten Marx und Engels keine ausgearbeitete Rechtsphilosophie oder Rechtstheorie geschaffen.[151] Marx hatte jedoch Recht, wenn er nicht der Illusion huldigen wollte, allein die Respektierung von Grund- und Menschenrechten verhindere eine Benachteiligung und Unterdrückung der Armen und garantiere die Nichtprivilegierung der Reichen. Da er aber »den Ordnungsmechanismus der sozialistischen Zukunftsgesellschaft eher negatorisch, nämlich als einen nichtrechtlichen, charakterisierte«, hat er nicht nur, wie der Marxist Hermann Klenner formuliert, »der Unterschätzung von subjektiven Rechten, von politischen Bürgerrechten [...] Vorschub geleistet«,[152] er selbst hat die humanistische und emanzipatorische Bedeutung der Grund- und Menschenrechte als Abwehrrechte gegen den Staat eklatant unterschätzt.

Diese Verkennung der humanitären Bedeutung der Freiheitsrechte wurde von der 68er-Bewegung reproduziert.[153] Indem man auf dieser Seite des politischen Spektrums die liberalen Freiheitsrechte als taktische Rechte der bürgerlichen Herrschaftsordnung zum Schutz der bestehenden Eigentumsordnung begreift, hängt man auch der Idee an, dass es keine Freiheit für die Feinde der eigenen Gesellschaftsvorstellungen geben kann.

151 Vgl. Hermann Klenner, Gerechtigkeitstheorien in Vergangenheit und Gegenwart. In: Beiträge zur Geschichte der Arbeiterbewegung, 36 (1994) 1, S. 3–21, hier S. 19. – Eine Zusammenstellung der einschlägigen Äußerungen von Marx/Engels zu Recht und Gerechtigkeit findet sich in: Ders., Vom Recht der Natur zur Natur des Rechts, Berlin 1984, Kap. 5.

152 Hermann Klenner, Marxistische Rechtsphilosophie – auf dem Abstellgleis der Weltgeschichte? In: Hobsbawm u. a., Das Manifest – heute, S. 192-205, hier S. 203 f.

153 Vgl. Oskar Negt, Achtundsechzig. Politische Intellektuelle und die Macht, Göttingen 1995, S. 248 f.

### *9. Staatstheoretische Vorstellungen*

Das Postulat, dass »Rechtsverhältnisse wie Staatsformen weder aus sich selbst zu begreifen sind noch aus der sogenannten allgemeinen Entwicklung des menschlichen Geistes, sondern vielmehr in den materiellen Lebensverhältnissen wurzeln«[154], ist ein zentraler Gedanke des historischern Materialismus. Mit dieser veränderten Blickeinstellung auf den Determinationszusammenhang von gesellschaftlichem Sein und gesellschaftlichem Bewusstsein – der Annahme, dass »die Anatomie der bürgerlichen Gesellschaft in der politischen Ökonomie zu suchen«[155] ist – hatte Marx den Übergang in seine »reife Phase« hin zu seiner materialistischen Geschichtstheorie vollendet.

Der Staat erschien nunmehr als die politische Form, die sich die Individuen der ökonomisch herrschenden Klasse zur Verwirklichung ihrer gemeinsamen Interessen geschaffen haben; die »Kämpfe innerhalb des Staats, der Kampf zwischen Demokratie, Aristokratie und Monarchie, der Kampf um das Wahlrecht etc.«, waren »nichts als die illusorischen Formen«, »in denen die wirklichen Kämpfe der verschiednen Klassen untereinander geführt werden«.[156] Nach dieser »Einsicht« war es für Marx ausgeschlossen, dass der Staat die Rolle eines – wie auch immer zu charakterisierenden – Dritten spielt, der weder notwendigerweise Partei für eine der sozialen Klassen ergreift noch als Herrschaftsinstrument einer dieser Klassen dient.

Auf der Grundlage dieser Annahme kam es nun nicht mehr infrage, lediglich die Staatsform zu wechseln, denn egal

154 Marx, Zur Kritik der Politischen Ökonomie, S. 8.

155 Ebd.

156 Marx/Engels, Die deutsche Ideologie, S. 33, 62.

ob Republik oder Monarchie, »der ganze Inhalt des Rechts und des Staats«, so Marx in seiner *Kritik des Hegelschen Staatsrechts,* »ist mit wenigen Modifikationen in Nordamerika dasselbe wie in Preußen«.[157] Auch konnte es jetzt nicht mehr darum gehen, durch Kritik und auf dem Wege von verfassungsrechtlichen oder institutionellen *Reformen* die Zustände innerhalb der bürgerlichen Gesellschaft zu verbessern – denn diese sind nichts anderes als der mehr oder weniger adäquate Ausdruck der materiellen, durch Reformen gerade nicht veränderbaren, Grundstruktur dieser Gesellschaft –, sondern es konnten nur noch die Bedingungen der Möglichkeit der Existenz dieser Gesellschaft aufgehoben werden. Die Möglichkeiten der menschlichen Emanzipation hielt Marx »innerhalb der bisherigen Weltordnung«, und das heißt auch in den von der französischen und nordamerikanischen Revolution geschaffenen Staaten, für ausgeschöpft – die politische Emanzipation sei aber »nicht die letzte Form der menschlichen Emanzipation überhaupt«.[158] Die anstehende Aufhebung der bürgerlichen Gesellschaft und der ihr zugrundeliegenden ökonomischen Grundstruktur wurde schließlich gedacht als der *revolutionäre* Übergang zum Kommunismus.

Allerdings waren die Marxschen Vorstellungen über den kommunistischen Zukunftsstaat sowie den Weg dorthin überaus vage und teilweise rätselhaft formuliert. Sowohl Marx als auch Engels haben es stets abgelehnt, konkrete Vorstellungen über die zukünftige sozialistische Gesellschaft in systematischer Weise zu entwickeln – Marx meinte, er habe »niemals ein ›*sozialistisches System*‹ aufge-

157 Karl Marx, [Kritik des Hegelschen Staatsrechts (§§ 261-313)]. In: MEW 1, S. 232.

158 Marx, Zur Judenfrage, S. 356 (Hervorhebung getilgt).

stellt«[159] –, ja sie betrachteten derartige Versuche geradezu als unzulässige Form utopischen Denkens. Darüber zu spekulieren, so meinte Engels, wie »eine zukünftige Gesellschaft die Verteilung des Essens und der Wohnungen regeln wird«, führe »direkt in die Utopie«.[160] Und in einem Interview erklärte er:

> »Wir sind *Evolutionisten*, wir haben nicht die Absicht, der Menschheit endgültige Gesetze zu diktieren. Vorgefaßte Meinungen in bezug auf die Organisation der zukünftigen Gesellschaft im einzelnen? Davon werden Sie bei uns keine Spur finden. Wir sind schon zufrieden, wenn wir die Produktionsmittel in die Hände der ganzen Gesellschaft gebracht haben [...].«[161]

Ähnlich äußerte sich Marx:

> »Was in einem bestimmten, gegebnen Zeitmoment der Zukunft zu tun ist, *unmittelbar* zu tun ist, hängt natürlich ganz und gar von den gegebnen historischen Umständen ab, worin zu handeln ist. Jene Frage aber stellt sich in *Nebelland*, stellt also in der Tat ein Phantomproblem, worauf die einzige Antwort – die *Kritik der Frage* selbst sein muß. Wir können keine Gleichung lösen, die nicht die Elemente ihrer Lösung in ihren Data einschließt.«[162]

159 Karl Marx, [Randglossen zu Adolph Wagners »Lehrbuch der politischen Ökonomie«]. In: MEW 19, S. 357.

160 Friedrich Engels, Zur Wohnungsfrage. In: MEW 18, S. 285 (Hervorhebung getilgt).

161 Interview Friedrich Engels' mit dem Korrespondenten der Zeitung »Le Figaro« am 8. Mai 1893]. In: MEW 22, S. 542.

162 Marx an Ferdinand Domela Nieuwenhuis, 22. Februar 1881. In: MEW 35, S. 160.

Obwohl sich Marx und Engels hinsichtlich der inhaltlichen Bestimmtheit ihrer Zukunftsaussagen einerseits Zurückhaltung auferlegten, wurden andererseits selbst unscharfe und auslegungsbedürftige Aussagen mit großer Bestimmtheit vorgetragen. So nimmt es nicht Wunder, dass bestimmte ihrer Einlassungen zu Missverständnissen und anhaltenden Diskussionen Anlass gaben. Dies gilt in exemplarischer Weise für ihre Aussagen zum revolutionären Übergang von der alten in die neue Gesellschaft, den sie als »Diktatur des Proletariats« konzipierten. Sie erklärten die Diktatur des Proletariats als notwendige Folge des Klassenkampfes[163] und »die *Klassendiktatur* des Proletariats« zum »notwendige[n] Durchgangspunkt zur *Abschaffung der Klassenunterschiede überhaupt*«[164], stellten sich jedoch das politische System des Übergangs seinem *sozialen* Inhalt nach als Demokratie vor[165]. Im *Kommunistischen Manifest* hieß es, »der erste Schritt in der Arbeiterrevolution« sei »die Erhebung des Proletariats zur herrschenden Klasse, die Erkämpfung der Demokratie«[166]. Um einen demokratischen Zustand handelt es sich dem sozialen Inhalt nach deshalb, weil es um eine Herrschaft der proletarischen Mehrheit über die Minderheit der (früheren) Kapitalistenklasse geht, um eine Herrschaft, die im Interesse der Mehrheit ausgeübt wird.[167]

163 Marx an Joseph Weydemeyer, 5. März 1852. In: MEW 28, S. 508.

164 Karl Marx, Die Klassenkämpfe in Frankreich 1848–1850. In: MEW 7, S. 89.

165 Marx/Engels, Manifest der Kommunistischen Partei, S. 481.

166 Ebd.

167 Siehe dazu die Vorstellungen von Karl Kautsky, Die Diktatur des Proletariats. In: Karl Kautsky, Die Diktatur des Proletariats/W[ladimir] I. Lenin, Die proletarische Revolution und der Renegat Kautsky/Karl Kautsky, Terrorismus und Kommunismus, Bd. 1. Hrsg. von Hans-Jürgen Mende, Berlin 1990. – Zur Unterscheidung eines juristischen (politischen) und eines soziologischen Diktaturbegriffes siehe Arkadij Gurland, Marxismus und Diktatur, Frankfurt am Main 1981, bes. S. 101–123, 154–156. Zur Konzeption der Übergangsperiode und ihren verschiedenen Interpretationen vgl. auch Gajo Petrovic, Wider den autoritären Marxismus, Frankfurt am Main 1969, S. 153 f.

Lenin wird später schreiben: »Ein Marxist ist nur, wer die Anerkennung des Klassenkampfes auf die Anerkennung der Diktatur des Proletariats erstreckt.«[168]

Gleichwohl konnte es sich hierbei nach Auffassung von Marx nur um eine revolutionäre, eine »energische Diktatur«[169] handeln – um ein Mittel, »die mörderischen Todeswehen der alten Gesellschaft, die blutigen Geburtswehen der neuen Gesellschaft *abzukürzen,* zu vereinfachen, zu konzentrieren«, um das Mittel des »*revolutionären Terrorismus*«.[170] Jawohl: Marx hielt die Gewalt für den »Geburtshelfer jeder alten Gesellschaft, die mit einer neuen schwanger geht«[171]. Und sein Schüler Lenin war überzeugt, dass die Ablösung des bürgerlichen Staates durch den proletarischen »ohne gewaltsame Revolution unmöglich« ist.[172] Das Proletariat bedürfe der proletarischen Diktatur »als eine besondere Organisation der Gewalt gegen die Bourgeoisie«[173].

Die Konzeption der Diktatur des Proletariats bezieht sich auf das politische System der Übergangsperiode und ist insofern als ein Provisorium gedacht – ein Provisorium, das zwei Funktionen zu erfüllen hat: die Sicherung der proletarischen Macht nach der Revolution sowie die Milderung der »Geburtswehen« im Prozess der Errichtung der neuen Gesellschaftsordnung.

168 W. I. Lenin, Staat und Revolution. In: Ders., Werke, Bd. 25, Berlin 1960 ff. (abgekürzt: LW Bd.-Nr.), S. 424 (Hervorhebung getilgt).

169 Karl Marx/Friedrich Engels, Artikel aus der »Neuen Rheinischen Zeitung«. In: MEW 5, S. 402.

170 Ebd., S. 457.

171 Marx, Das Kapital. Erster Band, S. 779. Vgl. auch Engels' »Lobrede auf die gewaltsame Revolution« (Lenin, Staat und Revolution. In: LW 25, S. 411) im »Anti-Dühring« (Engels, Herrn Eugen Dührings Umwälzung der Wissenschaft, S. 171).

172 Lenin, Staat und Revolution, S. 413.

173 Ebd., S. 417 (Hervorhebungen getilgt).

Die diesbezüglichen Vorstellungen von Marx und Engels waren insgesamt dürftig, und sie unterlagen Veränderungen. Inwieweit Marx und Engels die Übergangsperiode nicht nur in einem *soziologischen* Sinne als Diktatur charakterisiert wissen wollten, sondern sich auch die *staatsrechtliche* Form als eine solche vorstellten, ist schwer zu ergründen.[174] Abgesehen davon jedoch, dass wir mit interpretationsbedürftigen Äußerungen konfrontiert sind, waren diese Vorstellungen von einem unverantwortlichen Optimismus getragen. Denn was spricht eigentlich dafür, dass die durch die revolutionäre Diktatur gekennzeichnete Übergangsphase keine längere Periode sein wird, wenn doch die sozialen, politischen, rechtlichen Grundlagen der alten Gesellschaft aufgehoben werden sollen?[175] Wieso sollte man voraussetzen dürfen, dass ein Umbruch dieser Radikalität binnen Kurzem eine politische Ordnung ermöglicht, die ihren politischen, das heißt auf Unterdrückung abzielenden Charakter verloren haben wird?

Lenin hingegen dürfte manches weit realistischer gesehen haben: Noch unmittelbar vor der Revolution, nämlich im August/September 1917, charakterisierte er die Periode des Übergangs vom Kapitalismus zum Kommunismus, die »Periode des Sturzes der Bourgeoisie und ihrer völligen

174 Vgl. dazu Richard Löwenthal, Die Lehren von Karl Marx und ihr Schicksal. In: Flechtheim (Hrsg.), Marx heute, S. 114–133, hier S. 122, 124, demzufolge Marx weder Propagandist noch organisatorischer Vorläufer einer revolutionären Parteidiktatur war, sowie Jürgen Seifert, Karl Marx und die Freiheitsrechte. In: Flechtheim (Hrsg.), Marx heute, S. 212, wonach Marx den Diktaturbegriff nicht im staatsrechtlichen Sinn verwandt hat.

175 Gleichzeitig hieß es bei Marx – die Erfahrungen aus der Pariser Kommune ziehend –, die Arbeiterklasse habe im Vollzug der Umwandlung der ökonomischen Grundlagen der alten Gesellschaft »lange Kämpfe, eine ganze Reihe geschichtlicher Prozesse durchzumachen [...], durch welche die Menschen wie die Umstände gänzlich umgewandelt werden« (Marx, Der Bürgerkrieg in Frankreich, S. 343.)

Vernichtung«, als eine Periode »unerhört erbitterten Klassenkampfes«, in der »der Staat dieser Periode unvermeidlich *auf neue Art* demokratisch (für die Proletarier und überhaupt für die Besitzlosen) und *auf neue Art* diktatorisch (gegen die Bourgeoisie) sein« müsse.[176] Lenin war sich bewusst, dass der Sturz der herrschenden Klasse Widerstand hervorruft und dieser Widerstand notfalls auch gewaltsam gebrochen werden muss. Im Oktober/November 1918 schrieb er:

> »Diktatur bedeutet nicht unbedingt die Aufhebung der Demokratie für die Klasse, die diese Diktatur über die anderen Klassen ausübt; sie bedeutet aber unbedingt die Aufhebung der Demokratie (oder ihre äußerst wesentliche Einschränkung, was auch eine Form der Aufhebung ist) für die Klasse, über welche oder gegen welche die Diktatur ausgeübt wird.«[177]

Was sich jedoch in Sowjetrussland tatsächlich etablierte, war die Diktatur einer *Partei*, ja die Diktatur einer *Führungsclique* innerhalb der Partei; von einer Diktatur der *Klasse* (des Proletariats), wie sie etwa von Paul Levi nicht nur gefordert, sondern auch – unrealistischerweise – für möglich gehalten wurde,[178] konnte jedenfalls keine Rede sein. Rosa Luxemburg pflegte in dieser Hinsicht einen vergleichsweise nüchternen Blick. Sie sah den Widerstand der alten Ausbeuterklasse voraus und war bereit, im Kampf um den Sozialismus »den gewaltigste[n] Bürgerkrieg« auszufechten, »den die Weltgeschichte gesehen« habe.[179]

176 Lenin, Staat und Revolution, S. 425 (Hervorhebungen teilweise getilgt).

177 W. I. Lenin, Die proletarische Revolution und der Renegat Kautsky. In: LW 28, S. 234.

178 Vgl. Paul Levi, Demokratie – Diktatur. In: Ders., Ohne einen Tropfen Lakaienblut. Schriften, Reden, Briefe. Hrsg. von Jörn Schütrumpf, Berlin 2016, Bd. II/1, S. 295 f.

179 Rosa Luxemburg, Was will der Spartakusbund? In: Dies., Gesammelte Werke, Bd.4, Berlin 1979 (abgekürzt: LGW Bd.-Nr.), S. 444 f.

Jedenfalls: Mit der Aufhebung der Klassenunterschiede und der daran gekoppelten Interessenunterschiede sollte der – die Diktatur des Proletariats ablösende – kommunistische Zukunftsstaat seinen Herrschaftscharakter verlieren. Bei einem solchen Staat handelte es sich – so die Vorstellung – nicht mehr um einen Staat im eigentlichen Sinne des Wortes. »Die politische Gewalt im eigentlichen Sinne« ist nämlich – so hieß es bereits im *Kommunistischen Manifest* – »die organisierte Gewalt einer Klasse zur Unterdrückung einer andern«.[180] Demzufolge verliert die öffentliche Gewalt mit dem Verschwinden der Klassenunterschiede ihren politischen Charakter[181] – ohne deshalb aufzuhören eine Gewalt zu sein, eine Institution, die Macht ausübt.

Uns begegnet hier die für die Marxsche Begrifflichkeit charakteristische politische und sozialökonomische Formbestimmtheit der Kategorien. Der Staat ist nicht »Staat«, weil er in bestimmter Weise tätig ist, bestimmte Funktionen erfüllt, sondern weil er diese Tätigkeiten in einem spezifischen politischen beziehungsweise sozialökonomischen Kontext ausübt – dem einer Klassengesellschaft –, weil er Herrschaft ausübt.

Engels und später auch Lenin gaben diesem Sachverhalt mit ihrer irreführenden Formel vom »Absterben des Staates«[182] Ausdruck. Engels sprach zudem von der »allmähliche[n]

180 Marx/Engels, Manifest der Kommunistischen Partei, S. 482.

181 Vgl. auch Karl Marx, [Konspekt von Bakunins Buch »Staatlichkeit und Anarchie«]. In: MEW 18, S. 635.

182 Vgl. Engels, Herrn Eugen Dührings Umwälzung der Wissenschaft, S. 262. – Marx und Engels hatten in einer früheren Phase ihres Schaffens auch die später abgelehnte Formel von der »Abschaffung des Staats« benutzt – ein »notwendiges Resultat der Abschaffung der Klassen, mit denen von selbst das Bedürfnis der organisierten Macht einer Klasse zur Niederhaltung der andern wegfällt« (Karl Marx/Friedrich Engels, Rezensionen aus der »Neuen Rheinischen Zeitung. Politisch-ökonomische Revue«. Viertes Heft, April 1850. In: MEW 7, S. 288).

Auflösung der mit dem Namen *Staat* bezeichneten politischen Organisation«, deren Hauptzweck es von jeher gewesen sei, »die Sicherstellung, durch bewaffnete Gewalt, der ökonomischen Unterdrückung der arbeitenden Mehrzahl durch die ausschließlich begüterte Minderzahl«.[183] Nach Leninscher – meines Erachtens zutreffender – Auslegung hat Engels zwischen der Aufhebung des Staates der Bourgeoisie durch die proletarische Revolution, die mit der »Ablösung der einen (bürgerlichen) ‚besondren Gewalt' durch eine andere (proletarische) ‚besondre Gewalt'«[184] verbunden ist, und dem Absterben der »Überreste des *proletarischen* Staatswesens *nach* der sozialistischen Revolution«[185] unterschieden. Bei diesen Überresten des »Staates« nach der sozialistischen Revolution handelt es sich aber nach Lenin um »die vollkommenste Demokratie«, sodass bei Engels, wenn er vom Absterben des Staates spricht, de facto vom Absterben der Demokratie die Rede sei.[186]

Als »Endziel« definierte Lenin »die Abschaffung des Staates, d. h. jeder organisierten und systematischen Gewalt«; der Sozialismus werde in den Kommunismus hinüberwachsen und »damit jede Notwendigkeit der Gewaltanwendung gegen Menschen überhaupt [...] verschwinden«, »denn die Menschen werden sich daran *gewöhnen*, die elementaren Regeln des gesellschaftlichen Zusammenlebens *ohne Gewalt* und *ohne Unterordnung* einzuhalten«.[187]

Stalin hat später die Konsequenz gezogen, dass »mit dem Verschwinden der Klassen, mit dem Absterben der Diktatur des Proletariats auch die Partei absterben« müsse,

183 Friedrich Engels, Zum Tode von Karl Marx. In: MEW 19, S. 344.

184 Lenin, Staat und Revolution, S. 409.

185 Ebd.

186 Ebd.

187 Ebd., S. 469 f.

die »ein Instrument der Diktatur des Proletariats« sei.[188] Diese Schlussfolgerung ist ohne Weiteres nachvollziehbar, wenn man zum einen bedenkt, dass nach marxistischer Überzeugung jeder, also auch der proletarische Staat ein Instrument der jeweils herrschenden Klasse ist, und man sich zum anderen klarmacht, dass wiederum die Partei des Proletariats nichts ist als der Repräsentant der herrschenden Klasse, eben des Proletariats. Als dieser Repräsentant steht die Partei einerseits über dem Staat, denn dieser ist ein Werkzeug in den Händen der herrschenden Klasse und ihrer Partei, andererseits hebt sie sich selbst auf, insoweit die von ihr verwirklichte Diktatur des Proletariats zur Aufhebung aller Klassen führt.[189]

Es gilt somit festzuhalten: Der bürgerliche Staat samt seiner politischen Institutionen war für Marx und Engels »nur ein Ausschuß, der die gemeinschaftlichen Geschäfte der ganzen Bourgeoisieklasse verwaltet«[190]. In der bürgerlichen Demokratie sahen sie eine Form der Ausübung der *sozialen* Diktatur der Bourgeoisie, und in diesem Sinne konnte Marx 1850 dem französischen Bauer zurufen, die »konstitutionelle Republik« sei »die Diktatur seiner vereinigten Exploiteurs«[191], nämlich der Kapitalistenklasse. Legt man dieses Verständnis zugrunde, müssen die Institutionen des bürgerlichen Staates – und zwar bereits in der Phase der Diktatur des Proletariats – als substituierbar erscheinen.

188 J. W. Stalin, Über die Grundlagen des Leninismus. In: Ders., Werke, Bd. 6, Berlin 1952, S. 160.

189 Vgl. auch Klaus Westen, Die Kommunistische Partei der Sowjetunion und der Sowjetstaat. Eine verfassungsrechtliche Untersuchung, Köln 1968, S. 41, sowie ders., Zur Entwicklung der sowjetischen Staatstheorie, Köln 1968.

190 Marx/Engels, Manifest der Kommunistischen Partei, S. 464.

191 Marx, Die Klassenkämpfe in Frankreich 1848 bis 1850, S. 84.

Unter diesem einseitigen Blickwinkel der marxistischen Staatstheorie konnten demokratische Verfahren und rechtsstaatliche Institutionen nicht als systemunspezifische Instrumente der gewaltfreien Konfliktregulierung und der Begrenzung der Staatsmacht, sondern nur als Herrschaftsinstrumente wahrgenommen werden, die mit der Aufhebung des Privateigentums und dem Wegfall der klassenbedingten Interessenunterschiede innerhalb der Gesellschaft ihre Funktion verlieren. Entsprechende Konsequenzen legte Marx tatsächlich in seiner »Kommuneschrift« von 1871 nahe, in der er die Aufhebung des Gewaltenteilungsprinzips durch die Pariser Kommune und ihr Prinzip, »nicht eine parlamentarische, sondern eine arbeitende Körperschaft« zu sein, »vollziehend und gesetzgebend zu gleicher Zeit«[192], begrüßte. Die Kommune sei »die Rücknahme der Staatsgewalt durch die Gesellschaft als ihre eigne lebendige Macht, [...] die Rücknahme der Staatsgewalt durch die Volksmassen selbst, [...] die politische Form ihrer sozialen Emanzipation«[193]. Marx stellte sich ein Rätesystem auf den verschiedenen Ebenen der Verwaltung vor; eine politische »Selbstregierung der Produzenten«[194] vom kleinsten Dorf bis auf die Ebene der Nationalversammlung. In einem mehrstufigen System von Verwaltungseinheiten regeln die Abgeordneten die auf der jeweiligen Ebene angesiedelten gemeinsamen Angelegenheiten, sodass auf der Ebene der Zentralregierung gleichwohl wichtige, aber nur noch wenige Funktionen übrigbleiben. Diese werden streng verantwortlichen Beamten übertragen. In einem Brief aus dem Jahre 1881 hieß es zwar, die Kommune sei »bloß Er-

192 Marx, Der Bürgerkrieg in Frankreich, S. 339.

193 Karl Marx, [Erster Entwurf zum »Bürgerkrieg in Frankreich«]. In: MEW 17, S. 543.

194 Marx, Der Bürgerkrieg in Frankreich, S. 339.

hebung einer Stadt unter ausnahmsweisen Bedingungen«[195] gewesen, womit die Bedeutung der Lehren, die aus diesem Ereignis zu ziehen seien, offenbar einschränkend bewertet wurde. Gleichzeitig jedoch stehen diese staatstheoretischen Lehren durchaus in Übereinstimmung mit Vorstellungen, die bereits in der *Deutschen Ideologie* entwickelt worden waren. In Illustration der Annahme, die jeweils herrschenden Gedanken (Theorien) seien »weiter Nichts als der ideelle Ausdruck der herrschenden materiellen Verhältnisse«, wurde »die Doktrin von der Teilung der Gewalten« als Reflex einer geteilten Herrschaft – eines Zustands, in dem »königliche Macht, Aristokratie und Bourgeoisie sich um die Herrschaft streiten« – gedeutet.[196] Und auch Engels hatte sich schon lange vor dem Pariser Aufstand über das Prinzip der Gewaltenteilung abfällig geäußert:

> »Die Teilung der Gewalten, die Herr Kühlwetter und andre große Staatsphilosophen als ein heiliges und unverletzliches Prinzip mit der tiefsten Ehrfurcht betrachten, ist im Grunde nichts anders als die profane industrielle Teilung der Arbeit, zur Vereinfachung und Kontrolle angewandt auf den Staatsmechanismus.«[197]

Marx teilte sowohl den Gedanken, dass die Organe der zentralisierten Staatsmacht »nach dem Plan einer systematischen und hierarchischen Teilung der Arbeit [geschaffen]« wurden[198], als auch Engels' ablehnende Haltung gegenüber dem Prinzip der Gewaltenteilung. Dementsprechend war für ihn die Trennung der Gewalten »Verfassungsunsinn«; nicht die

195 Marx an Ferdinand Domela Nieuwenhuis, 22. Februar 1881. In: MEW 35, S. 160.

196 Marx/Engels, Die deutsche Ideologie, S. 46.

197 Marx/Engels, Artikel aus der »Neuen Rheinischen Zeitung«, S. 194.

198 Marx, Der Bürgerkrieg in Frankreich, S. 336.

Trennung, sondern die »*Einheit* der Gewalten« sei die »Voraussetzung für eine ›freie Regierung‹«.[199]

Mit diesen Vorstellungen hatten Marx und Engels die Grundidee eines die Grundrechte garantierenden Verfassungsstaates und damit eine der zentralen geistigen Errungenschaften der bürgerlichen Aufklärung beerdigt. Beginnend mit der *Erklärung der Rechte* von Virginia 1776 sowie der *Erklärung der Menschen- und Bürgerrechte* von 1789[200] gilt der Schutz des Bürgers vor illegitimen Zugriffen durch den Staat als das entscheidende Anliegen jeder freiheitlichen Verfassung. Während die menschliche Freiheitsentfaltung keiner Rechtfertigung bedarf und die Freiheit des Einzelnen zunächst nur durch die gleiche Freiheit aller anderen Einzelnen begrenzt ist, sind Eingriffe des Staates in die Freiheitssphäre seiner Staatsbürger grundsätzlich rechtfertigungsbedürftig. Die Gewaltenteilung, die Trennung der verschiedenen Zweige der staatlichen Gewalten (Gesetzgebung, Regierung, Rechtspflege), ist jenes institutionelle Prinzip, das der gegenseitigen Kontrolle und Hemmung der Gewalten dienen und einen Missbrauch der prinzipiell begrenzten Machtbefugnis des Staates verhindern soll.[201]

In eklatanter Verkennung der Komplexität der sich dem Staat einer modernen Gesellschaft stellenden Aufgaben erklärte Marx, die »Regierungsmaschinerie« könne »gar nicht einfach genug sein«; es sei »immer die Kunst der Spitzbuben, sie kompliziert und geheimnisvoll

199 Karl Marx, Die Konstitution der Französischen Republik, angenommen am 4. November 1848. In: MEW 7, S. 498.

200 Vgl. Eike Wolgast, Geschichte der Menschen- und Bürgerrechte. Stuttgart 2009, S. 39 f., 53 ff.

201 Vgl. Carl Schmitt, Verfassungslehre, Berlin 92003, S. 126 f.

zu machen«.[202] Ebenso übersah er die Notwendigkeit, Regeln zu fixieren, nach denen Interessenkonflikte und Pflichtenkollisionen aufzulösen sind. Dem verfassungstechnisch wohl kaum vermeidbaren Umstand, dass die in der Verfassung verbürgten Rechte durch Gesetze eingeschränkt werden können, brachte er keinerlei Verständnis entgegen. Es mag ja sein, dass durch die Ausgestaltung der »Details« die »schamlose Tyrannei wieder zum Gesetz erhoben« werden kann[203], doch ist dies nicht dadurch zu vermeiden, dass man sämtliche Rechte jeder Abwägungsmöglichkeit entzieht. Jedenfalls: Die Marx/Engelsschen Auffassungen über die bürgerliche Demokratie entfalteten eine nachhaltige Wirkung. Noch im staatstheoretischen Denken von DDR-Juristen galt es als ausgemacht, dass die Beseitigung des bürgerlichen Parlamentarismus mit der Aufhebung der Trennung der gesetzgebenden von der vollziehenden Gewalt verbunden zu sein hat.[204]

Zu Marxens staatstheoretischem Illusionismus gehörte des Weiteren seine Präferierung einer Art imperativen Mandats, verbunden mit der jederzeitigen Absetzbarkeit der Abgeordneten.[205] Statt, wie in der parlamentarischen Republik, »einmal in drei oder sechs Jahren zu entscheiden, welches Mitglied der herrschenden Klasse das Volk im Parlament ver- und zertreten soll«, sollte das Volk einen unmittelbaren Einfluss auf die Bestellung und Kontrolle der »verantwortlichen Diener der Gesellschaft« erhal-

202 Marx, Die Konstitution der Französischen Republik, angenommen am 4. November 1848, S. 498.

203 Ebd., S. 504.

204 Ein Beispiel hierfür bietet Hermann Klenner, Gesetzgebung und Gesetzlichkeit (1956). In: Staat und Recht, 39 (1990) 5, S. 372–381, hier S. 376.

205 Vgl. Marx, Der Bürgerkrieg in Frankreich, S. 340.

ten.[206] Obwohl diese Verfahren durchaus zur Abwehr von Machtmissbrauch gedacht waren,[207] unterliegt ihre Effizienz erheblichen Bedenken. Die Bindung der Abgeordneten an Instruktionen ihrer Wähler sowie ihre Abberufung setzt einen einheitlichen Wählerwillen voraus. Da eine solche Einheitlichkeit realistischerweise nicht unterstellt werden kann, ist vielmehr mit »permanenten und undurchsichtigen Machtkämpfen«[208] zu rechnen. Rosa Luxemburg und die Kommunistische Partei Deutschlands jedoch hatten sich diese Forderung zu eigen gemacht.[209]

Hinzu kommt, dass Marx den proletarischen Charakter der Kommune offenbar überschätzt hatte.[210] Ungeachtet aller Bedenken wurden die Marxschen Ausführungen in der marxistisch-leninistischen Literatur der Länder des Realsozialismus ernstgenommen. Wie ein bekannter Staatstheoretiker ausführte, sind die theoretischen Verallgemeinerungen der Pariser Kommune als Marx' »Entwurf der künftigen politischen Ordnung« und als »Gegenentwurf zur bürgerlichen Demokratie« zu verstehen. Die Probe der Verwirklichung dieses Entwurfs sei 1917 gekommen, als die Arbeiterklasse zum zweiten Mal den Kampf um die Macht aufnahm.[211] Diese Einschätzung war keineswegs exorbitant, sondern konnte sich auf Engels berufen. Dieser hatte noch 1891 in der Einleitung zur Neuausgabe von Marx' »Bürgerkrieg in Frankreich« geschrieben:

206 Ebd.

207 Vgl. Friedrich Engels, [Einleitung zu Karl Marx' »Bürgerkrieg in Frankreich« (Ausgabe 1891)]. In: MEW 22, S. 197.

208 Euchner, Die Degradierung der politischen Institutionen im Marxismus, S. 495.

209 Vgl. Luxemburg, Was will der Spartakusbund? In: LGW 4, S. 446.

210 Vgl. Nikolaus Lobkowicz, Marxismus und Machtergreifung. Der kommunistische Weg zur Herrschaft, Zürich/Osnabrück 1978, S. 23.

211 Uwe-Jens Heuer, Marxismus und Demokratie, Berlin 1989, S. 83 f.

> »Der deutsche Philister ist neuerdings wieder in heilsamen Schrecken geraten bei dem Wort: Diktatur des Proletariats. Nun gut, ihr Herren, wollt ihr wissen, wie diese Diktatur aussieht? Seht euch die Pariser Kommune an. Das war die Diktatur des Proletariats.«[212]

Es ist übrigens interessant, dass einer der schärfsten Kritiker des (einst) realen Sozialismus, Rudolf Bahro, zumindest teilweise an diesen staatstheoretischen Vorstellungen festhielt und die Ideologen des Realsozialismus dafür kritisierte, dass sie »privat meist nur ein ironisches Lächeln für solche ›Illusionen‹ wie die von einer Aufhebung der Arbeitsteilung, von einem Ende der Herrschaftsverhältnisse und des Staats«[213] übrig hätten. Bahro hatte gegenüber den Parteiideologen insoweit Recht, als die Kommune, auf die man sich in der Theorie berief, in der Tat keine Parteidiktatur war; er teilte aber die Illusion von Marx hinsichtlich der Möglichkeit direkter Demokratie.

Wie missverständlich und ausdeutbar die Parole vom Absterben des Staates auch sein mag – dass eine Gesellschaft, die ihren Reproduktionsprozess als Ganzen planen will, zumindest einer Verwaltung bedarf und schon deshalb besagte Formel nicht im Sinne einer Auflösung sämtlicher Funktionen, die üblicherweise als »staatliche« bezeichnet werden, zu verstehen ist, dürfte unstrittig sein. Marx sprach ganz ungeniert von »dem zukünftigen Staatswesen der kommunistischen Gesellschaft«[214] und Engels erläuterte die Auffassung, dass die Aufhebung der Klassenherrschaft »eine besondre Repressionsgewalt, einen Staat« unnötig

212 Engels, [Einleitung zu Karl Marx' »Bürgerkrieg in Frankreich« (Ausgabe 1891)], S. 199.

213 Rudolf Bahro, Die Alternative. Zur Kritik des real existierenden Sozialismus, Köln/Frankfurt am Main 1977, S. 35.

214 Marx, Kritik des Gothaer Programms, S. 28.

macht, durch den Zusatz: »An die Stelle der Regierung über Personen tritt die Verwaltung von Sachen und die Leitung von Produktionsprozessen.«[215]

Aber ist dies auch realistisch? Da jede Verwaltung und Leitung Regeln bedarf und die Einhaltung von Regeln notfalls mit Zwang durchgesetzt werden muss (es sei denn, man glaubt an Lenins »Gewöhnungsthese«), wird auch der solidarische Zukunftsstaat eine Zwangsordnung verkörpern – jedoch eine Zwangsordnung, so nahm man an, die wegen der unterstellten Kongruenz der Lebensinteressen nicht mehr im Sonderinteresse einer Klasse der Gesellschaft ausgeübt wird: Es verändert sich der *soziale Charakter* des Zwangs.[216] Was sich im Verhältnis von Staat und Gesellschaft ändert, sind mithin die Über- und Unterordnungsverhältnisse; entscheidend ist die Frage, in wessen Interesse Gesetze fixiert werden und deren Einhaltung erzwungen wird.

Zwang als Unterordnung unter Regeln wird aber nicht nur auf der Ebene der Gesellschaft notwendig bleiben. Er wird ebenso in der Wirtschaft unvermeidlich sein, weil die zukünftige Gesellschaft ihre ökonomischen Grundlagen von der bürgerlichen Gesellschaft übernimmt. Deren Tendenz aber ist es, »die isolierte Tätigkeit mehr und mehr durch die kombinierte Tätigkeit«, kleine Werkstätten isolierter Produzenten durch große Fabriken, »in denen Hunderte von Arbeitern komplizierte, mit Dampf angetriebene Maschinen überwa-

215 Engels, Herrn Eugen Dührings Umwälzung der Wissenschaft, S. 262. – Diese Formel griff später auch Bucharin auf (vgl. N[ikolai] Bucharin, Theorie des historischen Materialismus. Gemeinverständliches Lehrbuch der marxistischen Soziologie, Hamburg 1922, S. 364). Die ursprüngliche Formulierung findet sich jedoch bei Claude-Henri de Saint-Simon (vgl. Gareth Stedman Jones, Das kommunistische Manifest von Karl Marx und Friedrich Engels. Einführung, Text, Kommentar, München 2012, S. 141, 215 f.).

216 Zur gesamten Problematik vgl. Adler, Die Staatsauffassung des Marxismus, bes. S. 205–209, 274 f.

chen«, zu ersetzen.[217] Die moderne Großindustrie erzwingt somit Organisation, und Organisation erzwingt, wie Engels 1872 gegen verbreitete Flausen in der Arbeiterbewegung anschrieb, Autorität, Disziplin und Unterordnung.[218]

Die Diktatur des Proletariats war zwar als zeitlich befristet konzipiert worden, alles in allem war jedoch ihre zeitliche Befristung und der Übergang zu einem kommunistischen Zukunftsstaat, der eine Herrschaft über Personen ausschließen sollte, von höchst unwahrscheinlichen Voraussetzungen abhängig. Stellt sich die in Aussicht gestellte Interessenidentität innerhalb des Volkes sowie zwischen Führung und Volk nicht ein, besteht die Gefahr, die für die Phase der Diktatur des Proletariats charakteristischen, lediglich zur Sicherung der Revolution sowie zur Rückgabe der Staatsmacht an die Gesellschaft gedachten Einrichtungen und Maßnahmen zu perpetuieren.[219] Unter Berücksichtigung des sowohl für Marx als auch für Engels typischen illusionären Wunschdenkens, welches mit einer Missachtung empirischen anthropologischen Wissens verbunden zu sein pflegte, kann durchaus davon gesprochen werden, dass die in den realsozialistischen Ländern Praxis gewordenen Parteidiktaturen zwar nicht gewollt, aber von vornherein in der marxistischen Theorie als eine nicht unwahrscheinliche Möglichkeit angelegt waren.

Versucht man – um simplifizierende Deutungen zu vermeiden – der These von der sich in der kommunistischen Zukunftsgesellschaft einstellenden Identität von indivi-

217 Friedrich Engels, Von der Autorität. In: MEW 18, S. 305.

218 Vgl. ebd., S. 305–308.

219 Ähnlich Klaus Hornung, Das Konzept der »wahren Demokratie« bei Karl Marx und seine Verwirklichung als monopolistische Parteidiktatur im realen Sozialismus. In: Lothar Bossle/Gerard Radnitzky (Hrsg.), Selbstgefährdung der offenen Gesellschaft, Würzburg 1982, S. 127–140, S. 133.

duellen und gesellschaftlichen Interessen eine sinnvolle, das heißt mit anthropologischen Erfahrungen kompatible Interpretation zu geben, so kann freilich nicht angenommen werden, es würden in der Bevölkerung sämtliche Meinungsunterschiede über Fragen der Politik verschwinden oder es würde keinerlei Auseinandersetzungen über Organisationsfragen des gemeinschaftlichen Zusammenlebens mehr geben. Die These der Interessenidentität wurde vielmehr gespeist aus der Vorstellung, in einer nicht mehr durch Klassen gespaltenen Gesellschaft existiere ein Gemeinwille, der mit dem Willen jedes Einzelnen *prinzipiell* übereinstimmt, sodass Meinungsunterschiede in Fragen der Staatstätigkeit nicht aus Unterschieden zwischen den grundlegenden Lebensinteressen herrühren, sondern lediglich die Art und Weise der Verwirklichung der übereinstimmenden Lebensinteressen betreffen. In einer solchen Gesellschaft wird es nur noch um Fragen der praktischen Klugheit gehen. Die sozialökonomische Konstellation, in der Gewinn für den Einen Schaden für den Anderen bedeutet, ist überwunden; an die Stelle des Kampfes um Durchsetzung antagonistischer Interessen ist der solidarische Streit um die beste Lösung für alle getreten. Die Menschen werden sich über die Zweckmäßigkeit, Angemessenheit oder Dringlichkeit von Entscheidungen streiten; aber auch diejenigen, die in einem Streit die Minderheitenposition behauptet haben, können sich durch die Entscheidung der Mehrheit in ihren grundlegenden Lebensinteressen vertreten fühlen.

Angenommen nun, wir akzeptierten diese oder eine ähnliche Interpretation: Wieso sollten in einer derartigen Gesellschaft, in der unterschiedliche Meinungen über öffentliche Angelegenheiten, über Weltanschauungsfragen etc. artikuliert und diskutiert werden wollen, in der über Alternativen nachgedacht und nach den besten Entscheidungen gesucht werden muss, in der Minderheitenpositionen zur Geltung kommen und Minderheiten geschützt werden müssen, Menschen- und Bürgerrechte entbehrlich sein? Wieso sollten institutionelle Absicherungen für Handlungsweisen und Verfahren, die sowohl für die Einzelnen, als auch für die Durchsetzung des Gemeinwillens bedeutungsvoll sind, überflüssig werden? Welche Überlegungen oder Erfahrungen berechtigen dazu, die Lösung der in einer solchen Gesellschaft auftretenden Probleme beziehungsweise die Austragung von Konflikten einer spontanen Selbstregulierung durch die »assoziierten Produzenten« anzuvertrauen? Diese Überlegungen können verdeutlichen, wie Marx aus rein begrifflichen Erwägungen auf höchstem Abstraktionsniveau – bei einem methodisch unausgewiesenen Wechsel der Abstraktionsebenen – praxisrelevante Schlussfolgerungen gezogen oder nahegelegt hat, die mit unserem Wissen über die menschliche Natur und die Problematik des Zusammenlebens von Menschen unverträglich sind.

Aber wie realistisch ist eigentlich die Annahme einer prinzipiellen Identität in den grundlegenden Lebensorientierungen der Menschen? Selbst dann, wenn wir gedanklich den Standpunkt einer klassenlosen, sozial homogenen Gesellschaft einnehmen, in der Menschen in freier Selbstbestimmung ihr Leben planen und gestalten, ist die Erwartung, menschliche Individuen müssten in ihrem Streben, ihren Wertvorstellungen, ihren Lebenszielen übereinstimmen, keineswegs zwingend, ja noch nicht einmal plausibel. Deshalb ist auch jede Vorstellung, dass sich die in einer Gesellschaft vertretenen Werte, Ideale, Ziele mehr oder weniger konfliktfrei harmonisieren ließen – sofern es sich nur um *rationale* Lebenseinstellungen handelt –, durchaus problematisch. Als praktisch denkender Revolutionär, Sozialreformer oder Politiker tut man daher gut daran, mit Wertkollisionen und Zielkonflikten sowohl im privaten Verkehr als auch im Verhältnis Individuum und Gesellschaft zu rechnen. Der Glaube jedenfalls, Konflikte dieser Art, unvereinbare Lebenszwecksetzungen, unaufhebbare Divergenzen im Gebrauch der Freiheit seien ausschließlich auf Irrationalitäten, auf Restbestände eines falschen Bewusstseins oder auf soziale Pathologien zurückzuführen und daher prinzipiell überwindbar, führt in die Irre. Ja gerade dieser Glaube ist der geistige Nährboden, aus dem Diktatoren ihre Rechtfertigungen für Zwangsmaßnahmen und Gewaltanwendungen beziehen, die sie mit dem Ziel in die Welt setzen, Menschen in angeblicher Übereinstimmung mit ihren objektiven Interessen zu ihrem Glück zu zwingen.[220]

Tatsächlich zog, wie es Paul Levi 1927 formulierte, erst mit der Ausübung der Diktatur des Proletariats der Terror »in das bolschewistische Arsenal« ein.[221] Zum einen aber – um diesen, das Selbstverständnis der Revolutionäre charakterisierenden, Punkt zu wiederholen – war die Diktatur des Proletariats ohnehin als ein System der Unterdrückung der vormals herrschenden Klasse konzipiert. Und zum anderen musste von vornherein damit gerechnet werden, dass die Revolution auf Widerstand stößt und möglicherweise nur dann fortgesetzt werden kann, wenn dieser gewaltsam gebrochen wird. Ist nicht angesichts der Vorhersehbarkeit dieser Möglichkeit die Behauptung Levis in Zweifel zu ziehen, der »Terror an und für sich« habe »nicht zu dem

220 Eine Analyse dieses Denkens findet sich auch bei Isaiah Berlin, Zwei Freiheitsbegriffe. In: Deutsche Zeitschrift für Philosophie, 41 (1993) 4, S. 741–775, S. 741–775.

221 Paul Levi, Der Terror in Rußland. In: Ders., Ohne einen Tropfen Lakaienblut. Schriften, Reden, Briefe. Band II/2, S. 1105–1107, hier S. 1105.

Grundbestand der bolschewistischen Lehre« gehört[222]? Mussten die Bolschewiki – jedenfalls rationalerweise – nicht von vornherein bereit sein, notfalls auch die Karte der abschreckenden Gewaltanwendung, des Terrors, zu ziehen – gegen Feinde, gegen die eigene Bevölkerung und gegen abtrünnige und uneinsichtige Genossen?

In der Tat, wer die Revolution in Szene setzt, muss mit Widerstand und praktischen Umsetzungsproblemen und letztlich damit rechnen, vor der Alternative zu stehen, die Revolution scheitern zu lassen oder inhumane Mittel einsetzen zu müssen. Der, wenigstens in dieser Frage, realistische Lenin hatte dies gesehen und zögerte nicht, sich zur Verteidigung der Revolution auch des Zwangs und der Diktatur zu bedienen. Schon im April 1918 hatte er verkündet:

> »Es wäre jedoch die größte Dummheit und der unsinnigste Utopismus, wollte man annehmen, daß der Übergang vom Kapitalismus zum Sozialismus ohne Zwang und ohne Diktatur möglich sei.«[223]

Aber auch Engels hatte nicht ausgeschlossen, dass »der Blanquismus – die Phantasie, eine ganze Gesellschaft durch die Aktion einer kleinen Verschwörergruppe umzuwälzen – eine gewisse Daseinsberechtigung«[224] haben könnte. Und für Rosa Luxemburg stand es außer Frage, dass die Gewalt der zu erwartenden »bürgerlichen Gegenrevolution« durch die »revolutionäre Gewalt des Proletariats« mit »rücksichtsloser Energie« gebrochen werden und die proletarische Revolution »für diesen Bürgerkrieg das nötige Rüstzeug bereiten« muss. Die »Aus-

222 Ebd.

223 W. I. Lenin, Die nächsten Aufgaben der Sowjetmacht. In: LW 27, S. 254.

224 Engels an Vera Sassulitsch, 23. 4. 1885. In: MEW 36, S. 304.

rüstung« dafür sei die »Diktatur des Proletariats«; sie sei »die wahre Demokratie«.[225] Die parlamentarische Demokratie hingegen, wie sie im Ergebnis der Novemberrevolution 1918 unter Führung der «Mehrheitssozialisten«, der SPD, in Deutschland etabliert wurde, war für Luxemburg »Volksbetrug«:

> »Nicht wo der Lohnsklave neben dem Kapitalisten, der Landproletarier neben dem Junker in verlogener Gleichheit sitzen, um über ihre Lebensfragen parlamentarisch zu debattieren, dort, wo die millionenköpfige Proletariermasse die ganze Staatsgewalt mit ihrer schwieligen Faust ergreift, um sie wie der Gott Thor seinen Hammer den herrschenden Klassen aufs Haupt zu schmettern, dort allein ist die Demokratie, die kein Volksbetrug ist.«[226]

Das von Marx und Engels hoffähig gemachte Reden von vergesellschafteten Menschen, die ihren Lebensprozess unter gemeinschaftliche Kontrolle bringen, war zumindest missverständlich. Es konnte die Vorstellung von einer Gesellschaft wecken, in der sämtliche Fragen des Zusammenlebens in gegenseitigem Einvernehmen und in solidarischem Miteinander unmittelbar vor Ort entschieden werden. Ich glaube, man geht nicht zu weit, wenn man sagt, Marx – der für seine Ideen begeistern wollte sowie für ihre Akzeptanz und praktische Durchsetzung kämpfte – habe damit begünstigende Bedingungen gesetzt für politische Fehlleistungen späterer Adepten. Wenn beispielsweise Stalin innere Widersprüche immer wieder nur als Ausdruck äußerer Widersprüche deutete und damit innere Gegner stets zu Agenten des äußeren Feindes machte,[227] war dies eine Denk- und Vorgehensweise, die als »unmarxistisch« zu bezeich-

225 Luxemburg, Was will der Spartakusbund?, S. 444 f.

226 Ebd., S. 445.

227 Vgl. Uwe-Jens Heuer, Zur Geschichte der marxistischen Demokratietheorie. In: UTOPIE kreativ, Heft 59/September 1995, S. 29–40, hier S. 37.

nen nicht plausibel ist. Viele der unexplizierten Einlassungen von Marx über die neuartige Zukunftsgesellschaft suggerierten, Konsens unter Menschen herzustellen sei etwas Leichtes, etwas selbstverständlich Gelingendes; viele seiner Formeln fungierten in der politischen Auseinandersetzung, aber wohl auch im Unterbewusstsein mancher Sozialrevolutionäre als herzerwärmende Phrasen, die jedenfalls nicht für die Tatsache der Konfliktträchtigkeit menschlichen Zusammenlebens sensibilisierten, dafür aber geneigt machten, ohne Realitätssinn in Verhältnisse hineinzutaumeln, die dann staatliche Kontrollen und Repressionen umso mehr zu erzwingen schienen.

Es ist nicht ohne Berechtigung, die Gründe für das praktische Desaster des Realsozialismus auch bei den theoretischen Vorgaben der marxistischen Meisterdenker zu suchen und einen Großteil der Schuld auf diese abzuwälzen. Gleichwohl ist ihren mit Eifer tätig gewordenen Adepten zu sagen: Die theoretischen Vorgaben der Meister waren teils wenig kohärent und teils lückenhaft; sie mussten aus verschiedensten – veröffentlichten und unveröffentlichten, fragmentarischen und unvollendeten oder gar nicht für den Druck vorgesehenen – Werken, die sowohl verschiedenen Schaffensperioden als auch verschiedenen Textsorten (Abhandlungen, Zeitungsartikeln, Vorworten, Rezensionen, Briefen, Interviews, Notizen, Exzerpten, Randglossen, Sitzungsprotokollen, Grabreden) angehörten, rekonstruiert, ja kompiliert werden. Manche Texte wurden zwar von Marx oder Engels, allerdings im Auftrag von Organisationen verfasst, sodass man in der Tat fragen kann, ob tatsächlich alle Aussagen den Autoren zuzuschreiben sind.[228] War es unter diesen Voraussetzungen legitim, sich auf verstreute Äußerungen, auf griffige Formeln und hingeworfene

228 Vgl. Rolf Peter Sieferle, Marx zur Einführung. In: Ders.: Werkausgabe, Bd. 4, Berlin 2019, S. 165.

Bemerkungen der zu »Klassikern« Stilisierten zu stützen und dabei über Widersprüche oder Ungereimtheiten hinwegzugehen? War es klug, ihre Auffassungen, ja geradezu sämtliche Einlassungen wie unkorrigierbare Erkenntnisse, wie feststehende Wahrheiten zu behandeln? Da sich Marx und Engels aus guten Gründen nicht im Stande sahen, Genaueres über die zukünftige Gesellschaft zu vermelden, konnte auch nicht erwartet werden, dass sie die Probleme antizipierten, mit denen die Menschen in der Zukunft konfrontiert sein würden. Durften dann aber, dies bedenkend, ihre Erörterungen so verstanden werden, dass sie bestimmte staatliche Institutionen für generell obsolet erkärten oder exakt zu befolgende Maßnahmen über Art, Umfang und Tempo der Vergesellschaftung der Produktionsmittel vorschlugen? Und falls man doch der Meinung gewesen sein sollte, ihre Aussagen seien so zu verstehen, hätte man sie dann befolgen dürfen?

## *10. Voraussagen*

Die Marxschen Bemühungen, zukünftige Ereignisse und Entwicklungen vorauszusagen, vermitteln den Eindruck eines fortgesetzten Scheiterns.

Zunächst kann die (mit der Oktoberrevolution in Rußland 1917) scheinbar am eindrucksvollsten bestätigte Prognose, nämlich die von einer bevorstehenden sozialistischen Revolution, gerade nicht als Beweis für die Gültigkeit der marxistischen Geschichtstheorie (als einer Theorie, die vollständige – deduktiv-nomologische – Erklärungen für geschichtliche Ereignisse oder Abläufe liefern könnte) gelten.[229] Obwohl als ein solcher

229 Zur wissenschaftstheoretischen Begründung siehe Wolfgang Stegmüller, Probleme und Resultate der Wissenschaftstheorie und Analytischen Philosophie. Band I: Erklärung – Begründung – Kausalität. Zweite, verbesserte und erweiterte Auflage, Berlin/Heidelberg/New York 1983, S. 404 f.

Beweis in der Propaganda der realsozialistischen Länder stets herangezogen, beweist die Tatsache, dass ein Revolutionär (Lenin) die Voraussage eines Theoretikers (Marx) ernst nimmt und das prognostizierte Ereignis in die Welt setzt, nicht die Richtigkeit der Prognose – ganz abgesehen davon, dass sich Marxens Prognose nicht auf Länder des sozialökonomischen und industriellen Entwicklungsniveaus von Rußland am Anfang des 20. Jahrhunderts bezog.[230]

Auf eine Reihe fehlgeschlagener Prognosen, die insbesondere aus relativ vagen theoretischen Konstruktionen deduziert wurden, bin ich bereits eingegangen. Erwähnt sei an dieser Stelle die für das marxistische Fortschrittsdenken zentrale Voraussage, die neue, nachkapitalistische Gesellschaft werde eine Gesellschaft sein, die ihre Entwicklung planmäßig und bewusst steuert. Indem die Menschen »Herren ihrer eignen Vergesellschaftung werden«, werden sie »Herrschaft und Kontrolle« über ihre Lebensbedingungen ausüben und erst mit diesem Schritt, »in gewissem Sinn, endgültig aus dem Tierreich« ausscheiden.[231] Die dieser Voraussage zugrunde liegende Annahme über die der menschlichen Geschichte innewohnende Logik ist für das marxistische Denken insofern von Bedeutung gewesen, als sie zugleich ein Kriterium liefert, an dem sich die historische Fortschrittlichkeit von Gesellschaftsordnungen misst. Gemessen an diesem Kriterium konnten die realsozialistischen Systeme im Verhältnis zu den Systemen des Westens für in bestimmter Hinsicht fortschrittlicher und insoweit auch bewahrenswert gehalten werden.

Darüber hinaus operierten Marx und Engels mit weniger ambitionierten Ad-hoc-Annahmen, orientierten sich an

230 Vgl. allerdings die Revolutionsprognose von Friedrich Engels, Flüchtlingsliteratur. Soziales aus Rußland. In: MEW 18, S. 567.

231 Engels, Herrn Eugen Dührings Umwälzung der Wissenschaft, S. 264.

unmittelbar aus der Beobachtung der sozialen Wirklichkeit abgeleiteten Erwartungen zukünftiger Geschehnisse, formulierten Vorstellungen über die Lebensweise späterer Generationen, in denen sie ihre Hoffnungen und Wünsche verarbeiteten. So zum Beispiel lebten Marx und Engels viele Jahre in Erwartung der bevorstehenden Revolution.[232] Fehlprognosen entmutigten sie dabei zunächst nicht. Nach dem Motto *»Die Revolution ist tot! – Es lebe die Revolution!«*[233] sahen sie den Kapitalismus ihrer Zeit in eine finale Krise steuern, die das revolutionäre Potential der Arbeiterklasse freisetzt.

Zu den für das gesamte Marxsche Denken zentralen Annahmen gehören die über das Wachstum der Arbeiterklasse, ihre Bedeutung in einer kapitalistisch organisierten Ökonomie sowie ihre revolutionäre Rolle im weiteren Zivilisationsprozess. Diese Annahmen waren mit einer Reihe von Voraussagen verbunden, die durch die Geschichte widerlegt wurden. Das Wachstum der Arbeiterklasse ist zum Stillstand gekommen, noch bevor eine auch nur annähernd vollständige »Proletarisierung« der Gesellschaft stattgefunden hat. Insbesondere hat das Proletariat nicht die für ein gemeinschaftliches Handeln notwendige soziale Homogenität erreicht. Darüber hinaus hat sich gezeigt, dass für das Interesse an einem revolutionären Umsturz der Verhältnisse das Merkmal der sozialen Zugehörigkeit zur Arbeiterklasse keineswegs hinreichend ist – mithin die Arbeiterklasse nicht ohne Zusatzannahmen als revolutionäres Subjekt konzipiert werden kann. Inwieweit überhaupt eine erfolgreiche Emanzipationsbewegung des Proletariats an die Aufhebung

232 Siehe zum Beispiel Friedrich Engels, Die Lage der arbeitenden Klasse in England. In: MEW 2, S. 252, oder Karl Marx, Die revolutionäre Bewegung. In: MEW 6, S. 148–150.

233 Marx, Die Klassenkämpfe in Frankreich 1848–1850, S. 34.

des Klassengegensatzes sowie der kapitalistischen Produktionsweise notwendigerweise gebunden ist, hätte von den Vordenkern der Revolution problematisiert werden müssen.[234]

Ähnlich unerfindlich bleibt, wie Marx überhaupt eine Gesellschaft des materiellen Überflusses für möglich halten und voraussagen konnte. Zwar hielt Engels bereits auf dem Stand der Produktivkräfte des Jahres 1878 die Möglichkeit für gegeben, »allen Gesellschaftsgliedern eine Existenz zu sichern, die nicht nur materiell vollkommen ausreichend ist und von Tag zu Tag reicher wird, sondern die ihnen auch die vollständige freie Ausbildung und Betätigung ihrer körperlichen und geistigen Anlagen garantiert«[235]. Eine Gesellschaft ohne Knappheiten an materiellen Gütern ist jedoch neben einer staatlich regulierten Produktion, wie im Marxschen Denksystem vorgesehen, an eine weitere Voraussetzung gebunden, nämlich einen bestimmten Typ der Bedürfnisentwicklung. Die Voraussage einer Überflussgesellschaft impliziert die (außerordentlich kühne) Voraussage, dass sich die menschlichen Bedürfnisse zukünftig in eine Richtung entwickeln, in der ihre Befriedigung nur in einem solchen Maße an den Ge- und Verbrauch materiell-gegenständlicher Mittel gekoppelt ist wie sie durch die gesellschaftliche Produktion auch tatsächlich erzeugt werden können. Eine Bedürfnisentwicklung

234 Ähnlich Helmut Fleischer, Der Arbeitersozialismus in seiner Epoche, die nicht die seine geworden ist. In: Jahrbuch für Historische Kommunismusforschung 1999, Berlin 1999, S. 100–124, hier S. 104 f.

235 Engels, Herrn Eugen Dührings Umwälzung der Wissenschaft, S. 263 f. – Mit dieser auf den ersten Blick überraschenden Auffassung stand Engels keineswegs allein. Schon vor Engels hatte John Stuart Mill über Möglichkeit und Nutzen eines stationären wirtschaftlichen Zustandes in den industriell entwickelten Ländern nachgedacht. Siehe John Stuart Mill, Grundsätze der politischen Ökonomie, Band 3. In: Ders., Gesammelte Werke, Bd. 7, Aalen 1968 (= Neudruck der Ausgabe Leipzig 1869), S. 57–63.

dieser Art betrachtete Marx nicht nur als generell möglich, sondern musste hypothetisch annehmen, dass gerade die Proletarier fähig seien, sie hervorzubringen.[236]

Wohl auf der Basis dieser – empirisch unausgewiesenen, später, in den *Grundrissen*, nur unwesentlich modifizierten – Annahme[237] proklamierte Marx für die klassenlose Gesellschaft ein Gerechtigkeitsprinzip, welches die für die bürgerliche Gesellschaft charakteristische Ungleichheit – resultierend aus der Anwendung gleichen Maßstabs auf ungleiche Individuen – überwinden wird.[238] Die moralische Intuition des Kommunismus fordert im Verständnis von Marx ein (egalisierendes) Gerechtigkeitsprinzip, durch welches individuell unterschiedliche Voraussetzungen ausgeglichen werden, sodass die ungleichen Individuen im Resultat gleichgestellt sind. Unter der zusätzlichen Prognose, dass in dieser kommunistischen Zukunftsgesellschaft »die Arbeit nicht nur Mittel zum Leben, sondern selbst das erste Lebensbedürfnis geworden« und »mit der allseitigen Entwicklung der Individuen auch ihre Produktivkräfte gewachsen« sein »und alle Springquellen des genossenschaftlichen Reichtums voller fließen« werden, konnte Marx schließlich die Einführung des kommunistischen Verteilungsprinzips voraussagen: »Jeder nach seinen Fähigkeiten, jedem nach seinen Bedürfnissen!«[239] Auch wenn die Bedingungen, unter denen Marx die Herausbildung der für die Anwendung dieses Verteilungsprinzips notwendigen Bedürfnisarchitektur für möglich hielt, noch nie gegeben waren, so gemahnen doch die Erfahrungen, die in allen sozialistischen Experimenten

236 Vgl. Marx/Engels, Die deutsche Ideologie, S. 67 f.

237 Zur detaillierteren Kritik vgl. André Gorz, Abschied vom Proletariat. Jenseits des Sozialismus, Frankfurt am Main 1981, S. 17–22.

238 Vgl. Marx, Kritik des Gothaer Programms, S. 20 f.

239 Ebd., S. 21.

gesammelt wurden, auch dieser Prognose gegenüber zu elementarer Skepsis.

Obwohl Marx die zivilisatorische, den ökonomischen, politischen und wissenschaftlichen Fortschritt befördernde Rolle des Kapitalismus ausdrücklich hervorhob, hat er doch die Leistungen des Marktmechanismus' ab einem bestimmten Punkt der Entwicklung der Produktivkräfte ausschließlich negativ beurteilt, den Markt selbst jedenfalls in der nachkapitalistischen Gesellschaft für entbehrlich gehalten. Aus dieser Überzeugung speist sich sowohl die Fiktion, die Aufhebung der kapitalistischen Wirtschaftsweise löse ein entfesseltes Produktivkraftwachstums aus, als auch die – in keiner Weise begründete – Annahme, die Ersetzung der Regulierungskompetenz des Marktes biete wenig Schwierigkeiten. Schenkt man dem jungen Engels Glauben, so wird es in der kommunistischen Gesellschaft »ein leichtes sein«, Produktion und Konsumtion zu kennen – »und da die Produktion alsdann nicht mehr in den Händen einzelner Privaterwerber, sondern in den Händen der Gemeinde und ihrer Verwaltung ist, so ist es eine Kleinigkeit, die Produktion nach den Bedürfnissen zu regeln«[240]. Getragen von dieser Art unbegründetem Optimismus gingen spätere sozialistische Gesellschaftsumgestalter ans Werk – und erzielten die sattsam bekannten Ergebnisse.

Es wurde bereits darauf hingewiesen, dass Marx und Engels Zurückhaltung bei konkreten Voraussagen übten. Gleichwohl findet sich zu vielen Dingen, die die sozialistische Zukunftsgesellschaft betreffen, eine Fülle von Bemerkungen. Gerade in Bezug auf die nachkapitalistische Eigentumsordnung kann der Leser, der die Werke der beiden Freunde aufschlägt, Aussagen finden, die verschiedene Vorstellungen bedienen.

240 Friedrich Engels, Zwei Reden in Elberfeld. In: MEW 2, S. 539.

Neben staatssozialistischen Vorstellungen[241] geisterten immer auch romantische Utopien von einer »Aneignung der Produktionsmittel durch die unmittelbaren Produzenten«, von der »Selbstverwaltung frei assoziierter Individuen« oder von der »Gesamtheit der Genossenschaften«, die »die nationale Produktion nach einem gemeinsamen Plan regeln«[242], durch die theoretischen Debatten, die ein ganz anders geartetes Verhältnis der Produzenten zum Eigentum der von ihnen angewendeten Produktionsinstrumente nahelegten – Vorstellungen von einem unmittelbar gesellschaftlichem Eigentum, einem Eigentum, das nicht in den Händen des Staates, sondern eben der »assoziierten Individuen«[243] konzentriert ist, sodass die Verfügungsgewalt über die Anwendung der Produktionsmittel bei den Produzenten selbst liegt, die die ihnen damit gegebene Entscheidungsmacht offenbar gleichberechtigt ausüben.

Dass zwischen beiden Vorstellungen Welten existieren, bedarf kaum der Erwähnung. Festzuhalten bleibt: Mit ihren verstreuten En-passant-Bemerkungen beförderten Marx und Engels eine konfuse Rezeptionsgeschichte, die es heute, nach dem Zusammenbruch des Realsozialismus, textexegetisch nicht gänzlich unsinnig macht, dem sozialistischen Staatseigentum einen »kapitalistischen Charakter«[244] zuzuschreiben – um damit die merkwürdige Hoffnung auf eine Ökonomie, die ohne fixierte Arbeitsteilung, ohne Autorität und Disziplin, ohne Fremdbestimmung und Entfremdung auskommt, aufrechterhalten zu können.

241 Friedrich Engels, Grundsätze des Kommunismus. In: MEW 4, S. 374, oder Marx/Engels, Manifest der Kommunistischen Partei, S. 481.

242 Marx, Der Bürgerkrieg in Frankreich, S. 343.

243 Marx/Engels, Manifest der Kommunistischen Partei, S. 482.

244 So Ulrich Weiss, Marx und der mögliche Sozialismus. In: UTOPIE kreativ, Heft 120/Oktober 2000, S. 958–971, hier S. 959.

Beim Versuch, über den Erfolg Marx/Engelsscher Prognosen zu urteilen, sollte das Phänomen der sogenannten *selfdestroying prophecy* bedacht werden.[245] Es ist nicht auszuschließen, dass gerade die Prognosen über den bevorstehenden Untergang des Kapitalismus diejenigen Kräfte mit auf den Plan gerufen haben, die letztlich für die systemerhaltenden Anpassungsreaktionen sorgten. Ließe sich ein solcher Zusammenhang durch historische Forschung plausibel machen, könnte man das Scheitern zumindest einiger marxistischer Prognosen als Ausdruck ihres »Erfolgs« deuten. Allerdings: Diese Art von Wirksamkeit war weder beabsichtigt noch für möglich gehalten und von den Prognostikern bei der Formulierung ihrer Prognosen auch nicht bedacht worden. Insofern könnte selbst ein Wirksamkeitsnachweis der betreffenden Art nichts daran ändern, dass die Marx/Engelssche Überzeugung von der Unabwendbarkeit der bevorstehenden Revolution durch Reformen – die Überzeugung, »daß die unvermeidliche Folge unserer bestehenden sozialen Verhältnisse unter allen Bedingungen und in allen Fällen eine *soziale Revolution* sein wird«[246] – falsch war.

Auch wenn Marx trotz aller Bemühungen einen Beweis für die Notwendigkeit des systembedingten Zusammenbruchs des Kapitalismus nicht gefunden hat, liegen die Stärken seines Denkens in der Analyse der inneren Dynamik der kapitalistischen Produktionsweise, ihrer Tendenz zur weltweiten Ausbreitung sowie ihrem immanenten Drang, alle Lebensverhältnisse zu kommerzialisieren. Die diesbezüglich zutreffenden Voraussagen[247] ändern jedoch nichts an der Gesamtbilanz seines geschichtsphilosophischen Denkens.

245 Vgl. Jürgen Habermas, Theorie und Praxis. Sozialphilosophische Studien, Frankfurt am Main 1971, S. 451 f.

246 Engels, Zwei Reden in Elberfeld, S. 554 f.

247 Siehe dazu Sieferle, Marx zur Einführung, S. 240 ff.

## VI. DIE SPEZIFISCHE NATUR DER MARXSCHEN GESCHICHTSTHEORIE UND DEREN PRAGMATISCHE IMPLIKATIONEN

Die immanenten Schwierigkeiten der Marxschen Theorie, ihre Vagheit und Lückenhaftigkeit mussten durchaus zur Vorsicht gemahnen. Allein die verbale Radikalität, mit der ihre Schöpfer selbst fragwürdige und intuitiv unplausible Lehren vortrugen, gab zu kritischen Nachfragen Anlass. Jeder Propagandist der Revolution war daher vor die Frage gestellt, ob es zulässig ist, ein opferträchtiges Handeln unter Bezugnahme auf diese Theorie zu rechtfertigen. Diese Frage haben sich viele gar nicht und viele zu spät gestellt. Ich halte den eklatanten Mangel an Skepsis gegenüber den eigenen Überzeugungen und Vorgehensweisen für einen Kardinalfehler der gesamten kommunistischen Bewegung. Dieser Fehler allerdings, so unverzeihlich er gerade bei Intellektuellen auch ist, wurde *begünstigt* durch die spezifische Natur dieser Theorie. Wie ich gezeigt habe, handelt es sich bei Marx um eine spezielle Form utopischen Denkens, dessen Charakteristik – im Selbstverständnis von Marx – folgendermaßen zu beschreiben wäre: Auf der Basis empirischer Untersuchungen der tatsächlich ablaufenden Entwicklungen sowie der gesetzesförmigen Erklärung dieser Entwicklungen wird die zukünftige geschichtliche Entwicklung prognostiziert. Dabei werden zugleich Möglichkeiten aufgezeigt, in den Ablauf der Geschichte zum Zwecke der Leidminimierung einzugreifen.

Hinzuzufügen ist – und darüber war sich Marx offenbar nicht im klaren –, dass seine Konstruktion der Geschichte als eines Entwicklungsprozesses von der klassenlosen und ausbeutungsfreien Urgesellschaft über die ausbeutenden Klassengesellschaften hin zum – wiederum klassenlosen und ausbeutungsfreien – entwickelten Kommunismus eine Annahme involviert, die weder empirisch begründet noch theoretisch abgeleitet ist: die Annahme, auf einem bestimmten Entwicklungsniveau der Produktivkräfte seien die biologisch bedingten Bedürfnisse vollständig befriedigbar, sodass durch weitere Fortschritte in der Produktivkraftentwicklung ein Mehrprodukt erzeugt wird, welches zunächst – nämlich durch arbeitsfreie Aneignung – Ausbeutung ermöglicht und danach, auf einem noch höheren Produktivitätsniveau, Ausbeutung erübrigt – weil nunmehr alle Mitglieder der Gesellschaft bei einem Minimum an Arbeitsaufwand ihre notwendigen Bedürfnisse vollständig befriedigen können.[248]

Im Unterschied zu herkömmlichen Sozialutopien weisen große Teile der Marxschen Theorie einen unverkennbar empirischen und explanativen Charakter auf. Zu den herkömmlichen Sozialutopien konnte man sich unterschiedlich verhalten in Abhängigkeit davon, ob man die angestrebten Ziele teilte oder sie für realisierbar hielt. In Bezug auf die Marxsche Theorie hingegen, die Wissenschaft sein will und in viel höherem Maße auch ist – weshalb viele ihrer Aussa-

248 Cornelius Castoriadis ist zu einer ähnlichen Analyse gelangt (vgl. ders., Gesellschaft als imaginäre Institution, S. 259–261) und wirft zu Recht die Frage auf: »Läßt sich ein solches ›biologisches Minimum‹ überhaupt bestimmen? Ist man jemals – wenn man nicht gerade Fälle unterstellt, die hier nicht von Belang sind – auf menschliche Gesellschaften gestoßen, die sich um nichts als ihre Ernährung gekümmert hätten?« (Ebd., S. 261.)

gen prinzipiell falsifizierbar sind[249] –, stellt sich für diejenigen, die ihre theoretischen Voraussetzungen teilen, nur die Frage, ob man sie für richtig oder falsch hält. Wer sie jedoch für richtig hält (und anderweitige ethische oder wissenschaftstheoretische Überlegungen nicht anstellt[250]), ist auch zum Handeln aufgefordert. Wer nämlich nicht handelt, obwohl er die Einsicht in den geschichtlichen Prozess und die Möglichkeiten, in ihn steuernd einzugreifen, erlangt hat, der verzichtet darauf, Leiden abzukürzen; er verzichtet darauf, das ihm Mögliche zu tun, um im Interesse des menschlichen Fortschritts zu wirken. Wer von der Richtigkeit dieser Theorie überzeugt ist, akzeptiert damit auch, durch Unterlassen schuldig werden zu können. Der Glaube an die Richtigkeit der Marxschen Theorie impliziert also eine moralische Aufforderung. Wer überhaupt für moralische Verpflichtungen sensibel und gleichzeitig davon überzeugt ist, dass eine Humanisierung der sozialen Welt nur durch eine revolutionäre Überwindung der kapitalistischen Produktionsweise möglich sein wird, der konnte Kommunist werden.

Dieser Zusammenhang zwischen Wissenschaft und Moral, zwischen dem Überzeugtsein von einer wissenschaftlichen Theorie und dem moralischen Gefühl, sich engagieren zu müssen, ist bedeutsam für das Verständnis der kommunistischen Ideologie und ihrer Wirksamkeit

249 Ein Falsifikationskriterium (mit Zeitangabe) für die Prognose des möglichen Entstehens einer klassenlosen Gesellschaft hat beispielsweise Ernest Mandel angegeben (vgl. ders., Emanzipation, Wissenschaft und Politik bei Karl Marx. In: Flechtheim [Hrsg.], Marx heute, Hamburg 1983, S. 143).

250 Zum Beispiel die Überlegung, dass uns die Anerkennung eines individuellen Rechts auf Leben zum Verzicht auf utilitaristische Opferkalkulationen zwänge, oder ein Nachdenken darüber, welche Konsequenzen aus dem Umstand zu ziehen sind, dass unsere Theorien fallibel und unsere Abschätzungen über die Zahl der durch das opferträchtige Handeln Geretteten wahrscheinlichkeitsbehaftet sind.

sowie für das Verhalten der von ihr Überzeugten.[251] Zum einen erklärt er die Anziehungskraft des Marxismus sowie die Schwierigkeit, sich geistig und emotional aus der kommunistischen Bewegung zu lösen. Zum anderen erklärt dieser Zusammenhang die Bereitschaft zu Vorgehensweisen, bei denen Opfer billigend in Kauf genommen werden müssen.[252] Gerade weil es um eine Reduzierung der Opfer geht, kann man die Opfer, die der Kampf für die neue Gesellschaft fordert, auch verantworten. Gerade weil die neue Gesellschaft ethisch erstrebenswert ist, ist es moralische Pflicht, das dafür Notwendige zu tun – auch wenn es Böses ist. Es ist die Misslichkeit der Umstände, die den kommunistischen Funktionären das Gesetz des Handelns diktiert und sie damit von persönlicher Verantwortung entlastet. »Nicht ihr spracht ihm sein Urteil, sondern/Die Wirklichkeit« – hieß es lapidar bei Brecht.[253] Der kommunistische Funktionär tut, was zu tun ist, um einer Entwicklung zum Durchbruch zu verhelfen, die als geschichtlicher Fortschritt im Interesse der Menschheit liegt. Dies erfordert Menschen, die bereit sind, auch unangenehme Dinge zu tun, die bereit sind, für die Erreichung guter Ziele auch schlechte Mittel einzusetzen, die bereit sind, im Interesse der anderen sich »die Hände schmutzig zu machen«. Gerade weil er sich auf diese Weise gleichsam selbst moralisch opfert, darf der kommunistische Funktionär sich als der wahrhaft Edle fühlen. Eine Theorie dieser Art liefert also Gründe für eine »Selbstermächtigung« (Hermann Lübbe)

251 Vgl. dazu Lothar Fritze, Täter mit gutem Gewissen. Über menschliches Versagen im diktatorischen Sozialismus, Weimar/Köln 1998, III. Teil.

252 Gegen diese Neigung hatte bereits Arnold Ruge Kritik angemeldet: »Der humane Inhalt muß auch human zum Vorschein kommen.« (Ders., Werke und Briefe, Bd. 10, S. 396.)

253 Bertolt Brecht, Die Maßnahme. In: Ders., Die Lehrstücke, Leipzig 1978, S. 93.

zu opferreichem Handeln und begünstigt zugleich einen eminent gefährlichen Denk- und Verhaltenstypus, der als »Täter mit gutem Gewissen« bezeichnet werden kann.

# VII. SCHLUSS

Die Auseinandersetzung mit dem utopischen Denken von Karl Marx ist angesichts der Katastrophen, die die kommunistische Bewegung produziert hat, unverzichtbar. Ob, inwieweit und in welchem Sinne sich Resultate politischen Handelns auf Theorien zurückführen lassen, denen die politisch Handelnden folgten oder zu folgen meinten, ist eine nicht abweisbare Frage. Jedoch: Zu welchem Ergebnis man dabei auch gelangen mag, die kommunistische Vision sollte nicht kritisiert werden, ohne ihren moralischen Impuls sowie ihren gedanklichen Ausgangspunkt im Auge zu behalten: die Lösung der sozialen Frage, die Befreiung der Menschen von Ausbeutung und Unterdrückung, die Aufhebung von Entfremdung, die Abschaffung des Krieges, eine rationale Steuerung des Zivilisationsprozesses.

## 1. *Fazit*

Beide, sowohl Marx als auch Engels, konnten sich den »Ablauf« der Menschheitsgeschichte nur nach dem an Hegelscher Dialektik orientierten Schema vorstellen, wonach auf die Negation des primitiven Urkommunismus und dem Durchgang durch die Klassengesellschaften eine Negation dieser Negation zu folgen hat, die schließlich den entwickelten Kommunismus hervorbringen wird. Für die Marxsche Theoriebildung war dementsprechend die ihr vorausliegende Überzeugung konstitutiv, die menschliche Geschichte werde nach einer zwar unseligen, aber geschichtlich notwendigen »Periode der Verwirrung, der Entfremdung und der Scheinfreiheit [...], welche ihren Höhepunkt in der Industriellen Revolution oder im ›Kapitalismus‹ fand«[254], in eine qualitativ neuartige, die kommunistische Gesellschaftsformation münden, die nur auf dem Wege der revolutionären Beseitigung der alten Gesellschaft herstellbar ist. Marxens Prognosen von der notwendig werdenden Beseitigung des Privateigentums an Produktionsmitteln und der Aufhebung der gesellschaftlichen Teilung der Arbeit[255], seine Vorstellungen vom Heraufziehen einer klassenlosen Gesellschaft sowie der Überwindung des Gegensatzes von individuellen und gesellschaftlichen Interessen sind nicht wirklich theoretisch abgeleitet, sondern deklariert; es sind vorab feststehende Ergebnisse, auf welche die Theorie zwar hinkonstruiert wurde, die sich aber gleichwohl aus ihr nicht ergeben.

Beide, Marx und Engels, haben qualitative Umschwünge in der Wirtschafts- und Sozialordnung erwartet und auf die damit verbundenen radikalen Lösungen gesetzt. Und beide haben ein politisches Handeln propagiert, welches solche Lösungen befördert. Der kommunistische Irrtum besteht primär in der Art der Lösungsvorschläge, nicht in der Identifikation der Probleme. Einer der kommunistischen Irrtümer war, sich das Ziel, nämlich die Lösung der Probleme, nicht als regulative Idee vorzustellen, die einem schrittweise

254 Ernst Nolte, Marxismus und Industrielle Revolution, Stuttgart 1983, S. 446.

255 Unter Aufhebung der Arbeitsteilung konnten Marx und Engels sinnvollerweise nicht verstehen, jeder würde in Zukunft jede Tätigkeitsform, jede Funktion in der Produktion zugleich ausüben; vielmehr verstanden sie darunter einen universellen Wechsel der Tätigkeiten, nicht die Aufhebung der Teilung der Arbeit in Arbeitsfunktionen, sondern Aufhebung der Bindung eines Menschen an ausschließlich *eine* Arbeitsfunktion.

vorgehenden politischen Handeln Richtung und Sinn gibt, sondern von der Erreichbarkeit des Zieles durch einen revolutionären Akt und damit der prinzipiellen Lösbarkeit der Probleme auszugehen (was nicht heißt, dass dann ein in jeder Hinsicht problem- oder konfliktloser Zustand erreicht sein müsste). Diese Unterscheidungen sollten in der Kritik des utopischen Denkens nicht verschüttet gehen. Soziale Probleme – gleich wie kompliziert und unwahrscheinlich eine Lösung erscheint – zu benennen, sich Lösungsansätze auszumalen und Maßnahmen vorzuschlagen oder aber (wie dies auch Ernst Bloch versuchte) die Potentialität der Gegenwart zu entschleiern und die in den gegenwärtigen sozialen Prozessen latent angelegten Tendenzen weiterzudenken sind wissenschaftlich zulässige Vorgehensweisen[256], die sich durchaus unter den Begriff des utopischen Denkens subsumieren lassen.

Der Glaube an eine prinzipielle und quasi schlagartige Lösbarkeit der sozialen Probleme durch Aufhebung der kapitalistischen Produktionsform ließ eine detaillierte Ursachenanalyse für beobachtete Probleme häufig überflüssig erscheinen. Nicht zuletzt deshalb war es üblich geworden, sämtliche Missstände, Unzulänglichkeiten etc. dem Kapitalismus als solchem anzulasten, sie als systemimmanent zu betrachten und gleichzeitig die Erwartung zu hegen, mit der Aufhebung dieser Produktionsform würden sie von selbst verschwinden. Die damit verbundene Fixiertheit auf die Revolution führte zu einer Überschätzung der revolutionären Neigung des Proletariats. Der Anteil der-

256 Allerdings dürfen derartige »Potentialitäten« nicht (in essentialistischer Weise) als in der »Natur« der Dinge oder Zustände steckende »objektive Bestimmungen« gedeutet werden, die zu einer ihnen »wesenhaft vorgezeichneten, spezifischen Vollkommenheit« zu entfalten sind (Ernst Topitsch, Erkenntnis und Illusion. Grundstrukturen unserer Weltauffassung, Tübingen 1988, S. 154 f.).

jenigen, die mehr zu verlieren hatten als nur ihre Ketten, war offenbar schon zu Marx' Lebzeiten so groß, dass das wiederholte Dementi der Revolutionserwartungen nicht ausblieb. Nicht falsches Bewusstsein, sondern rationales Kalkül auf seiten der einzelnen Arbeiter gab dafür den Ausschlag.

Die Analyse des Marxschen Denkens scheint aber auch zu zeigen, dass die Grenze zwischen einem rational vertretbaren und nützlichen utopischen Denken und dem Utopismus, dem Verkennen des notwendigen Unterschieds zwischen Realität und Ideal[257], schmal ist; sie scheint zu zeigen, dass es oftmals »kleine Dinge« sind, die die großen Fehler bewirken. Charakteristisch für das Marxsche Denken war ein – für das wissenschaftsoptimistische 19. Jahrhundert nicht unüblicher – Glaube an die Realisierbarkeit des vorgestellten Guten und Vernünftigen sowie an die Rationalität menschlichen Handelns. Unter Einsatz der Wissenschaft sollten die Umstände beherrschbar und planbar werden. Vollständige Aufhebung der Entfremdung, radikale Versöhnung von Gattung und Individuum, wahrhafte Humanisierung des Menschen hießen die großen Versprechungen, denen sich zu entziehen vielen, vor allem vielen Intellektuellen schwer fiel. Marx faszinierte durch Übertreibungen und Einseitigkeiten, er brillierte mit drastischen Kennzeichnungen und stieß ab mit Sarkasmus und boshafter Verhöhnung. Er blendete mit dialektischen Wendungen und nahm für sich ein durch starke Worte. Seine assoziationsreiche Sprache weckte Emotionen; häufig schien er ausgesprochen zu haben, was andere ebenso empfanden, und er gab Hoffnungen Ausdruck, die große Massen umtrieben.

257 Vgl. Karl Marx, Grundrisse, Berlin 1974, S. 916.

Gleichzeitig waren viele seiner absolutistischen oder epigrammatisch verkürzten Formulierungen immer wieder Stein des Anstoßes. Dass »die Geschichte aller bisherigen Gesellschaft [...] die Geschichte von Klassenkämpfen« sei[258], dass Revolutionen »die Lokomotiven der Geschichte« seien[259], dass »die herrschenden Ideen einer Zeit [...] stets nur die Ideen der herrschenden Klasse« wären[260], dass es »nicht das Bewußtsein der Menschen [ist], das ihr Sein, sondern umgekehrt ihr gesellschaftliches Sein, das ihr Bewußtsein bestimmt«[261], waren kühne Thesen, die als einseitig, monokausal oder schlicht unsinnig zurückgewiesen wurden. Obwohl derartige Aussagen – nimmt man sie wörtlich – in der Tat erkennbar falsch sind, sollte man sie möglichst intelligent zu interpretieren suchen (zum Beispiel als Ausdruck des Hauptdeterminationszusammenhangs innerhalb eines komplexen und artenreichen Determinationsgeschehens), um sie dadurch überprüfbar und überhaupt sinnvoll kritisierbar zu machen. Allerdings sind nicht nur spätere Adepten, sondern Marx selbst dieser suggestiven Rhetorik nicht selten zum Opfer gefallen – haben aus ihr radikale Schlussfolgerungen gezogen oder Dogmatismus und Intoleranz gerechtfertigt. Zudem haben Marx die Gefahren, die aus – auch gutgemeintem – revolutionärem Handeln resultieren, weitgehend unbeeindruckt gelassen.[262] Sein Wille zu Totallösungen und ein damit einhergehender mangelnder Sinn für Kompromisse ließen Marx die kleinen Fortschrit-

258 Marx/Engels, Manifest der Kommunistischen Partei, S. 462.

259 Marx, Die Klassenkämpfe in Frankreich 1848 bis 1850, S. 85.

260 Marx/Engels, Manifest der Kommunistischen Partei, S. 480.

261 Marx, Zur Kritik der Politischen Ökonomie, S. 9.

262 In einem Brief an Engels heißt es allerdings, sie wüssten heute, »welche Rolle die Dummheit in Revolutionen spielt und wie sie von Lumpen exploitiert werden« (Marx an Engels, 13. Februar 1863. In: MEW 30, S. 324).

te geringschätzen. Sein »Alles-oder-Nichts«-Denken[263] sowie sein fehlendes Vertrauen in die Möglichkeit einer substantiellen Evolution von Institutionen haben ihn die Potenzen des Kapitalismus, durch ökonomische Entwicklung und sozialen Ausgleich eine humane Lebensgestaltung für breite Massen zu ermöglichen, unterschätzen lassen. Mit seinem gestörten Verhältnis zum Recht und seinen Verbalinjurien gegen demokratische Verfahren und Menschenrechte hat er dem revolutionären Flügel unter seinen Nachfolgern eine geistige Hypothek vermacht, die unheilvoll gewirkt hat.

Der Marxismus hat jedoch nicht nur falsche Lösungswege für reale Probleme propagiert oder unrealistischerweise ihre totale Aufhebung für möglich gehalten. Teilweise waren die Ziele unscharf bestimmt oder sogar fragwürdig. Es ist alles andere als selbstverständlich, dass eine Gesellschaft vollkommener sozialer Gleichheit überhaupt anstrebenswert ist beziehungsweise von rationalen Akteuren angestrebt wird. Rationale Akteure würden gesellschaftliche Ungleichverteilungen zumindest dann hinnehmen, wenn sich durch sie die Position der am schlechtesten gestellten Gesellschaftsmitglieder verbesserte.[264] Soziale und wirtschaftliche Ungleichheiten, etwa Ungleichheiten hinsichtlich Macht und Reichtum, können also unter bestimmten Umständen moralisch legitimierbar sein. Dann allerdings sind auch normativ

263 »In Deutschland kann *keine* Art der Knechtschaft gebrochen werden, ohne *jede* Art der Knechtschaft zu brechen.« (Marx, Zur Kritik der Hegelschen Rechtsphilosophie, S. 391.)

264 Es handelt sich bei diesem Kriterium um das sog. Unterschiedsprinzip von John Rawls (vgl. ders., Eine Theorie der Gerechtigkeit, Frankfurt am Main 1990, S. 32, 96). – Ein wesentliches Indiz dafür, dass sich die »Produktionskräfte« in »Destruktionskräfte« verwandelt haben, waren für Marx und Engels die Herausbildung einer Klasse, »welche alle Lasten der Gesellschaft zu tragen hat, ohne ihre Vorteile zu genießen« (Marx/Engels, Die deutsche Ideologie, S. 69).

akzeptable Formen der Ausbeutung denkbar,[265] sodass der Marxsche Zielpunkt der geschichtlichen Entwicklung, die ausbeutungsfreie Gesellschaft, den Nimbus des schlechthin Vernünftigen und moralisch Guten einbüßt. Daraus ergibt sich die Konsequenz: Das in der Arbeiterbewegung tradierte utopische Denken bedarf offenbar selbst in seinen moralischen Intuitionen der Präzisierung.

### 2. *Was bleibt?*

Diese Frage zu beantworten ist nicht leicht, wenn nicht unmöglich. Was man unter »der Theorie von Marx« versteht, ist keineswegs klar. Marx' theoretisches Wirken war facettenreich, sein Denken komplex. Sein Werk umfasst nicht nur deskriptive, explanative und normative Aussagen, sondern ist auch methodologisch von Interesse. Insofern ist jede pauschale Bezugnahme auf Marx und »seine Theorie« problematisch.

Sodann ist daran zu erinnern, dass sich Falsifikationen als zeitbedingt herausstellen können. Allgemeine, nicht zeitgebundene Voraussagen, die heute als widerlegt gelten, können sich in späterer Zeit bewahrheiten, wodurch die Theorie Aufmerksamkeit zurückgewönne. Zudem ist es schwer, ja geradezu unmöglich, sowohl von einem endgültigen als auch einem totalen Versagen einer Theorie zu sprechen, und genausowenig bedeutet das Scheitern einer Theorie, dass sie wertlos war. So hat der Marxismus auch den reformistischen Flügel der Arbeiterbewegung inspiriert, dessen Wirken zu einer Humanisierung des Kapitalismus wesentlich beitrug. Marx und Engels haben auf diese

265 Siehe dazu Thomas Bonschab/Ralph Schrader, Ausbeutung, Klasse und Freiheit im Analytischen Marxismus. In: Deutsche Zeitschrift für Philosophie, 47 (1999) 4, S. 585–587.

Weise mit dafür gesorgt, dass wir heute sagen können, sie hätten Unrecht gehabt.

Marx hat Probleme angepackt, die nicht nur zu seiner Zeit, sondern auch heute noch praktisch relevant oder jedenfalls Gegenstand des Nachdenkens sind. Unakzeptable Lösungsvorschläge, falsifizierte Theorien oder nichteingetroffene Prognosen berühren nicht notwendigerweise die Bedeutung einer Problemanalyse und schon gar nicht die einer Fragestellung. Das Scheitern des Marxschen Versuchs, die Unausweichlichkeit des Untergangs des kapitalistischen Systems aus dem Widerspruch zwischen der Entwicklung der Produktivkräfte und ihren Anwendungsbedingungen in Gestalt einer durch Privateigentum an Produktionsmitteln gekennzeichneten Marktwirtschaft abzuleiten, sagt weder etwas über die Möglichkeit aus, ein kapitalistisches Wirtschaftssystem dauerhaft stabil zu halten, noch ist damit die vielfältige Kritik, die Marx an einem kapitalistisch organisierten Wirtschaften hinsichtlich dessen Folgen und Nebenwirkungen geübt hat, generell obsolet geworden.

Marx hat auf Folgeerscheinungen hingewiesen wie etwa: die Fixierung des Arbeiters auf ein »Detailgeschick« als Wirkung der Arbeitsteilung; die Steuerung genuin nichtökonomischer Beziehungen zwischen Menschen über das Medium »Geld«; die Erzeugung von (Luxus-)Bedürfnissen, die vor allem an den Ge- und Verbrauch materieller Güter gebunden sind; die kritiklose Akzeptanz sämtlicher Bedürfnisse auf dem Markt; die Externalisierung von Produktions- und Konsumtionskosten sowie damit verbundene Ressourcenverschwendung und Umweltzerstörung. In diesen Zusammenhängen hat Marx auf Eigentümlichkeiten und immanente Tendenzen einer marktgesteuerten Produktionsweise aufmerksam gemacht. Er hat gezeigt, wie menschliche Verhältnisse ihrer eigentümlichen Bedeutung beraubt werden, sobald die Beziehungen zwischen Menschen Warenform annehmen und sich als geldvermittelte Tauschbeziehungen gestalten. Es ist die marktwirtschaftliche Tendenz, menschliche Beziehungen in ökonomische, in Warenbeziehungen zu verwandeln, den Wert eines Menschen an dessen Verwertbarkeit im Produktionsprozess zu messen, Menschen oder Organe käuflich zu machen, nahezu jedes menschliche Vermögen im pekuniären Interesse zu sehen und dem Schacher zu unterwerfen, auf die Marx hinwies. Es ist diese einer Markt-Gesellschaft systematisch innewohnende und daher bestenfalls abmilderungsfähige, aber nicht aufhebbare Tendenz, die Marx geißelte – und zwar deshalb geißelte, weil auf diese Weise der Mensch selbst in ein dem menschlichen Wesen inadäquates Nützlichkeits- oder Benutzungsverhältnis[266] gerät. Es ist die von Marx analysierte Eigenlogik eines kapitalistischen Reproduktionsprozesses, die dem Verständnis auch der modernen Gesellschaften dient.

Marxens kritische Sozialphilosophie lehrt, das Augenmerk auf politisch unkontrollierte ökonomische Macht zu legen, die aus der Verfügungsgewalt über Produktionsmittel resultiert; sie lehrt zu erkennen, wie sich eine Richtung des Zivilisationsprozesses – ungewollt und unvorausgesehen – der Logik der Konkurrenz privater Kapitale folgend herausschält; sie lehrt, die Entwicklung der menschlichen Bedürfnisse in Abhängigkeit von der Produktionsweise zu verstehen, und sie lehrt, der sozialen Dimension menschlichen Lebens Beachtung zu schenken. Marx' Analysen machen plausibel, wie der durch die Konkurrenz notwendig erzeugte Selbstbehauptungskampf privater Produzenten Fortschritt erzeugen und zugleich »die Springquellen alles Reichtums«

266 Vgl. Marx/Engels, Die deutsche Ideologie, S. 394.

(»die Erde und den Arbeiter«) untergraben kann[267]; sie lassen – auch wenn wir sie in ihrer Drastik für überzogen und in ihrer Allgemeinheit für falsch halten – deutlich werden, wieso eine streng am Profitinteresse orientierte Produktionsorganisation zur »Martyrologie der Produzenten«, zur »organisierte[n] Unterdrückung seiner individuellen Lebendigkeit, Freiheit und Selbständigkeit«[268] zu verkommen droht. Marxens Blickeinstellung lässt Verhältnisse sichtbar werden, die unter der wahrgenommenen Oberfläche verborgen liegen – und durch ihr Sichtbar-Werden jene Oberflächenphänomene als Schein entlarven. Diese Perspektive, die nach wesentlichen Verhältnissen unterhalb des oberflächlich Wahrnehmbaren sucht, zu kultivieren dürfte auch heute noch lohnend sein – etwa um zu begreifen, wie sich bei einem Überangebot der Ware »Arbeitskraft« unter formaler Wahrung der Freiwilligkeit ein Zwang zur Selbstausbeutung herauskristallisiert, eine Form von Knechtschaft, die den Anschein von Freiheit aufrechterhält.

Diese und andere von Marx gesehenen Probleme bieten nach wie vor Stoff für konkret-utopisches Denken. Der Bedarf nach einem solchen Denken würde fühlbarer werden, sollten sich die Indizien verstärken, dass einer weltweiten Verallgemeinerbarkeit der modernen, kapitalistisch hervorgebrachten Art und Weise des Wirtschaftens, Konsumierens und Lebens auf dem gegenwärtigen Niveau des Energie- und Stoffumsatzes ökologische Grenzen gesetzt sind. Für diesen Fall dürften bestimmte Aspekte der Marxschen Theorie erneut auf Interesse stoßen. Marx als Denker für die Gegenwart nutzbar machen hieße allerdings, den rationalen Kern vieler seiner Analysen von ihrer zeitbedingten Schale zu

267 Marx, Das Kapital. Erster Band, S. 530.

268 Ebd., S. 528 f.

trennen; sie von geschichtsdeterministischen Verirrungen, propagandistischen Verunreinigungen und utopistischen Illusionen zu befreien, um sie auf jeweils das Stück von Wahrheit zu reduzieren, von dem nach wie vor eine intellektuelle Anziehungskraft ausgeht.

# HATTEN DIE NATIONALSOZIALISTEN EINE ANDERE MORAL?

# I.
# PROBLEMSTELLUNG*

Die Frage, ob Nationalsozialisten eine andere Moral, womöglich eine spezifisch nationalsozialistische Moral, hatten, drängt sich angesichts der Quantität und Qualität der nationalsozialistischen Verbrechen nachgerade auf. Sie stellt sich aus der Sicht der Mehrheitsgesellschaft der westlichen demokratischen Verfassungsstaaten, in denen universell geltende Menschenrechte anerkannt werden. Zu sagen, die Nationalsozialisten hatten eine andere Moral, ist unproblematisch und umgangssprachlich nicht ungewöhnlich. Natürlich: Wenn jemand glaubt, Juden oder Kommunisten umbringen zu dürfen, dann hat er eine »andere Moral« als diejenigen, die dies nicht glauben.

Wenn im Folgenden gleichwohl ein scheinbar selbstverständlicher Befund – nämlich dass die Nationalsozialisten eine *andere* Moral hatten – problematisiert werden soll, geschieht dies in der Absicht, das Denken maßgebender nationalsozialistischer Täter zu vergegenwärtigen und darüber hinaus einen Beitrag zu leisten zur Aufklärung der »inneren Logik« des moralischen Denkens generell.

* Verbesserte und geringfügig erweiterte Fassung meines gleichnamigen Aufsatzes in: Wolfgang Bialas/Lothar Fritze (Hrsg.), Ideologie und Moral im Nationalsozialismus, Göttingen 2014, S. 65–106. – Zur gesamten Thematik siehe Lothar Fritze, Die Moral der Nationalsozialisten, Reinbek 2019.

## II.
## MORALISCHE ÜBERZEUGUNGEN

Mit dem Terminus »Moral« werden verschiedene Sachverhalte erfasst, sodass sich auch die Moralphilosophie schwer tut zu sagen, was eigentlich das spezifisch »Moralische« ist beziehungsweise welche Sachverhalte den »Bereich des Moralischen« ausmachen. Angesichts dieser Schwierigkeiten möchte ich nicht fragen, was »Moral ist« oder was wir unter »Moral« verstehen, sondern ich möchte in Übereinstimmung mit der Ausgangsfrage erörtern, was wir (jedenfalls auch) meinen, wenn wir sagen, dass jemand »eine Moral hat«.

Wer eine Moral hat, hat offenbar (auch) moralische Überzeugungen. Aber was sind »moralische Überzeugungen«? Was kennzeichnet *moralische* Überzeugungen im Gegensatz zu Überzeugungen, denen wir dieses Prädikat nicht zusprechen?

Überzeugungen sind durch die kognitive Einstellung des Für-wahr oder Für-richtig-Haltens gekennzeichnet. Eine Überzeugung ist ein nur schwer zu erschütternder Glaube eines bestimmten Inhalts. Nicht jede Überzeugung muss auf Gründen basieren. Überzeugungen können auch aus Evidenzgefühlen erwachsen. Unter »moralischen Überzeugungen« verstehe ich Überzeugungen, die eine bestimmte Sorte von Maßstäben für die Bewertung von menschlichen Handlungen darstellen – und zwar von Handlungen, die nicht nur für den Handelnden selbst relevant sind. Dabei handelt es sich um Maßstäbe, anhand derer beurteilt werden kann, ob eine Handlung richtig oder falsch und dementsprechend zu billigen oder zu missbilligen ist. Moralische Überzeugungen sind geeignet, *Urteile* zu fällen über die Richtigkeit oder Unrichtigkeit von Handlungen und Handlungsweisen. Aus diesen Urteilen wiederum lassen sich allgemeine Forderungen deduzieren, die an Handlungen gestellt werden. So folgt aus dem moralischen Urteil »Zu töten ist falsch« die *Forderung* »Du sollst nicht töten!«.

Solche Forderungen, die sprachlich die Form von Imperativen annehmen, bringen *Normen* zum Ausdruck. Normen haben Aufforderungscharakter; sie sind Instrumente der Handlungssteuerung. Sie können sowohl die Form des Gebots als auch die des Verbots sowie der Erlaubnis annehmen. Normen bestimmen, was man im Regelfall tun oder lassen soll.

In den Bereich der Moral fallen aber nicht nur moralische Normen. Darüber hinaus werden auch *Moralprinzipien* vertreten. Moralprinzipien sind letzte Maßstäbe zur Begründung und Beurteilung von subjektiven Maximen, von Handlungen, von moralischen Urteilen oder auch von Normen. Solche Moralprinzipien sind etwa die Goldene Regel, der Kategorische Imperativ, der Universalisierungsgrundsatz innerhalb der Diskursethik oder das utilitaristische Prinzip.

In unser moralisches Denken können des Weiteren *normative Prämissen* eingehen. Man kann zum Beispiel eine grundsätzliche Gleichheit und Gleichbefähigung aller Menschen unterstellen und fordern, alle Menschen gleich zu behandeln, oder aber das Dogma einer natürlichen Ungleichheit und Ungleichwertigkeit postulieren und daraus die Forderung einer entsprechenden Ungleichbehandlung ableiten.

Zudem gibt es Meinungen darüber, wovon die *moralische Qualität einer Handlung* abhängt beziehungsweise auf welche

Merkmale sich Billigung oder Missbilligung beziehen – auf die Motive des Handelnden, auf die Handlung selbst oder die Folgen der Handlung.

In den Bereich der Moral gehören ferner Auffassungen darüber, welchen Entitäten ein moralischer Status zuerkannt werden soll, das heißt, welche Arten von Entitäten als schutzwürdig angesehen und welche diesbezüglichen *Rangfolgen* akzeptiert werden sollen.

Schließlich unterscheiden sich moralische Vorstellungen danach, wie die Inhalte der Moral gewonnen werden. Die Inhalte der Moral können zum Beispiel aus nicht-moralischen Faktoren hergeleitet werden – etwa aus den subjektiven Interessen aufgeklärter und urteilsfähiger Individuen oder aber, wie im nationalsozialistischen Denken, aus den Erfordernissen der Selbsterhaltung und Stärkung des Volkes; man kann versuchen, sie aus heiligen Schriften oder aus der Vernunft abzuleiten oder aus dem Handlungsbegriff selbst zu deduzieren; man kann sie auf Rechte zurückführen, die die Menschen haben oder die ihnen zugesprochen werden; man kann den Begriff der Moral von vornherein an bestimmte inhaltliche Forderungen, wie etwa die nach gleicher Berücksichtigung der Interessen aller, binden.

# III. VERSCHIEDENE MORALEN?

Alle diese Überzeugungen sind Überzeugungen, die in den Bereich dessen fallen, was wir üblicherweise als »Moral« bezeichnen. Allgemein lässt sich sagen: Moralische Überzeugungen haben *normative* Bezüge. Sie implizieren Bewertungen am Maßstab dessen, was man tun *soll*, und sie enthalten die diesen Bewertungen entsprechenden Verhaltensaufforderungen. Allerdings ist zu bedenken, dass all diese Überzeugungen unter den moralischen Überzeugungen der Bevölkerung des Westens zu finden sind. Dies gilt beispielsweise selbst für das utilitaristische Prinzip, mit dem in Extremsituationen sogar die Tötung unschuldiger Menschen gerechtfertigt werden kann. Für Nationalsozialisten waren gerade Opferkalkulationen utilitaristischer Art kennzeichnend.

Würde man nun sagen, dass Menschen, die in diesen Fragen unterschiedliche Meinungen vertreten, auch verschiedene Moralen haben, dann müsste man einräumen, dass auch in den demokratischen Verfassungsstaaten des Westens ganz unterschiedliche Moralen vertreten werden. Ich vermute allerdings, dass Unterschiede dieser Art nicht gemeint sind, wenn man fragt, ob Nationalsozialisten eine andere Moral hatten.

Wenn wir fragen, ob Nationalsozialisten eine andere Moral hatten, dann fragen wir, ob sich die Moral der Nationalsozialisten jenseits dieser Unterschiede von den im Westen vertretenen Moralen unterschieden hat. Den gedanklichen Hintergrund dieser Frage bilden zum einen die vielen Handlungen der Nationalsozialisten, die wir für Verbrechen halten, und zum anderen die Vermutung, dass diese Handlungen auf dem Boden einer westlichen Menschenrechts-Moral nicht als gerechtfertigt hätten betrachtet werden können. Was uns verstört und zum Auslöser dieser Frage wird, sind also moralisch inakzeptable *Handlungen* – in diesem Falle Handlungen von Nationalsozialisten –, wobei es uns primär darum geht, die Überzeugungen, aus denen dieses Handeln erwachsen ist, zu begreifen.

Damit ergibt sich Folgendes: Wenn man wissen will, welche Moral eine Person hat, muss man diejenigen moralischen Überzeugungen ermitteln, die ihr Handeln – und zwar ihr Handeln gegenüber anderen – maßgeblich beeinflussen. Für das, was man tut oder lässt, sind aber vor allem die Normen ausschlaggebend, die man selbst akzeptiert. Die von einer Person akzeptierten Normen fungieren als Gründe, die dafür sprechen, bestimmte Handlungen auszuführen oder zu unterlassen. Wenn man also wissen will, welche – praktisch relevante – Moral eine Person hat, muss man vor allem ermitteln, welche moralischen Normen sie akzeptiert. Für die Beurteilung des Handelns einer Person ist es dabei unerheblich, welche Begründungen diesen Normen oder welche Moralprinzipien den Handlungsentscheidungen zugrunde liegen.

# IV. WAS HEISST ES, EINE MORAL ZU HABEN?

Um eine Moral zu haben, reicht es offenbar nicht aus, moralische Normen nur zu kennen. Gefordert ist vielmehr, dass man Normen auch akzeptiert. Man akzeptiert eine Norm dann, wenn man sie verinnerlicht hat, wenn man zugleich gewillt ist, sie im eigenen Handeln systematisch zu befolgen. Die Akzeptanz einer Norm ist an einen solchen Willen gekoppelt. Das Haben einer Moral muss also mit dem Gefühl des Verpflichtetseins verbunden sein, bestimmte moralische Normen zu befolgen.

»Eine Moral haben« heißt eine Verpflichtung spüren, bestimmten, in der Regel auch von anderen Mitgliedern der Gesellschaft erhobenen, Verhaltensaufforderungen folgen zu sollen. Solche Forderungen bezüglich des Handelns und Unterlassens bezeichnet man als »moralische Normen«. Eine Verpflichtung, moralische Normen zu beachten, verspürt man nur denjenigen Normen gegenüber, die man selbst für gültig hält und daher akzeptiert hat – wobei man eine Norm dann für gültig hält, wenn man sie als begründet erachtet, das heißt: wenn man selbst überzeugt ist, einen Grund zu haben, sie zu befolgen.

Eine Moral haben heißt somit moralische Normen akzeptieren und gleichzeitig die aufrichtige Verpflichtung verspüren, diese Normen im eigenen Handeln beachten zu sollen. Eine Moral hat man, wenn man im Falle eines vermeidbaren und pflichtgemäß zu vermeidenden Verstoßes gegen eine als gültig erachtete Norm über das eigene Verhalten empört ist und entsprechende Schuldgefühle entwickelt. In einem solchen Falle spricht man davon, dass sich das Gewissen des Betreffenden meldet. Das Gewissen kann als eine interne Kontrollinstanz beschrieben werden, die eine Differenz zwischen dem gesollten und dem tatsächlichen Handeln registriert und dem Betreffenden signalisiert. Ein moralisches Handeln ist ein normgemäßes Handeln aus Pflicht – das heißt auf Basis der Einsicht in die Begründetheit der Normen und dem Willen, den sich daraus ergebenden Verpflichtungen zu genügen. Eine Moral hat man, wenn man moralische Überzeugungen der genannten Art hat.

# V. HATTEN DIE NATIONALSOZIALISTEN ÜBERHAUPT EINE MORAL?

Die Frage »Hatten die Nationalsozialisten eine andere Moral?« unterstellt zumindest die Möglichkeit, dass die Nationalsozialisten überhaupt eine Moral in diesem Sinne hatten. Diese Unterstellung wird nicht allgemein akzeptiert.

Obwohl die Nationalsozialisten ihren Kampf selbst als einen Kampf gegen das Böse verstanden, nahmen viele Interpreten der nationalsozialistischen Gewalttaten als geradezu selbstverständlich an, dass die Täter selbst »das Böse« gewollt hätten, ja dass es sich bei ihnen um amoralische, zutiefst verworfene Menschen gehandelt haben müsste. Diese Einschätzung erscheint nicht wirklich hilfreich, das Denken von Nationalsozialisten zu entschlüsseln. Redeweisen dieser Art dürften vor allem als Ausdruck des Gefühls der Fassungslosigkeit zu verstehen sein, das uns angesichts der nationalsozialistischen Verbrechen stets von Neuem befällt.

Ich behaupte stattdessen, dass zumindest die maßgeblichen Nationalsozialisten tatsächlich eine Moral in dem hier gemeinten Sinne hatten. Auch Nationalsozialisten haben ein sozial geltendes System moralischer Normen akzeptiert, aus dem für jeden Verhaltensforderungen entsprangen, und sie haben somit die Verpflichtung verspürt, diese Normen im eigenen Verhalten zu befolgen und sie gegebenenfalls nach außen zu vertreten.

Dass sich auch Nationalsozialisten an Normen orientierten, lässt sich an vielen Verlautbarungen plausibilisieren. Wenn beispielsweise Hitler in einer Rede zur Eröffnung der Internationalen Automobil- und Motorradausstellung ausführt: »Wer im Kraftwagen fährt, trägt [...] Verantwortung [...] für das Leben seiner Mitmenschen. Wer damit aber leichtfertig umgeht, handelt verbrecherisch und gewissenlos«,[1] so postuliert er die Geltung einer Moralnorm – nämlich des Gebots, Schaden von Mitmenschen abzuwenden.[2] Oder: Wenn Heinrich Himmler in einer seiner Reden ausruft, »das Gewissen« gebiete es, »diese harte Reinigung [nämlich die Endlösung der Judenfrage – L. F.] durchzuführen«,[3] so wird deutlich, dass von einer Abwesenheit jeglichen moralischen Wollens nicht notwendigerweise die Rede sein muss. Natürlich ist es eine intellektuelle Zumutung, die »Endlösung der Judenfrage« als Ausdruck eines moralischen Wollens zu begreifen. Doch die Berufung auf das Gewissen, das eine bestimmte Handlungsweise gebiete, zeigt, dass sich Himmler sowohl gedanklich als auch semantisch innerhalb des moralischen Diskurses bewegte und es darauf anlegte, sein Handeln moralisch zu rechtfertigen. Wenn derselbe Himmler erklärt, man sei »nicht berechtigt«, »irgend etwas an Hartem und Schwerem, was heute getan werden kann, aufzusparen«, denn man könne es »nicht verantworten«, so »unanständig« zu sein und das ungelöste Judenproblem

1 Adolf Hitler, [Rede zur Eröffnung der Internationalen Automobil- und Motorradausstellung vom 17. Februar 1939]. In: Max Domarus, Hitler. Reden und Proklamationen 1932–1945, Wiesbaden 1973, Band II /1, S. 1083.

2 Freilich ist damit über die Begründung dieser Norm noch nichts ausgesagt. So bezeichnet Hitler diejenigen, die andere Menschen im Straßenverkehr schuldhaft töten oder verletzen als »Schädlinge am Volk« (ebd.).

3 Heinrich Himmler, Geheimreden 1933 bis 1945 und andere Ansprachen. Hrsg. von Bradley F. Smith und Agnes F. Peterson, Frankfurt a. M. 1974, S. 204.

den eigenen Kindern zu überlassen,[4] dann zeigt dies, dass auch Himmler – jedenfalls soweit wir diese Äußerungen für bare Münze nehmen dürfen – bemüht war, sein Handeln an moralischen Normen auszurichten. Gerade dieser Wille aber, geltende Moralnormen zu befolgen, ist es, den man üblicherweise als einen *moralischen Willen* begreift.

Es ist daher falsch, Nationalsozialisten pauschal ein moralisches Desinteresse zu unterstellen oder sie für amoralische Wesen zu halten, ihnen einen fehlenden Willen zu attestieren, sich überhaupt an moralischen Normen zu orientieren, oder sie für unfähig zu halten, moralische Verpflichtungen zu erkennen.

Auch Hitler und andere Nationalsozialisten hatten ganz offenbar moralische Überzeugungen, und sie haben innerhalb ihres Überzeugungssystems Überlegungen angestellt, wie moralisch zu handeln sei.

Wenn es allerdings zutreffend ist, dass Nationalsozialisten eine Moral in dem hier gemeinten Sinne hatten, bleibt die Frage, ob sie eine *andere* Moral hatten. Dies wird in der Tat von vielen Autoren als selbstverständlich angenommen.

4 Ebd., S. 202, 204

# VI. AKZEPTIERTEN DIE NATIONALSOZIALISTEN ANDERE MORALISCHE NORMEN?

Statt zu fragen, ob die Nationalsozialisten eine *andere* Moral hatten, möchte ich zuerst erörtern, ob sie *andere moralische Normen* akzeptierten. Dabei beziehe ich die Frage, ob Nationalsozialisten andere Normen akzeptierten, zunächst ausschließlich auf moralische *Grund*normen.

## 1. *Grundnormen*

Grundnormen werden üblicherweise abstrakt und allgemein formuliert. Sie schreiben zwar bestimmte Handlungsweisen vor, jedoch keine konkreten Einzelhandlungen. Vor allem erfassen sie nicht alle Situationen in ihrer Besonderheit und müssen deshalb situationsadäquat angewendet werden. Zudem haben sie keinen zeitlichen oder lokalen Bezug. Grundnormen enthalten auch keine Festlegungen, auf welche Arten von Entitäten sie sich beziehen, anhand welcher Merkmale diese Entitäten zu identifizieren sind und ob sie unbeschränkt oder nur bedingt gelten und, falls nur bedingt, welche einschränkenden Bedingungen anerkannt werden. Daher enthalten sie für viele konkrete Anwendungsfälle keine Verhaltensanweisungen. Vertreten zwei Personen sprachlich identische Forderungen, vertreten sie, so meine Begriffsfestlegung, dieselbe Norm.

Als Grundnormen sollen diejenigen Normen gelten, die in der allgemeinsten Formulierung auftreten, die mit der jeweiligen, in der Norm ausgedrückten Handlungsanweisung noch vereinbar ist. Eine solche Grundnorm ist beispielsweise das Tötungsverbot. Grundnormen sind aber auch die Verbote, andere Menschen zu verletzen, zu vertreiben, ihrer Freiheit zu berauben, zu bestehlen oder zu belügen. Zu solchen Grundnormen gehören des Weiteren Gebote – wie etwa die Gebote, für seine Kinder zu sorgen, in Not geratenen Menschen zu helfen oder Verträge einzuhalten. Diese Grundnormen dürften in allen oder fast allen Gesellschaften und zu allen Zeiten zu finden sein; sie haben also kulturübergreifende Gültigkeit. In Übereinstimmung mit dieser empirischen Feststellung kann man definieren: Grundnormen haben überall die gleiche Form und sind gesellschaftlich und kulturell invariant.

Eine Konzentration auf Grundnormen scheint mir auch deshalb sinnvoll, weil ich vermute, dass sie den Intentionen derjenigen Autoren entspricht, die davon ausgehen, dass Nationalsozialisten tatsächlich eine andere Moral hatten. Solche Autoren glauben offenbar, dass die Nationalsozialisten bestimmte moralische Grundnormen nicht akzeptierten und sich *deshalb* für berechtigt hielten, diese Normen systematisch zu übertreten, oder sie nehmen sogar an, dass Nationalsozialisten die Negation dieser Normen als geltend unterstellten.

Eine solche Extremposition scheint Hannah Arendt vertreten zu haben. Sie behauptete, »das ›neue‹ Recht Hitlers« hätte verlangt, »dass die Stimme des Gewissens jedermann sage: ›Du sollst töten‹«.[5] Wenn diese Deutung von Arendt zutref-

5 Hannah Arendt, Eichmann in Jerusalem. Ein Bericht von der Banalität des Bösen, München 1995, S. 188 f.

fend sein sollte, hätten die Nationalsozialisten nicht nur das Tötungsverbot nicht akzeptiert, sondern stattdessen die Norm propagiert »Du darfst töten« oder gar »Du sollst töten!«.

## 2. *Übereinstimmende moralische Grundnormen*

Natürlich wissen wir, dass Nationalsozialisten gegen moralische Grundnormen verstoßen haben: Sie haben Menschen verletzt und getötet; sie haben Menschen vertrieben und zwangsweise ausgesiedelt; sie haben Menschen ihrer Freiheit beraubt und versklavt; sie haben Menschen bestohlen, sie haben gelogen und Verträge gebrochen.

Aber was ist daraus hinsichtlich unserer Ausgangsfrage zu schlussfolgern? Folgt aus der Tatsache, dass man gezielt und systematisch Normen verletzt, dass man diese Normen nicht für gültig hält oder sie nicht akzeptiert? Dies ist zu verneinen. Der Schluss, aus der bewussten und mit gutem Gewissen gewollten Verletzung einer Norm folge, dass man sie nicht akzeptiert, ist innerhalb des hier vorgeschlagenen Begriffssystems falsch. Ich behaupte stattdessen, dass es denkbar ist, dass Nationalsozialisten alle genannten *Grundnormen* in dem eingangs genannten Sinne für gültig gehalten und akzeptiert haben – und wenigstens *in diesem Sinne* keine andere Moral hatten. Dies gilt übrigens auch für eine Reihe von *Grundwerten* wie Gerechtigkeit, Freiheit, Sicherheit oder Ehre sowie für menschliche *Tugenden* wie Ehrlichkeit, Treue, Kameradschaftlichkeit, Leistungswille, Anständigkeit, Ritterlichkeit oder Opferbereitschaft, die von Nationalsozialisten in ihrer abstrakt-allgemeinen Form in derselben Weise vertreten beziehungsweise eingefordert wurden.

Dass Nationalsozialisten Grundnormen akzeptiert haben, scheint mir geradezu evident. So hatte Hitler die zehn

Gebote als »Ordnungsgesetze« für »absolut lobenswert« erklärt.[6] Dass er überhaupt die Orientierung an moralischen Normen für verpflichtend hielt, ließe sich an vielen Äußerungen plausibel machen. In seiner schon erwähnten Rede zum Beispiel führte er weiter aus:

> »Grundsätzlich aber ist es überhaupt unnationalsozialistisch, seinen anderen Volksgenossen gegenüber rücksichtslos zu sein.«[7]

Mitmenschen gegenüber nicht rücksichtslos zu sein ist eine Grundnorm, die auch wir vertreten und die überhaupt eine kulturübergreifende Geltung haben dürfte.

Für Himmler gilt dasselbe. Himmler war selbstverständlich nicht der Meinung, dass man andere Menschen ohne einen rechtfertigenden Grund umbringen dürfe. Noch im Mai 1940 hatte er in einer Denkschrift zur Ostpolitik, die von Hitler gebilligt worden war, »die bolschewistische Methode der physischen Ausrottung eines Volkes aus innerer Überzeugung als ungermanisch und unmöglich«[8] abgelehnt. Später hatte er seine Auffassung geändert. Aber auch dann war Himmler nicht der Meinung, dass es erlaubt sei, Juden nach Gutdünken umzubringen. Auch die Tötung von Juden musste begründet und gerechtfertigt werden. Er hat also sehr wohl das Tötungsverbot nicht nur gekannt, sondern auch akzeptiert, und er glaubte gleichzeitig, es in be-

6 Adolf Hitler, Monologe im Führerhauptquartier 1941–1944. Aufgezeichnet von Heinrich Heim, hrsg. und kommentiert von Werner Jochmann, München 2000, Dok. 43, S. 104.

7 Hitler, [Rede zur Eröffnung der Internationalen Automobilund Motorradausstellung vom 17. Februar 1939], S. 1083.

8 Heinrich Himmler, Einige Gedanken über die Behandlung der Fremdvölkischen im Osten. In: Josef Ackermann, Heinrich Himmler als Ideologe, Göttingen 1970, Dok. 37, S. 299.

stimmter Hinsicht oder unter bestimmten Voraussetzungen übertreten zu dürfen.

Es bestätigt sich also: Auch wenn man eine Norm verletzt, muss man diese nicht für ungültig halten. Die Begründung dafür ist einfach und jedem bekannt: Es ist denkbar, dass man Normen verletzt, diese Verletzung aber für erlaubt oder gar für geboten hält. Einer solchen Erlaubnis bedarf es nur, weil die Norm gilt. Wer beispielsweise die Erlaubnis anerkennt, dass man sich gegen einen Aggressor notfalls auch mit tödlichen Mitteln zur Wehr setzen darf, kann gleichzeitig die Norm »Du sollst nicht töten!« akzeptieren. Und würde sich nicht ebenso jeder Vertreter der Todesstrafe (zu Recht) gegen den Vorwurf zur Wehr setzen, er lehne das Tötungsverbot ab?

### 3. *Täter mit gutem Gewissen*

Bei den führenden Nationalsozialisten haben wir es mit Tätern zu tun, die der Überzeugung sein konnten, dass ihr Handeln moralisch gerechtfertigt ist. Führende Nationalsozialisten, unter ihnen Hitler und Himmler, waren *Täter mit gutem Gewissen*. Sie waren – zumindest in vielen Fällen – überzeugt, dass ihr Handeln mit ihren moralischen Überzeugungen, insbesondere mit den von ihnen akzeptierten Moralnormen in Übereinstimmung steht. Weder Hitler noch Himmler scheinen ernsthaft in Erwägung gezogen zu haben, dass sie Verbrechen begehen. Auch für sie galt, was wohl für die meisten gilt: Die »Bösen« sind die Anderen. Was sie selbst taten, hielten sie für gerechtfertigt. Sie handelten weder in dem Bewusstsein noch mit dem Willen, etwas moralisch Verbotenes, etwas Böses zu tun. Dies ist zugleich der Grund, weshalb es im Rahmen ihres Denkens unmöglich war, ein Unrechtsbewusstsein zu entwickeln – was allerdings nicht ausschließt, dass sie wussten oder vermuteten, dass andere ihr Handeln als verbrecherisch betrachten würden.

Wenn wir das Verbrechertum des Nationalsozialismus begreifen wollen, dann müssen wir vor allem begreifen, wie es möglich ist, dass Menschen moralische Grundnormen verletzen, diese Verletzung aber für erlaubt oder geboten halten. Das gute Gewissen vieler Täter, das sich an vielen Äußerungen von Tätern nachweisen ließe, begründet also den eigentlichen Erklärungsbedarf. Es gilt zu erklären, wie sich Menschen über das moralische Verbotensein von Handlungen irren können, die ganz offenbar moralische Grundnormen verletzen.[9] Wenn es generell gelingt, plausibel zu machen, dass es anderen Menschen möglich ist, Dinge mit gutem Gewissen zu tun, die wir vor dem Hintergrund einer Menschenrechts-Moral für Verbrechen halten, dann müssen wir uns nicht zu der höchst unplausiblen Annahme versteifen, dass es sich bei den nationalsozialistischen Tätern durchweg um amoralische oder boshafte Menschen handelte – um Menschen also, die entweder an einem normengeleiteten Handeln nicht interessiert waren oder aber das Ziel und den Zweck ihres Handelns in einer Schädigung anderer gesehen haben und damit gleichsam die Gesinnung exemplifizierten, die Kant »teuflisch«[10] nannte.

9 Siehe dazu Lothar Fritze, Täter mit gutem Gewissen. Über menschliches Versagen im diktatorischen Sozialismus, Köln 1998, sowie ders., Täter und Gewissen. Zur Typologie des Täterverhaltens. In: Aufklärung und Kritik, 12 (2005) 1, S. 82–94. Zu ganz ähnlichen Ergebnissen gelangt aus juristischer Sicht neuerdings Udo Ebert, Die »Banalität des Bösen« – Herausforderung für das Strafrecht, Stuttgart 2010, insbes. S. 5–19. Siehe auch Jörg Arnold, »Täter mit gutem Gewissen«. Impulse einer moralphilosophischen Untersuchung über die DDR-Vergangenheit für das Strafrecht. In: Matthias Mahlmann (Hrsg.), Gesellschaft und Gerechtigkeit. Festschrift für Hubert Rottleuthner, Baden-Baden 2011, S. 439–457.

10 Immanuel Kant, Die Religion innerhalb der Grenzen der bloßen Vernunft. In: ders., Werke in zehn Bänden. Hrsg. von Wilhelm Weischedel, Darmstadt 1983, Band 7, B 36.

# VII. DIE SPEZIFIK VON MORALNORMEN

Moralnormen sind von Normen der Konvention, der Sitte oder der Etikette zu unterscheiden. Von einer »Moralnorm« sprechen wir in der Regel[11] dann, wenn sie in ihrer inhaltlichen Bestimmung existenziell bedeutsam ist – wenn ihre Befolgung oder Nichtbefolgung maßgebliche Konsequenzen für die Befriedigung grundlegender menschlicher Bedürfnisse, für die Bewältigung des Daseins, für die Vermeidung von Leiden hat.

## *1. Geltung und Zustimmung*

Im Folgenden werde ich von einer *Moralnorm* sprechen, wenn eine akzeptierte Norm zwei (formale) Merkmale aufweist.[12] *Erstens:* Die Norm wird mit dem Anspruch auf allgemeine Geltung vertreten. *Zweitens:* Die Norm wird mit dem Anspruch auf allgemeine Zustimmung vertreten.

Zum *ersten* Merkmal: Moralische Forderungen richten sich an einen Adressaten, und sie beziehen sich auf bestimmte Entitäten und Anwendungsfälle. Der Anspruch auf allgemeine Geltung ist erfüllt, wenn der Normenvertreter

11 Ich sehe hier von Auffassungen ab, denen zufolge wir auch moralische Pflichten gegenüber der Natur haben.

12 Vgl. Norbert Hoerster, Was ist Moral? Eine philosophische Einführung, Stuttgart 2008, S. 13.

die mit einer Moralnorm verbundene Forderung an jedermann in einer relevant ähnlichen Position richtet und sie für alle Entitäten der gleichen Art sowie in jeder relevant ähnlichen Situation erhebt. Zu diesem Zweck dürfen in der Normenformulierung nur sprachliche Ausdrücke auftauchen, die die Geltung der Norm nicht in willkürlicher Weise auf einzelne Fälle einschränken. In die Formulierung von Normen dürfen insbesondere keine Eigennamen oder idexikalischen Ausdrücke wie »ich«, »du«, »wir«, »dort«, »hier«, »jetzt«, »mein Volk«, »meine Religionsgemeinschaft« und dergleichen eingehen.[13] Wer die Forderung erhebt »Du sollst nicht töten!«, kann diese Forderung nicht nur an bestimmte Personen richten; er kann sie aber auch nicht nur auf einzelne Individuen beziehen oder nur auf ausgewählte Orte oder nur auf bestimmte Zeiten beschränken. Insofern gilt: Moralnormen werden mit dem Anspruch auf *allgemeine Geltung* vertreten.

Daraus folgt allerdings nicht, dass eine Norm nur dann allgemein (universal) gilt, wenn sie sich an alle Menschen als Adressaten richtet und wenn sich zugleich die normierte Handlung auf alle Menschen bezieht. Die Moralnorm »Eltern sollen für ihre Kinder sorgen!« erfüllt weder die eine noch die andere Bedingung. Auch die Forderung, für die Selbsterhaltung des eigenen Volkes zu kämpfen, wäre in diesem Sinne eine moralische Forderung. Sie richtete sich an alle Mitglieder aller Völker.

Zum *zweiten* Merkmal: Der Anspruch auf allgemeine Zustimmung ist erfüllt, wenn der Normvertreter der Auffassung ist, dass jeder (oder fast jeder) einen guten Grund hat, für die gesellschaftliche In-Geltung-Setzung dieser Norm zu optieren. Zum einen heißt dies nicht, dass

13 Vgl. Dieter Birnbacher, Analytische Einführung in die Ethik, Berlin 2003, S. 33 f.

eine Norm nur dann eine Moralnorm ist, wenn sie faktisch von allen akzeptiert wird. Vielmehr ist es nicht ausgeschlossen, dass einer allein eine Moralnorm vertritt. Zum anderen heißt dies nicht, dass buchstäblich *jeder* andere unter Rationalitätsbedingungen tatsächlich einen Grund sieht, dieser Norm zuzustimmen. Hier mag es Ausnahmen geben. Der Normenvertreter muss allerdings überzeugt sein, dass alle (oder fast alle) Mitmenschen ebenfalls einen hinreichenden subjektiv guten Grund haben, diese Norm zu akzeptieren, und er muss wünschen, dass sie eine allgemeine Akzeptanz findet. Insofern gilt: Moralnormen gelten als allgemein zustimmungs*fähig* und werden mit dem Anspruch auf *allgemeine Zustimmung* vertreten.

## *2. Konkretisierung als Anwendungsvoraussetzung*

Eine Moral der grundlegenden Menschenrechte, die eine Reihe von Grundnormen akzeptiert, weist jedem Menschen Abwehr- oder auch Anspruchsrechte zu, die ohne eine anerkannte Rechtfertigung nicht eingeschränkt werden dürfen. Nicht-gerechtfertigte Verletzungen dieser Rechte gelten als illegitim. Um nun zu begreifen, dass auch Täter, die solche Rechte verletzten, ihr Handeln an moralischen Grundnormen wie zum Beispiel dem Tötungsverbot orientiert haben können, muss man sich die Konkretisierungsbedürftigkeit von Grundnormen vergegenwärtigen.

*Erstens:* Der universelle Geltungsanspruch einer Moralnorm sagt nichts über die *Reichweite* der Norm aus. Die Norm »Du sollst nicht töten!« verbietet eine Handlungsweise, nämlich das Töten. Insoweit ist lediglich klar, dass sie sich nur auf den Umgang mit Entitäten bezieht, die überhaupt getötet werden können, also auf *Lebewesen*. Darüber hinaus sagt sie aber nicht, wer oder was nicht getötet werden darf. Sieht man von buddhistischen Vorstellungen ab, wird die Norm üblicherweise so verstanden, dass sie das Töten von *Menschen*, aber nicht das von Tieren verbietet. Viele verstehen diese Norm näherhin so, dass sie ein Verbot des Tötens von *geborenen* Menschen bedeutet, viele so, dass sie nur die Tötung *anderer* Menschen, also nicht die Selbsttötung, untersagt. Für die Norm »Du sollst nicht lügen!« gilt Ähnliches. Aus der Normenformulierung folgt zunächst nur, dass sie sich auf den Umgang mit Wesen bezieht, die belogen werden können. Ob aber nur Menschen oder auch andere möglicherweise existierende Vernunftwesen nicht belogen werden dürfen, ist unbestimmt. Damit ergibt sich: Erst die jeweils akzeptierte Festlegung der Reichweite einer Grundnorm entscheidet darüber, welche konkreten Handlungen erlaubt oder verboten sind.

*Zweitens:* Moralische Grundnormen müssen stets in *konkreten Handlungssituationen* befolgt werden. Da aber Grundnormen unspezifisch formuliert sind, enthalten sie keine Anweisungen, was unter konkreten Bedingungen zu tun oder zu lassen ist. So etwa enthalten Grundnormen keine Verhaltensanweisung für Notfälle oder Gefahrensituationen – für Fälle zum Beispiel, in denen ihre Beachtung mit einer massiven Schädigung für den Handelnden selbst oder für Mitbetroffene verbunden sein könnte. Sie enthalten keine Verhaltensanweisung für den Fall, dass andere Personen Grundnormen verletzen und damit ihren Unterlassungspflichten nicht nachkommen. Sie enthalten auch keine Regelung für den Fall, dass Grundnormen untereinander in Konflikt geraten. Somit zeigt sich: Wer eine Grundnorm kennt, weiß noch nicht vollständig, welche konkreten Handlungen durch sie verboten sind.

*Drittens:* Grundnormen werden mitunter nicht direkt befolgt, sondern unter Berücksichtigung der konkreten Umstände in *konkretere Normen* transformiert. Die (konkrete) Norm etwa, die fordert, man solle Sterbenden den Wunsch auf Schmerzlinderung erfüllen, ist eine Konkretisierung der Grundnorm, anderen Menschen zu helfen. Aus Grundnormen können unter Berücksichtigung von Merkmalen, die sowohl die Handlungsbedingungen als auch den Handelnden selbst betreffen, konkrete Normen abgeleitet werden.

### 3. *Reichweitenregeln, Rechtfertigungsgründe, abgeleitete Normen*

Daraus ergibt sich eine für das Verständnis der menschlichen »Moralpraxis« wesentliche Konsequenz: Um zu wissen, was in einer konkreten Handlungssituation getan und was unterlassen werden soll, genügt es unter Umständen nicht, die moralischen Grundnormen zu kennen. Moralisch relevante Entscheidungen werden darüber hinaus bestimmt durch die für gültig gehaltenen Reichweiteregeln und Rechtfertigungsgründe sowie durch die subjektiv anerkannten abgeleiteten Normen. Wir können das Handeln der Täter-mit-gutem-Gewissen *zu einem beträchtlichen Teil,* wenngleich nicht vollständig, verstehen, wenn wir annehmen, dass sie andere Reichweitenregeln oder andere Rechtfertigungsgründe oder andere abgeleitete Normen akzeptierten.

# VIII. REICHWEITENREGELN

Grundnormen bestimmen nur unpräzise, was getan oder unterlassen werden soll. Deshalb muss ihr Anwendungsbereich durch Reichweitenregeln festgelegt werden. Reichweitenregeln bestimmen, auf *wen* moralische Normen zutreffen sollen. Manche Reichweitenregeln bestimmen, welche Wesen Mitglieder der Moralgemeinschaft sind. Andere Reichweitenregeln ergeben sich aus der Funktion, die bestimmte Mitglieder der Moralgemeinschaft haben, beziehungsweise aus der Rolle, die sie ausfüllen.

## 1. *Allgemeines*

Wie unbestimmt Grundnormen sein können, dürfte am Beispiel des Tötungsverbots bereits deutlich geworden sein. Man sollte sich aber des Weiteren verdeutlichen, dass auch andere Verständnisse derselben Norm möglich sind, und man sollte sich klarmachen, dass selbst die Festlegung, das Tötungsverbot nur auf die Tötung von (anderen) Menschen zu beziehen, dieses noch immer unterbestimmt sein lässt: Man kann das Tötungsverbot nicht nur auf *geborene Menschen,* sondern überhaupt auf *menschliche Individuen* und damit auch auf Embryonen beziehen. Man kann das Tötungsverbot aber auch nur für *menschliche Individuen mit Zukunftswünschen* gelten lassen. Zudem kann man es überhaupt auf *leidensfähige Wesen* oder nur auf *beseelte Wesen* oder auch generell auf *Vernunftwesen* beziehen. Des Weiteren kann die Reichweite des Tötungsverbots ethnisch, rassisch oder auch bezüglich anderer (etwa medizinischer) Kriterien eingeschränkt werden.

Um die Norm »Du sollst keinen (anderen) *Menschen* töten!« befolgen zu können, muss man wissen, welche Formen des Lebens menschliches Leben verkörpern und welche Formen menschlichen Lebens als »Mensch« gelten und daher von diesem Verbot erfasst werden. Selbst dann aber, wenn das Menschsein des betreffenden Wesens unstrittig ist, kann diese Norm weiteren Einschränkungen bezüglich ihrer Reichweite unterliegen. Eine ethnische Einschränkung beispielsweise läge vor, wenn die Reichweite etwa mit der Abstammung von einer Gemeinschaft oder der Zugehörigkeit zu einer Gemeinschaft zusammenfiele. Eine solche Einschränkung lag vor, als das Tötungsverbot des Dekalogs auf den Bereich des Bundesvolkes Israel beschränkt und noch nicht, wie in nachexilischer Zeit, schrittweise vom traditionellen Rechtssubjekt, dem israelitischen Vollbürger, auf den Menschen schlechthin ausgeweitet worden war.[14]

Festlegungen der Reichweite einer Norm beruhen auf Relevanzüberlegungen. Wer die Norm »Du sollst nicht töten!« als die Forderung versteht, keinen *anderen Menschen* zu töten, bringt mit diesem Normverständnis zum Ausdruck, dass für ihn nur die Tötung von anderen Menschen moralisch relevant ist. Gleichzeitig bringt er damit zum Ausdruck, dass für ihn weder die Selbsttötung noch die Tötung von Nicht-Menschen Verletzungen des Tötungsverbots darstellen. Wir können also festhalten: Egal welche Kriterien für die Festlegung der Reichweite einer Norm in Anschlag

14 Vgl. Frank-Lothar Hossfeld, »Du sollst nicht töten!« Das fünfte Dekaloggebot im Kontext alttestamentlicher Ethik, Stuttgart 2004, S. 13, 68 f., sowie Matthias Köckert, Die Zehn Gebote, München 2007, S. 21, 76 f.

gebracht werden, sie müssen innerhalb des betreffenden Überzeugungssystems als *moralisch relevant* gelten.[15] Das heißt aber: Es müssen Begründungen vorgelegt werden können, warum die nicht erfassten Wesen unter dem Gesichtspunkt ihrer möglichen Tötung nicht als in relevanter Hinsicht ähnlich und damit auch moralisch nicht gleichberechtigt gelten. Ansonsten kollidierten die in Anschlag gebrachten Kriterien mit dem universellen Geltungsanspruch von Moralnormen.

Aus diesen Zusammenhängen ergeben sich einige Konsequenzen. *Erstens:* Erst durch die Festlegung der Reichweite einer Norm wird in Verbindung mit dem Wortlaut dieser Norm die jeweilige moralische Verpflichtung definiert. Festlegungen zur Reichweite von Normen haben insofern normative Konsequenzen; sie sind also selbst moralisch relevant. Welche Moral eine Person hat, hängt wesentlich von den akzeptierten Reichweitenregeln ab. *Zweitens:* Reichweitenfestlegungen, die die formalen Konsistenzanforderungen erfüllen, berühren nicht die universelle Geltung der Norm. Die verschiedenen Verständnisse der Norm »Du sollst nicht töten!« könnten alle der Universalisierungsforderung genügen – sie haben aber unterschiedliche Reichweiten. *Drittens:* In Abhängigkeit von den akzeptierten Reichweitenregeln kann ein und dieselbe Norm »Du sollst nicht töten!« mit Handlungen vereinbar sein (mit dem Töten leidensfähiger Tiere, der Abtreibung, dem Infantizid, dem Selbstmord, dem Töten Stammes- oder Volksfremder oder geistig Behinderter), die aus der Perspektive anderer Reichweitenregeln als illegitim gelten.

15 Welche Kriterien dafür überhaupt in Frage kommen und wie sich die Akzeptanz dieser Kriterien ihrerseits begründen ließe, ist an dieser Stelle nicht unser Thema.

## 2. *Nationalsozialistische Reichweitenregeln*

Betrachtet man nun das moralische Denken von Nationalsozialisten, so stellt man fest, dass führende nationalsozialistische Ideologen zwar dieselben moralischen Grundnormen wie wir, aber andere Reichweitenregeln vertreten haben. Damit stellt sich die Frage, wie Reichweitenregeln festgelegt werden beziehungsweise wovon es abhängt, welche Reichweitenregeln wir akzeptieren. Die Antwort darauf lautet: Bei der Festlegung der Reichweite einer Moralnorm spielen *außermoralische* Überzeugungen beziehungsweise *außermoralische* Annahmen eine maßgebliche Rolle. Zur Illustration dieser These nenne ich drei nicht-moralische Theoreme, die für die Festlegung der Reichweite von Grundnormen innerhalb des nationalsozialistischen Denkens eine zentrale Bedeutung hatten.

*Erstens:* Unter Berufung auf rassen- und kulturtheoretische Annahmen unterstellten Nationalsozialisten eine natürliche Ungleichheit und Ungleichwertigkeit von Völkern und Rassen. Dieser außermoralischen Annahme entsprechend lehnten sie das Postulat einer normativen Gleichheit aller Menschen ab. So war Hitler der Auffassung, dass der sogenannte Arier gleichsam die Krone der Schöpfung verkörpere, den »Urtyp« dessen, was man »unter dem Worte ›Mensch‹« verstehe.[16] Den Anspruch des Ariers, Angehörige niederer Rassen in seinen Dienst stellen zu dürfen, hielt er aufgrund der naturgegebenen, wenngleich im Kampf zu bewährenden, Überlegenheit des Ariers sowie aufgrund seiner kulturschöpferischen Befähigung

16 Adolf Hitler, Mein Kampf. Zwei Bände in einem Band, 504.–508. Auflage München 1940, S. 317.

und Tätigkeit für gerechtfertigt. Hitler huldigte »dem aristokratischen Grundgedanken der Natur« und glaubte, »die Unterordnung des Schlechteren und Schwächeren« gemäß »dem ewigen Wollen, das dieses Universum beherrscht«, verlangen zu dürfen.[17] Das heißt aber: Arier und Nicht- Arier hatten hinsichtlich der Geltung moralischer Grundnormen nicht den gleichen Status.

*Zweitens:* Auf der Basis evolutionstheoretischer und anthropologischer Überlegungen haben nicht alle Nationalsozialisten die Zugehörigkeit aller Menschen zu ein und derselben menschlichen Gattung anerkannt. Manche Ideologen haben graduelle Abstufungen des Menschseins unterstellt. Ein – sicherlich extremes – Beispiel dieser Denkungsart lieferte Hermann Gauch. »Der nichtnordische Mensch«, so schrieb er, »nimmt also eine Zwischenstellung zwischen Nordischem Menschen und den Tieren, zunächst den Menschenaffen, ein. Er ist darum kein vollkommener Mensch, er ist so überhaupt kein Mensch im eigentlichen Gegensatz zu dem Tiere, sondern eben nur ein Uebergang dazu, eine Zwischenstufe.«[18]

Mit diesen theoretischen Annahmen fielen bestimmte menschliche Wesen (in diesem Falle nicht-nordische Menschen) nicht in den Geltungsbereich der akzeptierten Moralnormen. In der Tat lassen sich nun Äußerungen nationalsozialistischer Täter anführen, die für die Vermutung sprechen, dass verschiedene Opfergruppen von den Nationalsozialisten nicht – oder jedenfalls nicht im Vollsinne – als Menschen betrachtet wurden. In diese Richtung geht zum Beispiel die lapidare Feststellung eines Mitglieds eines der an Judenerschießungen beteilig-

17 Ebd., S. 421.

18 Hermann Gauch, Neue Grundlagen der Rassenforschung, Leipzig 1933, S. 77 f.

ten Polizeibataillone: »Der Jude wurde von uns nicht als Mensch anerkannt.«[19]

Ungeachtet dessen halte ich die Deutung, die geistig tonangebenden Nationalsozialisten oder auch an Erschießungen unmittelbar Beteiligte hätten eine rassistisch begründete Reichweitenregel akzeptiert, nach der Juden oder auch andere Opfer nicht zu den Menschen zählten und damit aus dem Kreis der von den Grundnormen erfassten Wesen herausfielen, für nicht überzeugend.[20] Auch wenn es falsch sein dürfte, eine kohärente nationalsozialistische Moral zu unterstellen, so spricht doch gegen diese Deutung die Tatsache, dass auch Nationalsozialisten um Rechtfertigungen für ihre Tötungshandlungen bemüht waren – und zwar nicht nur, um Dritte zu beeindrucken, sondern auch, um vor ihrem eigenen Gewissen bestehen zu können. Ein solches Bemühen aber wäre kaum erklärbar, wenn Nationalsozialisten nicht auch überzeugt gewesen wären, dass die Tötung von Juden im Normalfall illegitim ist, weil sie einen Verstoß gegen das jedem Menschen zustehende Recht auf Leben darstellt – und also gerechtfertigt werden muss. Ein vom SS-Hauptamt herausgegebener Lehrplan für die weltanschauliche Erziehung ließ jedenfalls keinen Zweifel daran, dass alle Menschen, »ob Weiße, Gelbe oder Schwarze«, »neben der gemeinsamen Fortpflanzungsmöglichkeit bestimmte, für den Menschen

19 Zit. nach Daniel Jonah Goldhagen, Hitlers willige Vollstrecker. Ganz gewöhnliche Deutsche und der Holocaust, Berlin 1998, S. 331. – Goldhagen meint gar (im Gegensatz zu Christopher R. Browning), in den Tausende von Seiten umfassenden Stellungnahmen der Angehörigen des Polizeibataillons 101 fehle »jeder Hinweis, dass die Deutschen die Juden als Menschen akzeptiert hätten« (ebd., S. 641).

20 Siehe dazu Lothar Fritze, Moralische Rechtfertigung und außermoralische Überzeugungen. Sind »totalitäre Verbrechen« nur in einer säkularen Welt möglich? In: Leviathan, 37 (2009) 1, S. 5–33, hier 17–20.

kennzeichnende Merkmale und Eigenschaften« haben und die gesamte Menschheit daher ein und derselben Art angehört.[21]

*Drittens:* Den Kern der Hitlerschen Weltanschauung bildet die politische Theorie eines universellen Überlebenskampfes von Völkern und Rassen. Unabhängig von seinen rassentheoretischen Annahmen hat Hitler – und zwar in (ihm unbewusster) Übereinstimmung mit Thomas Hobbes – nicht an die Möglichkeit einer langfristig stabilen und friedenserhaltenden Kooperation unter Naturzustandsbedingungen, im speziellen Fall unter Bedingungen einer allgemeinen Völker- und Staatenkonkurrenz geglaubt. Dementsprechend ging Hitler davon aus, dass es der Kampf um knappen Lebensraum und Ressourcen verbietet, die Interessen der Angehörigen anderer Völker oder anderer Rassen als gleichberechtigt zu berücksichtigen. Unter diesen Bedingungen, so war Hitler offenbar überzeugt, hat jede Partei (jeder Staat, jedes Volk) ein – in Hobbesscher Terminologie – »Recht auf alles«[22]. Damit fielen – der denkbar stärksten Deutung entsprechend – die Individuen konkurrierender Völker und Rassen aus dem Kreis derer, die von den Grundnormen erfasst werden, heraus. In der Auseinandersetzung konkurrierender Überlebenseinheiten bleibt somit unter den Bedingungen eines moralisch und rechtlich ungeregelten Naturzustandes nur das »Recht des Stärkeren«.

Im Ergebnis haben wohl alle führenden Nationalsozialisten Reichweitenregeln akzeptiert, die sich zum

21 SS-Hauptamt: Lehrplan für die weltanschauliche Erziehung in der SS und Polizei. In: Hans-Adolf Jacobsen / Werner Jochmann (Hrsg.), Ausgewählte Dokumente zur Geschichte des Nationalsozialismus 1933–1945, Bielefeld 1961, S. 1–10, hier 2. Vgl. auch Martin Staemmler, Rassenpflege im völkischen Staat, München 1937, S. 14 f.

22 Thomas Hobbes, Leviathan, Hamburg 1996, S. 108.

Teil von denen unterschieden, die wir im Rahmen einer universalistischen Menschenrechtsethik vertreten. Darunter waren auch ethnisch und rassistisch begründete. Diese Unterschiede sind moralisch bedeutsam. Sie verweisen auf Unterschiede zwischen der »Moral« der Nationalsozialisten und der unseren.

Zu fragen ist aber: Warum nimmt jemand beispielsweise an, nichtnordische Menschen verkörperten unterentwickelte Formen des Menschseins und müssten demzufolge nicht wie wirkliche Menschen behandelt werden? Weil er selbst ein schlechter Mensch ist, amoralisch oder gewissenlos? Oder weil er über bestimmte Sachverhalte der äußeren Welt andere Anschauungen hat, weil er zum Beispiel eine andere oder eine falsche Theorie vertritt? Die Antwort auf diese Frage ist den angeführten Beispielen zu entnehmen. Sie zeigen, dass es letztlich *außermoralische* Annahmen sind, die zu den spezifischen – moralisch relevanten – Reichweitenregeln zumindest führen können. In den genannten Beispielen sind es Überlegungen sowohl aus dem Bereich der Naturwissenschaft beziehungsweise der Anthropologie als auch der politischen Philosophie.

### *3. Universalistische Reichweitenregeln?*

Aus der Sicht derer, die die zugrunde liegenden außermoralischen Annahmen Andersdenkender *nicht* teilen, sind die daraus resultierenden Reichweitenbeschränkungen Ausdruck einer *nicht-universalistischen* Moral. Will man jedoch das Selbstverständnis der Nationalsozialisten erfassen, kann man diese Reichweiten-Festlegungen nicht als Preisgabe des universalistischen Standpunktes beschreiben. Eine solche Preisgabe ist es eben nur aus der Sicht derer, die die Grenzziehung zwischen höher- und minderwertigen Völkern und Rassen beziehungsweise zwischen vollkommenen und nichtvollkommenen Menschen oder aber die Hitlersche Lebenskampf-Theorie nicht akzeptieren und damit die in Anschlag gebrachten Reichweiten-Kriterien für *moralisch irrelevant* halten. Aus nationalsozialistischer Sicht aber bestand kein Zweifel, dass sie die von ihnen akzeptierten Grundnormen mit dem Anspruch auf allgemeine Geltung und allgemeine Zustimmung vertreten. Zum einen wurde die Geltung der Normen für alle akzeptiert, die in einem moralisch relevanten Sinne als gleich zu betrachten sind. Zum anderen kam es auf die Zustimmung derer, die in einem moralisch relevanten Sinne nicht als Gleichberechtigte betrachtet wurden, nicht an. Darüber hinaus billigte Hitler das sich aus der Tatsache des nicht aufhebbaren Überlebenskampfes von Völkern und Rassen ergebende »Recht«, sich zum Zwecke der eigenen Existenzsicherung alles Notwendige auch gewaltsam zu holen, jedem Konkurrenten zu. Er hielt »alle Wesen« auf dieser Erde für »gleich in ihrem Recht zum Leben«; sie alle hätten »das Recht, dies Recht zu verfechten«.[23] Zumindest insoweit hatte Hitler einen in jeder (nicht nur in nationalsozialistischer) Hinsicht universalistischen Standpunkt vertreten – einen Universalismus bezüglich des Selbstbehauptungsrechtes. Natürlich werden, indem man für seine Selbsterhaltung kämpft, die Interessen der Anderen gerade nicht so berücksichtigt, als wären es die eigenen. Gerade Letzteres hielt Hitler unter Berücksichtigung der menschlichen Erfahrung für ausgeschlossen. Jedes Volk, so war er überzeugt, strebt nach Verbesserung seiner Lage – auch auf Kosten anderer Völker; »jedes Volk sieht als Recht an, was

23 Adolf Hitler, »Was wir wollen«. Rede auf NSDAP-Versammlung in Oldenburg vom 18. Oktober 1928. In: Hitler, Reden, Schriften, Anordnungen, München 1994, Band III/1, Dok. 37, S. 168.

es hat, und keines fragt: Wir wollen abwägen, ob vielleicht, gemessen an dem Zustand anderer Völker, unser Leben zu gut gestaltet ist«[24].

Diese Präferenz für das Eigeninteresse, die wir beispielsweise auch im privaten Umgang mit dem Recht auf Notwehr anerkennen, wird allerdings jedem zugestanden. Gerade deshalb aber wird jeder, der die diesbezüglich relevanten anthropologischen und politischen Überzeugungen Hitlers teilt, vernünftigerweise auch seiner Auffassung von der Legitimität des Kampfes um Lebensraum und knappe Ressourcen zustimmen. Insoweit sich Hitler gedanklich in der Lebensraum-Theorie bewegte und eine Konfusion mit seinen rassistischen Überzeugungen vermied, beanspruchte er für das deutsche Volk lediglich ein Recht, das er allen Völkern zugestand. In einer Rede führte er dazu aus:

> »Das Spiel der freien Kräfte wird im Völkerleben weiter walten. Schließlich wird das tüchtigste Volk die Erde beherrschen. Wir wissen nicht, welches Volk es sein wird. Aber wir möchten unser Volk nicht ausscheiden von diesem Wettbewerb.«[25]

Ob die den jeweiligen Rechtfertigungen zugrundeliegenden Überzeugungen (etwa die Überzeugung von einem durch Kooperation nicht aufhebbaren Überlebenskampfes um knappe Existenzvoraussetzungen) zu akzeptieren oder nicht zu akzeptieren sind, ist keine moralische Frage – es handelt sich nämlich um keine Frage, die mit moralphilosophischer Reflexion zu beantworten wäre. Bei Überzeugungen dieser Art

24 Adolf Hitler, »Wir und die Reichswehr – Unsere Antwort an Seeckt und Geßler«. Rede auf NSDAP-Versammlung in München vom 15. März 1929. In: Hitler, Reden, Schriften, Anordnungen, München 1994, Band III /2, Dok. 6, S. 49.

25 Hitler, »Was wir wollen«, S. 168 f.

handelt es sich um außermoralische oder nicht-moralische Überzeugungen.

Gleichzeitig hatten manche Nationalsozialisten die übliche Reichweite einer universalistischen Moral ausgedehnt. Himmler beispielsweise betrachtete jede Art von Jagd als Mord an unschuldigen Lebewesen.[26] Hitler war zum einen der Meinung, dass auch zukünftige Menschen in die Reichweite der moralischen Normen fallen. Zum anderen vertrat er die Auffassung, dass es sich bei einer Geburtenverhinderung um eine Form der (unerlaubten) Tötung handelt.

26 So Josef Wulf, Heinrich Himmler. Eine biographische Studie, Berlin-Grunewald 1960, S. 9.

# IX. RECHTFERTIGUNGS-GRÜNDE

Moralische Normen verpflichten zu bestimmten Handlungen oder Unterlassungen; die Pflichten jedoch, die sich aus ihnen ableiten lassen – so muss man sich klarmachen –, gelten in der Regel nur unter bestimmten Bedingungen, nämlich solchen des *Normalfalles.* Diese Pflichten sind insofern bedingt; sie gelten nicht uneingeschränkt. Anders gesagt: Die auf diese Weise formulierten Verpflichtungen sind zu erfüllen, solange keine außergewöhnlichen Umstände, keine Ausnahmebedingungen, vorliegen, die eine Nichterfüllung der unter Normalbedingungen geltenden Pflicht[27] erlauben. Derartige Erlaubnisse zur Normenverletzung, die selbst wiederum moralische Regeln verkörpern, nennt man »Rechtfertigungsgründe«.

27 Eine nicht absolut beziehungsweise nicht unbedingt, also nur unter Normalbedingungen geltende Pflicht wird mitunter auch als »Prima-facie-Pflicht« bezeichnet (siehe beispielsweise David Ross, Ein Katalog von Prima-facie-Pflichten. In: Dieter Birnbacher / Norbert Hoerster [Hrsg.], Texte zur Ethik, S. 253–269). Ich selbst habe diese Terminologie mitunter verwendet (siehe Fritze, Moralische Rechtfertigung und außermoralische Überzeugungen, S. 5–33, sowie ders., Anatomie des totalitären Denkens. Kommunistische und nationalsozialistische Weltanschauung im Vergleich, München 2012, S. 373). Andere Autoren lehnen sie jedoch ab (siehe John R. Searle, Wie wir die soziale Welt machen. Die Struktur der menschlichen Zivilisation, Berlin 2012, S. 329–331).

## *1. Allgemeines*

Rechtfertigungsgründe verweisen auf Umstände, bei deren Vorliegen geltende Normen verletzt werden dürfen. Bei diesen Umständen kann es sich um dauerhaft gegebene Probleme der Existenzsicherung handeln, die einen Kampf um knappe überlebenswichtige Ressourcen (etwa einen Krieg um Nahrung oder Wasser) auslösen. Es kann sich ebenso um situationsbezogene Ausnahmebedingungen handeln, die eine Gefahrenabwehr (zum Beispiel eine Notwehrhandlung) erforderlich machen. Es kann sich ferner um Verstöße gegen eine geltende Normenordnung handeln, die von einer Ordnungsmacht sanktioniert werden (Bestrafungen, die individuelle Rechte einschränken oder gar, wie im Falle der Todesstrafe, gänzlich vernichten). Es kann sich zudem um Pflichtenkollisionen handeln – um Situationen also, in denen die Ausführung einer gebotenen Handlung (etwa die Hilfe für einen Bedrohten) zugleich die Verletzung einer anderen geltenden Norm einschließt (etwa das Belügen des unrechtmäßigen Angreifers). Es kann sich schließlich um Opferkalkulationen utilitaristischer Art handeln – also darum, dass der Schutz bestimmter Interessen die Aufopferung anderer Interessen, notfalls auch der Opferung von Menschen, erforderlich macht.

Rechtfertigungsgründe schließen die (moralische) Rechtswidrigkeit einer Normverletzung aus. Liegt ein moralischer Rechtfertigungsgrund vor, ist die unter Normalbedingungen verbotene Verletzung der Moralnorm nicht unerlaubt. Sie kann daher auch nicht legitim sanktioniert werden. Rechtfertigungsgründe sind Instrumente der Konfliktregulierung. Sie legen fest, wie Handlungsalternativen, die mit einer Verletzung individueller Interessen einhergehen, zu entscheiden sind – wie zum Beispiel in bestimmten Fällen eines Widerstreits zwischen

Interessen unterschiedlicher Parteien zu verfahren ist oder wie eine Wahl zwischen zwei möglichen Weltzuständen getroffen werden soll. Rechtfertigungsgründe entscheiden über die Legitimität der Verletzung von Fremdinteressen. Dass die Normverletzung nur im Falle des Vorliegens eines gültigen Rechtfertigungsgrundes als legitim gilt, bestätigt die Geltung der Norm.

Ob Rechtfertigungsgründe innerhalb einer Gemeinschaft moralische Geltung besitzen, hängt von ihrer gesellschaftlichen Anerkennung ab. Bei der praktischen Beurteilung von Handlungen ist zu unterscheiden, ob die Gültigkeit eines Rechtfertigungsgrundes oder das Vorliegen eines gültigen Rechtfertigungsgrundes umstritten ist.

Aus diesen Zusammenhängen ergibt sich folgende Konsequenz: Die moralische Legitimität oder Illegitimität einer Handlung ist nicht allein an ihrer *äußeren Form* erkennbar. Eine Handlung – zum Beispiel: A erschlägt B – kann eine moralische Grundnorm verletzen (hier das Tötungsverbot) und trotzdem moralisch legitim sein.

## *2. Gefahrenabwehr und Notwehr*

Nimmt man nun die nationalsozialistischen Täter in den Blick, so ist es offensichtlich, dass sie ihr Handeln häufig unter Berufung auf Gefahrenabwehr- beziehungsweise Notwehrsituationen gerechtfertigt haben oder auf Nachfrage gerechtfertigt hätten. Die Berufung auf derartige Rechtfertigungen erklärt ihr gutes Gewissen, bedeutet aber selbstverständlich nicht, dass sie sich tatsächlich in solchen Situationen befanden und ihr Handeln gerechtfertigt war. Festzuhalten bleibt allerdings, dass die Gefahrenabwehr und die Notwehr auch in unserer Moral anerkannte Rechtfertigungsgründe sind.

Hitlers Lebenskampf-Theorie kann nicht nur genutzt werden, um spezifische Reichweitenregeln zu konstruieren; sie ist ebenso geeignet, Rechtfertigungen unter Bezugnahme auf Rechtfertigungsgründe abzuleiten. Im Ergebnis bleibt es sich weitgehend gleich, wie man die Begründung für die Erlaubnis der Grundnormverletzung moralphilosophisch konstruiert: über eine Beschränkung der Reichweite oder aber über die Konstruktion einer Gefahren- oder Notwehrlage. Wie bereits erwähnt, hatte Hitler jedem Volk ein natürliches Recht zugebilligt, für seine Selbsterhaltung zu kämpfen. Dieses Recht war also universalistisch konzipiert. In einem solchen Kampf um Lebensraum und knappe Ressourcen, einem Hobbesschen »Krieg aller gegen alle«, dürfen die Angehörigen fremder Völker getötet oder versklavt werden, wenn dies erforderlich ist, entweder um die Gefahren abzuwenden, die aus einer Unterversorgung mit Existenzvoraussetzungen (Wasser, Ackerböden, Rohstoffe etc.) entspringen, oder um Angriffe von Feinden oder Mitkonkurrenten abzuwehren. Ein Großteil, der von Hitler und anderen führenden Nationalsozialisten ins Feld geführten Rechtfertigungen basieren auf den Rechtfertigungsgründen der Gefahrenabwehr beziehungsweise der Notwehr.

Der Abwehr der Gefahren, die Hitler glaubte identifiziert zu haben, schrieb er eine enorme Bedeutung zu – und zwar sowohl für das deutsche Volk und die arische Rasse als auch für die Menschheit insgesamt. Als solche (vermeintliche) Gefahren identifizierte er etwa: die Unterversorgung mit Lebensraum und die drohende Übervölkerung Deutschlands, die »Rassenvermischung« und die Verschlechterung des Genpools, den Einfluss des »raffenden« Kapitals und den »internationalen Finanzkapitalismus«, den Bolschewismus und die »expansiven Bestrebungen des Slawentums«, die

»jüdische Dominanz« in Gesellschaft, Wirtschaft und Kultur und überhaupt die davon ausgehende allgemeine »Verjudung«, die liberale Demokratie, die Vorrangstellung des Materialismus und den »kulturellen Verfall«. Aus diesen Gefahrenanalysen leitete er Handlungsmaximen ab, die auch ein gewaltsames Eingreifen beinhalteten.

Um das nationalsozialistische Denken wirklich zu verstehen, ist es unverzichtbar, Rechtfertigungsargumentationen zunächst unabhängig von der Frage zu analysieren, ob manche Argumente womöglich in der Absicht vorgebracht wurden, Handlungen zu rechtfertigen, die aus ganz anderen Erwägungen ausgeführt werden sollten. Nur so wird man begreifen, dass auch das moralische Denken im Nationalsozialismus die allgemein anzutreffende innere Struktur von Rechtfertigungen aufwies. Natürlich ist mit »Rationalisierungen« der angedeuteten Art zu rechnen. Solche sollten in einem weiteren Schritt identifiziert werden. Allerdings würden wir einen Täter, der an keine seiner Rechtfertigungen glaubt, sondern sie in Täuschungsabsicht vorbringt, nicht mehr als Täter mit gutem Gewissen betrachten. Auf solche Täter wäre das hier vorgeschlagene Analyseschema nicht anwendbar.

Hitler aber und mit ihm andere nationalsozialistische Ideologen und Praktiker haben diese »Bedrohungen« ernst genommen. Hitler fühlte sich zweifellos verpflichtet, die Ernährungsgrundlage des deutschen Volkes zu sichern und die Gefahr einer erneuten Blockade Deutschlands durch den Aufbau einer deutschen Vormachtstellung auf dem Kontinent zu bannen. 62 Millionen Deutsche »auf dem sogenannten wirtschaftsfriedlichen Wege weiter zu ernähren« hielt er für unmöglich. Das deutsche Volk lebe auf einer »unmöglichen Grundfläche«, sei »von gigantischen Staatengebilden umgeben« und darüber hinaus »pazifistisch verseucht« und »demokratisch vergiftet«.[28] Er war überzeugt, dass die schmale Energie- und Rohstoffbasis Deutschlands im Interesse der nationalen Sicherheit ausgebaut werden muss.

Hinzu kamen Feinde im Inneren. Neben den Kommunisten galt als Hauptfeind das Judentum, das Hitler als teuflisches »›Ferment der Dekomposition‹«[29] erschien. Zum einen behauptete er, dass vom jüdischen Wesen eine Art Ansteckungsgefahr ausgehe. Deshalb seien Juden – so erläuterte er dem ungarischen Reichsverweser von Horthy in einer Unterredung am 17. April 1943 – »wie Tuberkelbazillen zu behandeln, an denen sich ein gesunder Körper anstecken könne«[30]. Zum anderen nahm Hitler an, dass sich das Judentum zu einer Vernichtungsaktion gegen das deutsche Volk verschworen hat. Dieser Suggestion entsprechend, hatte es sich das Übel der deutschen Widerstandshandlungen selbst zugezogen. »Als sie gegen das deutsche Volk den Plan einer totalen Vernichtung fassten«, so konnte Goebbels verkünden, »unterschrieben sie damit ihr eigenes Todesurteil.«[31]

Zentrale Rechtfertigungen für das eigene Handeln wurden des Weiteren aus der (tatsächlichen oder vermeintlichen) Bedrohung durch den Bolschewismus hergeleitet. Er galt als die eigentliche, aktuelle Herausforderung. Hitler glaubte an einen bevorstehenden Vernichtungskampf,

28 Adolf Hitler, »Geist und Doktor Stresemann?« Rede auf NSDAP-Versammlung in München vom 2. Mai 1928. In: Hitler, Reden, Schriften, Anordnungen, München 1992, Band II/2, Dok. 268, S. 814.

29 Hitler, Mein Kampf, S. 498.

30 Andreas Hillgruber (Hrsg.), Staatsmänner und Diplomaten bei Hitler. Zweiter Teil. Vertrauliche Aufzeichnungen über Unterredungen mit Vertretern des Auslandes 1942–1944, Frankfurt a. M. 1970, S. 257.

31 Joseph Goebbels, Der Krieg und die Juden. In: ders., Der steile Aufstieg. Reden und Aufsätze aus den Jahren 1942/43, München 1944, S. 263–270, hier 270.

der auf Leben und Tod geführt werden würde und dem auszuweichen nicht möglich sei. Selbst Führer einer Weltanschauungsdiktatur, war er überzeugt, dass die bolschewistischen Führer entsprechend der marxistischen Utopie eine internationale revolutionäre Strategie verfolgen, die »die ganze Welt langsam erschüttern und zum Einsturz bringen«[32] wird. Im Bolschewismus sah er eine Bedrohung der gesamten westlichen Welt. Er sah sich einem »weltanschaulich fundierte[n] Angriffswille[n] gegenüber«, wobei sich die »militärischen Machtmittel« dieses Angriffswillens »in rapider Schnelligkeit von Jahr zu Jahr« steigerten. Und er setzte hinzu: »Gegenüber der Notwendigkeit der Abwehr dieser Gefahr haben alle anderen Erwägungen als gänzlich belanglos in den Hintergrund zu treten!«[33]

Auf dem Höhepunkt seiner Macht, während der Sommeroffensive der deutschen Wehrmacht 1942, fasste Hitler das Motiv der Gefahrenabwehr sowie die übernationale Bedeutung der nationalsozialistischen Revolution so zusammen:

> »Wäre im Jahre 1933 dieser Sieg einer Weltanschauung nicht errungen worden oder wäre es damals nicht gelungen, den Neubau des Reiches durchzuführen, die Einheit des Reiches restlos sicherzustellen und vor allem die deutsche Wehrmacht aufzurichten, dann würde, ob in diesem oder einem anderen Jahr, eine vollständig ungerüstete, wehrlose deutsche Nation das Opfer geworden sein eines Giganten, der wieder aus Asien über Europa hinweggezogen wäre. [...] Was anstelle dieses heutigen

32 Adolf Hitler, [Rede vor dem Industrieklub in Düsseldorf vom 27. Januar 1932]. In: Domarus, Hitler, Band I /1, S. 77.

33 [Adolf Hitler], Denkschrift Hitlers über die Aufgaben eines Vierjahresplans. In: Vierteljahrshefte für Zeitgeschichte, 3 (1955) 2, S. 204–210, hier 204 f. (Hervorhebung getilgt).

Europa – von unser aller eigenen Heimat wollen wir gar nicht reden – treten würde, weiß derjenige, der den Osten gesehen hat.«[34]

In all diesen Äußerungen nahm Hitler den Rechtfertigungsgrund der Notwehr in einem Modus in Anspruch, nämlich dem der *präventiven* Selbstverteidigung, wie er zumindest im modernen Völkerrecht – sieht man von der Nationalen Sicherheitsstrategie der Vereinigten Staaten von Amerika[35] ab – nicht oder kaum akzeptiert wird. Da Rechtfertigungsgründe selbst moralische Regeln verkörpern, wird deutlich, dass die Nationalsozialisten, zumindest in dieser Hinsicht, nämlich insofern sie eine präventive Gewaltanwendung für gerechtfertigt hielten, eine (jedenfalls von der heutigen deutschen Mehrheitsgesellschaft) abweichende Moral hatten.

Für das Verständnis des moralischen Denkens im Nationalsozialismus ist es wesentlich zu begreifen: Nationalsozialisten fühlten sich moralisch berechtigt, diese und andere Probleme offensiv anzugehen und auf Bedrohungen präventiv zu reagieren – auch wenn dabei Interessen anderer verletzt werden. Hinzu kam, dass die bolschewistischen Verbrechen längst in Westeuropa bekannt geworden waren, sodass auch die Nationalsozialisten einen, was die Tatsache dieser Verbrechen anlangt, durchaus zutreffenden Blick auf den Bolschewismus hatten. Für Joseph Goebbels stand da-

34 Adolf Hitler, Geheimrede vom 30. Mai 1942 vor dem »militärischen Führernachwuchs«. In: Henry Picker, Hitlers Tischgespräche im Führerhauptquartier. Entstehung, Struktur, Folgen des Nationalsozialismus, Berlin 1997, S. 707–723, hier 712 f. (Hervorhebungen getilgt). Vgl. auch [Adolf Hitler], Hitlers politisches Testament. Die Bormann Diktate vom Februar und April 1945. Mit einem Essay von Hugh R. Trevor-Roper und einem Nachwort von André François-Poncet, Hamburg 1981, S. 79.

35 The National Security Strategy of the United States of America, September 2002 (www.whitehouse.gov/nsc/nss.pdf; 5.10. 2005).

her fest, dass mitzuhelfen im Kampf gegen die »infernalische Weltpest« des Bolschewismus, die »krasseste Blut- und Terrorherrschaft, die die Welt je sah«, »Pflicht eines jeden verantwortungsbewussten Menschen« sei.[36]

Gefahren- und Notwehrsituationen wurden auch in anderer Hinsicht konstruiert. In der nationalsozialistischen Ideologie erschienen die Juden – sowohl in Gestalt eines »parasitär lebenden« Volkes innerhalb des »deutschen Volkskörpers« als auch in Gestalt des (angeblich) jüdisch dominierten Finanzkapitalismus sowie insbesondere in Gestalt des »jüdischen Bolschewismus« – nicht nur als die gefährlichsten Feinde des deutschen Volkes: Man unterstellte zugleich, dass von ihnen eine aktuelle Bedrohung ausgehe (und sei es nur in Gestalt einer Infizierung mit den für das Judentum als charakteristisch angenommenen Denk- und Verhaltensweisen), sodass sich das deutsche Volk, ja die gesamte Zivilisation, in einer Notwehrsituation befände.

In diesem Sinne wurde auch die systematische Ermordung der jüdischen Bevölkerung im Osten durch SS-Brigaden und Polizeibataillone gerechtfertigt. Obwohl die Tötung der Juden »vom Ursprung her nichts mit der Bekämpfung von Partisanen [...] zu tun hat«[37], sondern dem Rassenantisemitismus sowie der Angst vor dem »jüdischen Bolschewismus« entsprang, konnten diese Aktionen, nachdem der Partisanenkampf hinter der deutschen Front eröffnet war, als prophylaktische Partisanenbekämpfung ausgegeben

36 Joseph Goebbels, Der Bolschewismus in Theorie und Praxis, München 1936, S. 8, 28.

37 Andreas Hillgruber, Der Ostkrieg und die Judenvernichtung. In: Gerd R. Ueberschär/ Wolfram Wette (Hrsg.), Der deutsche Überfall auf die Sowjetunion. »Unternehmen Barbarossa« 1941, 2. Auflage Frankfurt a. M. 2011, S. 185–205, hier 196.

werden.[38] Juden galten als Feinde im Rücken der Wehrmacht und ihre Bekämpfung als Kriegsnotwendigkeit.[39] Ähnlich argumentierte Himmler, als er den Entschluss rechtfertigte, das jüdische Volk, also auch Frauen und Kinder, »von der Erde verschwinden zu lassen«. Er begründete dies mit dem Hinweis, er habe sich »nicht für berechtigt« gehalten, nur »die Männer auszurotten«, gleichzeitig aber »die Rächer in Gestalt der Kinder für unsere Söhne und Enkel groß werden zu lassen«.[40] Eine solche Begründung zu geben ist aber überhaupt nur dann notwendig, wenn auch er überzeugt war, dass die Tötung subjektiv unschuldiger Menschen unter Normalbedingungen ein moralisches Unrecht darstellt und deshalb gerechtfertigt werden muss, oder aber, wenn er zumindest überzeugt war, dass seine Zuhörer diese Überzeugung haben.

Die Massenerschießungen durch die sogenannten SS-Einsatzgruppen hinter der Ostfront folgten primär der Idee einer präventiven Bekämpfung von Feinden.[41] Otto Ohlendorf, zeitweise Kommandeur einer der berüchtigten Einsatzgruppen und von Beruf Jurist, hatte deren Tätigkeit, einschließlich der Erschießung von Kindern, noch nach dem Krieg als zwingende Kriegsnotwendigkeit gerechtfertigt und sich mit der Intention des Führerbefehls identifiziert,[42]

38 Vgl. Hans Mommsen, Auschwitz, 17. Juli 1942. Der Weg zur europäischen »Endlösung der Judenfrage«, München 2002, S. 120, 123.

39 Vgl. Saul Friedländer, Das Dritte Reich und die Juden. Zweiter Band: Die Jahre der Vernichtung 1939–1945, Bonn 2006, S. 236, 239.

40 [Heinrich Himmler], Rede bei der SS-Gruppenführertagung in Posen am 4. Oktober 1943. In: Der Prozess gegen die Hauptkriegsverbrecher vor dem Internationalen Militärgerichtshof, Band 29, Nürnberg 1948, S. 110–173, hier 146.

41 Vgl. Ernst Nolte, Der europäische Bürgerkrieg 1917–1945. Nationalsozialismus und Bolschewismus, München 2000, S. 469 f.

42 Vgl. ebd., S. 541 FN 22.

»auch eine Gefahr zu bekämpfen, die in der Zukunft entstehen könnte«[43].

Ähnliche Rechtfertigungen konnten vorgebracht werden für eine Beschneidung der Rechte von Behinderten oder für die Aktionen zur Vernichtung unwerten Lebens. Auch hier ging es darum, Schaden von Mitmenschen und überhaupt vom deutschen Volk abzuwenden. Hitler nannte es eine »Halbheit, unheilbar kranken Menschen die dauernde Möglichkeit einer Verseuchung der übrigen gesunden zu gewähren«; zwar sei die unbarmherzige »Absonderung unheilbar Erkrankter« eine »barbarische Maßnahme für den unglücklich davon Betroffenen«, sie sei aber »ein Segen für die Mit- und Nachwelt«.[44] Mit all diesen Einlassungen werden Gründe generiert, die eine Verletzung von im Normalfall geltenden Grundnormen als moralisch erlaubt erscheinen lassen.

### 3. *Pflichtenkollisionen*

Ist die Ausführung einer moralisch gebotenen Handlung unweigerlich mit der Verletzung einer anderen Moralnorm verbunden, bedarf es einer Regelung, wie Interessenbeziehungsweise Normenkonflikte dieser Art aufzulösen sind. Für die Auflösung von Pflichtenkollisionen kommt die Regel in Frage, wonach die Erfüllung höherrangiger Pflichten eine Verletzung niederrangiger erlaubt. Eine solche Regel hat – da sie auf Entscheidungen über die Bedeutung von Werten gründet – normativen Charakter; die Akzeptanz der die Basis bildenden Rangfolge kann aber von außermoralischen Annahmen abhängen.

43 Zit. nach ebd.

44 Hitler, Mein Kampf, S. 278 f.

Die führenden Nationalsozialisten betrachteten Völker als die eigentliche »menschliche Wirklichkeit« – als diejenige Wirklichkeit, »die nicht mehr weiter abgeleitet werden kann«, deren Geheimnis »unmittelbar aus dem Geheimnis des Lebens und Werdens [...] entgegen[zu]nehmen« ist. Das Volk galt als ein »Gesamtwesen«,[45] als eine »überpersönliche und überzeitliche Gesamtwesenheit gleichen Blutes und einheitlicher geistig-seelischer Prägung«, die Einzelmenschen nur als »Erscheinungsformen ihrer Völker«.[46] Ausgehend von dieser ontologischen, also außermoralischen, Annahme postulierte man einen normativen Vorrang der Gemeinschaft, des Volkes, der Rasse oder auch des Staates, gegenüber dem Einzelnen, ja auch der Summe der Einzelnen. Für Hitler war der Staat eine Organisation von Einzelnen »gleichen Wesens und gleicher Art« zur »besseren Ermöglichung der Fortpflanzung ihrer Art sowie der Erreichung des dieser von der Vorsehung vorgezeichneten Zieles ihres Daseins«.[47] Der einzelne Mensch erschien dieser organizistischen Auffassung gemäß als eine »Aufbauzelle« im »Volkskörper« und konnte somit »nie der Zweck, sondern nur das Mittel eines politischen Planens und Handelns sein«.[48] Daher betrachtete Hitler das »Gesamtschicksal« als das »Primäre« und das »Einzelschicksal« als das

45 Reinhard Heydrich, Aufgaben und Aufbau der Sicherheitspolizei im Dritten Reich. In: Hans Pfundtner (Hrsg.), Dr. Wilhelm Frick und sein Ministerium. Aus Anlaß des 60. Geburtstages des Reichs- und preußischen Ministers des Innern Dr. Wilhelm Frick am 12. 3.1937, München 1937, S. 149–153, hier 149.

46 Werner Best, Erneuerung des Polizeirechts. In: Kriminalistik, 12 (1938) 2, S. 26–29, hier 27.

47 Hitler, Mein Kampf, S. 164–166.

48 Heinrich Himmler, Aufgaben und Aufbau der Polizei des Dritten Reiches. In: Hans Pfundtner (Hrsg.), Dr. Wilhelm Frick und sein Ministerium. Aus Anlaß des 60. Geburtstages des Reichs- und preußischen Ministers des Innern Dr. Wilhelm Frick am 12.3.1937, München 1937, S. 125–130, hier 127 f.

»Sekundäre«.[49] Sofern Hitler überhaupt bereit war, dem einzelnen Menschen einen Eigenwert zuzubilligen, glaubte er, den »Wert eines Menschen« danach bestimmen zu können, ob man »ihn entfernen kann ohne ihn zu ersetzen«: »Wenn nicht, dann hat er einen Wert.«[50] Der Einzelne hat Wert, sofern er eine Funktion innerhalb des Ganzen wahrnimmt. Deshalb hat das »individuelle Glück des Einzelmenschen« zurückzutreten, »weil eben«, wie Himmler formulierte, »der wirkliche Sinn und die Erfüllung des Einzeldaseins im Volk und nicht im Ich liegt«.[51]

Indem die Erhaltung und Entfaltung des Volkes zum höchsten Wert erklärt wurde, hatte der Nationalsozialismus in der Tat eine neue »Werteordnung«, eine umgekehrte Rangordnung der Werte, etabliert. Daraus ergaben sich normative Konsequenzen. Der völkische Staat sei »›Rechtsstaat von oben‹, d. h. Rechtsstaat um des Ganzen willen«[52]. Während es in der überwundenen »individualistischen« Ordnung[53] »keinen höheren Wert« gab, »dem man den Menschen opfern durfte«, könne es die Aufgabe des nationalsozialistischen Staates *nicht* sein, »den Einzelnen zu schützen und ihm zu nützen, sondern allein, die Erhaltung und Entfaltung des Volkes sicherzustellen«.[54] Daraus zog Werner

49 Adolf Hitler, Rede auf NSDAP-Versammlung in Plauen i. V. vom 5. Mai 1928. In: Hitler, Reden, Schriften, Anordnungen, München 1992, Band II /2, Dok. 269, S. 831 (Hervorhebung getilgt).

50 Adolf Hitler, »Was ist Nationalsozialismus?« Rede auf NSDAP-Versammlung in Heidelberg vom 6. August 1927. In: Hitler, Reden, Schriften, Anordnungen, Band II /2, Dok. 160, S. 460.

51 Himmler, Aufgaben und Aufbau der Polizei des Dritten Reiches, S. 127 f.

52 Best, Erneuerung des Polizeirechts, S. 27.

53 Die Grundrechte der Weimarer Verfassung waren mit dem § 1 der »Verordnung zum Schutze von Volk und Staat« vom 28. Februar 1933 außer Kraft gesetzt worden.

54 Best, Erneuerung des Polizeirechts, S. 26 f. 55 Ebd., S. 27.

Best die Konsequenz: »Für diesen Zweck ist der Einzelne nur untergeordnetes Mittel, das eingesetzt und geopfert werden muss, wie es die Lebensnotwendigkeiten des Volkes erfordern.«[55] Damit aber war ein Rechtfertigungsgrund von enormer Tragweite anerkannt worden. Es musste nunmehr als gerechtfertigt gelten, individuelle Rechte in beliebiger Weise zu verletzen, wenn dies im Interesse der Selbstbehauptung und Entwicklung des Volkes erforderlich erscheint. Somit musste es auch als erlaubt gelten, gegebenenfalls selbst unschuldige Mitmenschen zu töten. Wie Normenkonflikte aufzulösen sind, brachte Hitler auf einen einfachen Nenner: »Das Recht der persönlichen Freiheit tritt zurück gegenüber der Pflicht der Erhaltung der Rasse.«[56] Der Unterschied zwischen einer individualistischen Menschenrechtsethik und den moralischen Überzeugungen der Nationalsozialisten kommt vielleicht nirgends so deutlich zum Ausdruck wie in der Auszeichnung des Volkes als dem höchsten Wert.

### 4. *Opferkalkulationen utilitaristischer Art*

Rechtfertigungen ganz eigener Art stellen Argumentationen dar, die die billigende Inkaufnahme von Rechtsverletzungen durch den dadurch gewährleisteten Schutz von Rechtsgütern rechtfertigen. Ein typisches Beispiel ist die Tötung Unschuldiger zu dem Zweck, andere Unschuldige, vorzugsweise eine größere Menge Unschuldiger, zu retten. Diese Kalkulationen beruhen in der Regel auf einem utilitaristischen Prinzip, also der moralischen Forderung, Handlungsentscheidungen am

55 Ebd., S. 27

56 Hitler, Mein Kampf, S. 279.

»größten Glück der größten Zahl« auszurichten.[57] Im Gegensatz zum universalistischen Prinzip des Utilitarismus allerdings waren die utilitaristischen Abwägungen der Nationalsozialisten ethnisch begrenzt.

Opferkalkulationen utilitaristischer Art folgen der Idee der Opfer- beziehungsweise Leidminimierung. Sie zielen darauf ab, Schäden zu minimieren beziehungsweise den Nutzen zu maximieren. Auf der Basis derartiger Opferkalkulationen hat man versucht, die moralische Erlaubnis zu begründen, Tausenden und gar Millionen von Menschen das Leben zu nehmen oder es aufs Spiel zu setzen, um anderen Menschen das Leben zu bewahren oder auch Noch-Ungezeugten ins Leben zu verhelfen. Vorgehensweisen, die im Lichte einer Alltagsmoral als Verbrechen erscheinen, sollen auf diesem Wege moralisch legitimiert werden. Die moralische Notwendigkeit, die Schädigung und Opferung von Menschen zu rechtfertigen, wurde empfunden, weil man um die gesellschaftliche Geltung der dadurch verletzten Grundnormen wusste und, so die Annahme, diese Normen auch selber akzeptierte.

Auf der Basis von Opferkalkulationen utilitaristischer Art lässt sich die moralische Zulässigkeit, vielleicht sogar die Notwendigkeit einer Verletzung individueller Rechte begründen. Wer von der Gültigkeit derartiger Begründungen überzeugt ist, kann sich unter gegebenen Umständen moralisch berechtigt fühlen, Menschen in den Tod zu schicken oder sie auch selbst zu töten, wenn dadurch eine größere Zahl von Menschen gerettet wird oder Bedingungen entstehen, dass zukünftig mehr Menschen leben werden.

57 Opferkalkulationen einer bestimmten Art können auch vertragstheoretisch begründet werden. Siehe dazu Lothar Fritze, Die Tötung Unschuldiger. Ein Dogma auf dem Prüfstand, Berlin 2004, Kap. II /3.

Man wird die innere Logik einer Reihe von nationalsozialistischen Vorgehensweisen nur dann begreifen, wenn man sich vergegenwärtigt, dass gerade solche Überlegungen eine zentrale Rolle in Hitlers Denken spielten. So soll er gegenüber dem für Danzig zuständigen Völkerbund-Kommissar Carl J. Burckhardt gesprächsweise geäußert haben, er könne nicht hinnehmen, dass sein Volk Hunger leidet – um daran die rhetorische Frage anzuschließen: »Soll ich dann nicht besser zwei Millionen auf dem Schlachtfeld lassen, als noch mehr durch Hunger zu verlieren?«[58] Diese Überlegung lässt deutlich werden, wie sich Hitler bestimmten Problemen geistig zu nähern pflegte, und sie lässt vor allem auch seine Geringschätzung individueller Rechte erkennen.

Hitlers Denken folgte einem radikalen Verständnis der utilitaristischen Idee von der Austauschbarkeit von Individuen. Dem *Prinzip der Austauschbarkeit des Individuums* entsprechend, kann der Verlust des Lebens des Einen durch das dadurch möglich gewordene Weiterleben oder die dadurch wirklich werdende Geburt eines Anderen aufgewogen werden. Das Individuum gilt diesem Denken als ersetzbar. Das konkrete Individuum ist gleichsam nur ein Platzhalter einer bestimmten Menge von Leben. Jedem Einzelnen kann sein Leben – selbst mit Absicht – genommen werden, wenn dadurch die Gesamtmenge an menschlichem Leben steigt. Mit dieser Idee ist die Zubilligung eines unbedingten Rechts auf Leben unvereinbar. Auch der unschuldige Einzelne darf – unter der Voraussetzung seiner Ersetzung – aufgeopfert werden.

Dementsprechend war Hitler überzeugt, dass für die moralische Bewertung eines Staatsmannes letztlich die sich für sein Volk ergebende und durch ihn zu verantworten-

58 Zit. nach Carl J. Burckhardt, Meine Danziger Mission 1937–1939, München 1962, S. 266.

de Gesamtbilanz aus den Verlusten und dem Zugewinn an Menschenleben ausschlaggebend ist. Damit verfügte Hitler über eine Denkfigur, die geeignet schien, auch Opferkalkulationen großen Stils zu rechtfertigen. »Würde Deutschland jährlich eine Million Kinder bekommen«, so ließ er sich im August 1929 in einer Rede vernehmen, »und 700 000–800 000 der schwächsten beseitigen, dann würde am Ende das Ergebnis vielleicht sogar eine Kräftesteigerung sein.«[59] Lässt man sich auf Gewinn-und-Verlust-Rechnungen dieser Art ein, sind der Phantasie kaum Grenzen gesetzt. Schließlich konnten nach Hitlerschem Selbstverständnis sowohl Nicht-Zeugungen in der Vergangenheit als auch sich erst in der Zukunft realisierende Geburten in die Bilanz einberechnet werden.

Mit einer solchen Bilanzierung ließ sich selbst die politische Entscheidung zur Kriegführung rechtfertigen. Unter Berücksichtigung vermiedener Nicht-Zeugungen präsentierte Hitler in einer Rede vor dem militärischen Führernachwuchs im Mai 1942 folgende Bilanz seines politischen Handelns:

> »Wir haben seit dem Jahre 1918 fortgesetzt eine Geburtenbeschränkung vorgenommen. Das ist seit dem Jahre 1933 unterbrochen worden. [...] Allein gegenüber dem Standard des Jahres 1932 hat es die nationalsozialistische Revolution fertiggebracht, in wenigen Jahren etwas über 2½ Millionen Menschen mehr zur Welt bringen zu lassen. Der jetzige Krieg hat uns noch nicht 10 % von dem gekostet, was dadurch allein mehr an Menschenleben in die deutsche Nation hineinfloß.«[60]

59 Adolf Hitler, »Appell an die deutsche Kraft«. Rede auf NSDAP-Reichsparteitag in Nürnberg vom 4. August 1929. In: Hitler, Reden, Schriften, Anordnungen, Band III / 2, Dok. 64, S. 348.

60 Hitler, Geheimrede vom 30. Mai 1942 vor dem »militärischen Führernachwuchs«, S. 715 (Hervorhebungen getilgt).

Und an anderer Stelle setzte er hinzu: »ich hoffe, dass wir in zehn Jahren mindestens zehn bis fünfzehn Millionen Deutsche mehr auf der Welt sind; [...] ich schaffe die Lebensvoraussetzungen.«[61] Es dürfte kein Zweifel bestehen: Auch hierbei handelt es sich um eine moralische Argumentation, der die Annahme der (Normalfall-)Geltung des Tötungsverbots zugrunde liegt. Hitler rechtfertigte nicht *schlechthin* ein Recht, Volksgenossen zu opfern, um irgendwelche Ziele zu erreichen (in diesem Falle: um fremden Boden zu erobern), sondern er knüpfte diese Rechtfertigung an den Ersatz des geopferten Lebens.

## 5. *Rechtfertigungsargumentationen*

Rechtfertigungsgründe beschreiben Bedingungen, Situationen und Voraussetzungen, unter denen die Verpflichtung zur Beachtung moralischer Normen aufgehoben ist. Gleichzeitig nennen sie Kriterien, denen die normverletzenden Handlungen zu genügen haben.

Wenn man nun fragt, auf der Basis welcherart von Überlegungen über das Vorliegen rechtfertigender Bedingungen entschieden wird, so lautet die Antwort auch hier: In die Konstruktion dieser rechtfertigenden Bedingungen gehen wesentlich außermoralische Überlegungen ein. So können Fragen des tatsächlichen Gegebenseins der Anwendungsvoraussetzungen moralischer Grundsätze ohne Berücksichtigung empirischer Tatsachen (etwa der waffentechnischen Entwicklung) oder auch ohne eine Beurteilung der Natur des Gegners (etwa seiner religiösen oder weltanschaulichen Überzeugungen) nicht sinnvoll diskutiert wer-

61 Hitler, Monologe im Führerhauptquartier, Dok. 17, S. 58.

den. Ebenso muss eine Prüfung behaupteter Opferbilanzen auf empirische Daten oder auch auf nomologisches Wissen der Realwissenschaften zurückgreifen. Eine Diskussion des behaupteten Vorrangs des Volkes gegenüber dem Individuum hat die Dignität beziehungsweise Plausibilität der unterstellten Ontologie zu prüfen. Wir gelangen also auch dann, wenn wir *Rechtfertigungsargumentationen unter Bezugnahme auf Rechtfertigungsgründe* in den Blick nehmen, zu demselben Ergebnis – nämlich, dass außermoralische Überzeugungen und Annahmen eine wichtige, unter Umständen auch eine entscheidende Rolle spielen können.

Darüber hinaus aber – und auch dies sollte deutlich geworden sein – sind Rechtfertigungsargumentationen mit moralischen Überzeugungen verwoben. Entscheidend dafür, ob eine Rechtfertigungsargumentation, die auf Rechtfertigungsgründe Bezug nimmt, als legitim gelten beziehungsweise auf Akzeptanz stoßen kann, ist die prinzipielle Akzeptanz der Gründe, der Denkfiguren, die vorgebracht werden, um eine Normverletzung als moralisch erlaubt zu rechtfertigen. Die Frage der Anerkennungswürdigkeit von Rechtfertigungsgründen ist eine normative Frage. Ob man Notwehr oder auch positive Opferbilanzen als Rechtfertigungsgründe anerkennt, hängt von den moralischen Überzeugungen ab, die man hat – im Falle von Opferkalkulationen davon, ob man ein utilitaristisches Moralprinzip akzeptiert. Selbst im Falle übereinstimmender außermoralischer Überzeugungen kann demnach die Anerkennung oder Nicht-Anerkennung von Opferkalkulationen utilitaristischer Art als Rechtfertigungsgrund ausschlaggebend dafür sein, ob eine Handlung als moralisch legitim gilt. In Fällen dieser Art geben tatsächlich die moralischen Einstellungen den Ausschlag für die jeweilige Bewertung.

Wer also zum Beispiel – wie etwa Axel Freiherr von dem Bussche, der sich nach einschlägigen Erlebnissen zu einem Selbstmordattentat auf Hitler bereitfand – der Auffassung ist, dass Massenexekutionen Unschuldiger, aus welchen Gründen auch immer sie vollzogen werden, nicht zu rechtfertigen sind, hat ganz offenbar eine andere Moral gehabt als die Nationalsozialisten, die dieses Vorgehen für erlaubt hielten.

# X.
# ABGELEITETE NORMEN

Menschliches Handeln ist konkret. Es findet statt unter bestimmten Existenzbedingungen und in bestimmten Situationen. Die handelnden Menschen haben bestimmte Überzeugungen, und sie verfolgen bestimmte Ziele. Moralische Grundnormen allein sagen in vielen Fällen nicht, was zu tun oder zu lassen ist. Um ihnen folgen zu können, müssen sie in konkrete Handlungsmaximen umgesetzt werden. Erst die konkreten Handlungsbedingungen bestimmen in Verbindung mit den sonstigen, den nicht-moralischen Überzeugungen des Handelnden, welches Verhalten (Handeln/Unterlassen) gefordert ist, um den Grundnormen Rechnung zu tragen. Auf diese Weise werden gestützt auf moralische Grundnormen konkrete Verhaltensgrundsätze (Regeln, Normen) abgeleitet, deren Befolgung moralische Grundnormen verletzen können.

## *1. Allgemeines*

Das praktische Leben hält Situationen bereit, in denen eine Befolgung moralischer Grundnormen gerade nicht im Interesse der von der Handlung oder Unterlassung Betroffenen liegt. Wenn beispielsweise ein Arzt einem bewusstlosen Unfallopfer die lebensrettende Transfusion verabreicht, unterstellt er, im Interesse des Betroffenen zu handeln; er unterstellt, dass der Betroffene in Kenntnis seiner Lage in die damit verbundene Körperverletzung einwilligen würde. Der handelnde Arzt beruft sich auf eine *mutmaßliche Einwilligung*.

Es kann ein moralischer Fehler sein, dem Wortlaut einer moralischen Grundnorm zu folgen. Es kann sein, dass man, indem man einer Grundnorm (»Du sollst niemandes Körper verletzen!«) folgt, eine andere, in der betreffenden Situation wichtigere Grundnorm (»Du sollst einem Bedürftigen helfen!«) verletzt.

Im Unterschied zu einer *ausdrücklichen*, bewusst gegebenen Einwilligung eines Betroffenen in die Verletzung seiner individuellen Rechte beruht eine Berufung auf eine *mutmaßliche* Einwilligung auf einer Interpretation der Interessen des Betroffenen. Mit diesen Interessen können sowohl diejenigen gemeint sein, die er artikulieren würde, wenn für ihn die Gelegenheit bestünde, sich zu äußern (wenn er beispielsweise nicht bewusstlos wäre), als auch diejenigen, die er nach Auffassung des Interpreten äußern würde, wenn jener Betroffene sich in einem aufgeklärten, das heißt informierten, und urteilsfähigen Zustand befände. Letztere sollen »objektive Interessen« genannt werden.

Im Allgemeinen gilt Folgendes: Bezieht sich eine mutmaßliche Einwilligung auf objektive Interessen, und wurden die objektiven Interessen der Person oder der Personengruppe korrekt interpretiert, dann *kann* eine Verletzung artikulierter subjektiver Interessen moralisch erlaubt oder gar geboten sein. Das aber heißt, dass unter diesen Voraussetzungen – wie im Falle des ohne ausdrückliche Einwilligung helfenden Arztes – auch eine Verletzung von Grundnormen erlaubt oder geboten sein kann.

Ein anderer Fall ist gegeben, wenn ein Handelnder und die von der Handlung betroffenen Personen außermoralische Überzeugungen teilen, die von Dritten nicht akzeptiert werden – entweder weil ihnen diese Überzeugungen gar nicht bekannt sind oder weil sie diese Überzeugungen als unbegründet oder falsch ablehnen.

Unter Berücksichtigung spezifischer außermoralischer Überzeugungen können konkrete Normen (Regeln, Verhaltensgrundsätze) abgeleitet werden, deren Befolgung zwar Grundnormen verletzt, zugleich aber eine Art und Weise darstellt, das von (anderen oder auch denselben) Grundnormen allgemein geforderte Verhalten zu verwirklichen. Eine solche Moralpraxis unterscheidet sich von der unseren dadurch, welches Grundnormen verletzende Verhalten zur Verwirklichung eines Grundnormen geschützten Interesses für moralisch erlaubt oder geboten gehalten wird.

## *2. Nationalsozialistische Handlungsgrundsätze*

Nationalsozialisten haben in zentrale Fragen ihr Handeln unter Berufung auf mutmaßliche Einwilligungen gerechtfertigt. Die Denkfigur der mutmaßlichen Einwilligung in Verbindung mit der Idee des objektiven Interesses hatte zwar für das nationalsozialistische Denken nicht dieselbe fundamentale Bedeutung wie die der Gefahrenabwehr und der Notwehr; sie war aber, speziell im Denken Hitlers, stets virulent und sorgte in vielen Fällen für das gute Gewissen, das man sich selbst dann bewahrte, wenn man andere Menschen oder auch ganze Völker unterdrückte, ihnen die Freiheit nahm oder sich über sie erhob.

Hitler und andere führende Ideologen waren der Ansicht, dass, wer über die rechte Einsicht verfügt, das Recht, ja die Pflicht hat, politisch zu herrschen und die notwendigen Maßnahmen im Lebenskampf sowie zur Umgestaltung des Lebens einzuleiten. Daher erschien die faktische Abschaffung des Parlamentarismus nach Hitlers »Machtergreifung« nicht als Willkürakt eines Despoten. Nach nationalsozialistischem Selbstverständnis folgte Hitler einer mutmaßlichen Einwilligung des seit Versailles ausgebeuteten und gedemütigten deutschen Volkes, das sich nunmehr gegen die Bedrückungen und Bedrohungen im Interesse jedes einzelnen Volksgenossen zur Wehr setzt. Wenn es dazu der Diktatur eines einsichtsvollen, tatkräftigen und wohlwollenden Führers bedarf, entspricht die Ausübung einer solchen Herrschaft den objektiven Bedürfnissen jedes Einzelnen sowie des Volkes als einem Ganzen.

Bekanntlich war für Hitler der Kampf gegen den »jüdischen Bolschewismus« ein Gebot der Durchsetzung des zivilisatorischen Fortschritts. Zugleich war er überzeugt, dass Deutschland nicht nur das moralische Recht, sondern auch die politische Pflicht hat, die germanischen Völker in dem unausweichlichen Entscheidungskampf mit dem bolschewistischen Gegner zu führen. Für Hitler war es eine Frage der persönlichen Verantwortung seine (vermeintlichen) Erkenntnisse der Gesetzmäßigkeiten des Völker- und Rassenkampfes in den Dienst der (objektiven) Interessen des deutschen Volkes und überhaupt aller germanischen Völker sowie der arischen Rasse zu stellen. Die Wahrnehmung dieser Verantwortung davon abhängig zu machen, dass die Volksgemeinschaften selbst die existenzielle Notwendigkeit der offensiven Führung dieses Kampfes erkennen und in die Führung Hitlers einwilligen, hätte er als unmoralisch empfunden. Seine Überzeugung, aus einer zutreffenden Einsicht in die Bedingungen der Möglichkeit der Daseinsbewältigung die richtige Politik ableiten zu können, ließ ihn überzeugt sein, die objektiven Interessen der germanischen Völker zu vertreten und daher unter legitimer Berufung auf eine mutmaßliche Einwilligung zu handeln. Ähnlich dachte Goebbels. Aus der Überlegenheit Deutschlands leitete er sowohl eine

»politische Pflicht« als auch ein »moralisches Recht« für die Deutschen ab, Europa zu führen.[62]

Auf der Basis solcher Überlegungen war es möglich, aus der Grundnorm »Du sollst (als Politiker) im Sinne des gesellschaftlichen Fortschritts wirken!« etwa die konkrete Norm abzuleiten »Du sollst, wenn es der Kampf für den Fortschritt erfordert, die Initiative und Führung übernehmen!«. Wer diesem abgeleiteten konkreten Verhaltensgrundsatz in der Überzeugung folgt, sich dabei legitimerweise auf eine mutmaßliche Einwilligung berufen zu dürfen, glaubt, dass er im (objektiven) Interesse der Betroffenen (also derjenigen, die sich seiner Führung beugen müssen) handelt. Deshalb war für Hitler weder mit seiner Diktatur noch mit der Durchsetzung des deutschen Führungsanspruchs gegenüber denjenigen Völkern, die ebenfalls an der Ausschaltung des Bolschewismus interessiert waren, eine Rechts- oder Interessenverletzung verbunden. Aus der unterstellten mutmaßlichen Einwilligung folgte das moralische Recht, das Selbstbestimmungsrecht sowohl des deutschen Volkes als auch der anderen germanischen Völker, so weit wie nötig, einzuschränken. Nach Hitlers Vorstellung wurden gerade auf diese Weise die Grundnormen befolgt, Schaden vom eigenen Volk und der eigenen Rasse abzuwenden und den gesellschaftlichen Fortschritt zu befördern.

### 3. *Handeln im Dienste der Betroffenen*

Im Unterschied zu Rechtfertigungsgründen werden abgeleitete Normen, so jedenfalls das Selbstverständnis der Han-

62 [Joseph Goebbels], Die Tagebücher von Joseph Goebbels, München 1994, Band II /2, S. 223 (2. November 1941).

delnden, in Übereinstimmung mit den Interessen derjenigen Betroffenen befolgt, deren Interessen als schützenswert gelten.

Als Betroffene im Falle des von den Nationalsozialisten erhobenen Führungsanspruchs gelten nur diejenigen, denen gegenüber dieser Anspruch durchgesetzt wurde – nicht diejenigen, die die Nationalsozialisten bekämpften. Der Anspruch, im Interesse der Betroffenen zu handeln, bezog sich also zunächst auf das deutsche Volk beziehungsweise die germanischen Völker insgesamt. Hitler aber ging noch darüber hinaus. Wie Aristoteles, für den es für Sklaven aufgrund ihrer Natur »nützlich und gerecht« war, »Sklaven zu sein«,[63] glaubte auch er, dass die »Eingeborenen« in den besetzten Gebieten künftig »weit besser leben [werden] als jetzt«.[64] Die Versklavung, so Hitler, liegt im (objektiven) Interesse der Versklavten![65]

Aus der Analyse abgeleiteter konkreter Handlungsgrundsätze ergibt sich: Trotz übereinstimmender moralischer Grundnormen kann das, was in verschiedenen Gesellschaften moralisch gefordert ist, verschieden sein. Und umgekehrt: Gelten in einer Gesellschaft moralische Aufforderungen, die denen einer anderen Gesellschaft widersprechen, folgt daraus nicht, dass in ihnen unterschiedliche moralische Grundnormen vertreten werden. Denn: Aus Grundnormen können unter Bezugnahme auf außermoralische Annahmen und Überzeugungen konkrete Normen beziehungsweise Verhaltensgrundsätze abgeleitet werden. Unterscheiden sich die außermoralischen Annahmen oder Überzeugungen, ergeben sich aus denselben Grundnormen unterschiedliche abgeleitete Normen.

63 Aristoteles, Politik. In: ders., Philosophische Schriften in sechs Bänden, übersetzt von Eugen Rolfes, Hamburg 1995, Band 4, 1255a.

64 Hitler, Monologe im Führerhauptquartier, Dok. 19, S. 63.

65 Vgl. auch Hitler, Mein Kampf, S. 324.

# XI. WIE IST ES DENKBAR, BÖSES MIT GUTEM GEWISSEN ZU TUN?

Wenn wir davon reden, dass Böses mit gutem Gewissen getan wird, so meinen wir eine Situation, in der moralische Grundnormen bewusst und willentlich (aus unserer Sicht) ungerechtfertigterweise verletzt werden und der Handelnde zugleich von der moralischen Legitimität seines Vorgehens überzeugt ist.

## 1. *Rechtfertigende Argumentationen*

Ein gutes Gewissen kann man sich bei der Verletzung moralischer Grundnormen dann bewahren, wenn man über rechtfertigende Argumentationen verfügt. Diese Argumentationen müssen entweder zeigen, dass die geschädigten Entitäten aufgrund der akzeptierten Reichweitenfestlegungen von den infrage kommenden Grundnormen nicht erfasst werden, oder sie müssen anerkannte Gründe oder Sachverhalte, also Rechtfertigungsgründe, benennen, die diese Verletzungen rechtfertigen, oder aber sie müssen plausibel machen, dass Interessenverletzungen gar nicht stattgefunden haben, dass es sich bei der Befolgung der konkreten Handlungsgrundsätze vielmehr um eine spezifische Art und Weise handelte, durch Grundnormen geschützte Interessen zu verwirklichen. In jedem Falle aber gilt: Sehr häufig entscheiden *außermoralische* Annahmen oder Überzeugungen darüber, welche Rechtfertigungen für die Übertretung von geltenden Grundnormen akzeptiert werden. Der Unterschied zwischen uns und den nationalsozialistischen Tätern (sofern es sich um Täter mit gutem Gewissen handelt), besteht zwar nicht ausschließlich, aber doch in nicht unwesentlichem Maße in unterschiedlichen außermoralischen Annahmen oder Überzeugungen.

### 2. *Außermoralische Annahmen und Überzeugungen*

Unter *außermoralischen Annahmen* beziehungsweise *außermoralischen Überzeugungen* verstehe ich Annahmen oder Überzeugungen nicht-moralischer Art.

Inhalt außermoralischer Überzeugungen können unter anderem metaphysische oder ontologische Annahmen, Annahmen über kontingente Tatsachen oder Sachverhalte, Theorien über die Beschaffenheit und das Funktionieren der natürlichen und sozialen Welt, Vorstellungen über das Verhalten von Menschen oder Völkern, Hypothesen über Kausalverhältnisse sowie Wert- und Zielvorstellungen sein. Solche nicht-moralischen Annahmen können in moralischen Überlegungen, in Überlegungen also, was zu tun oder zu lassen ist, als deskriptive Prämissen, als Aussagen über Tatsachen oder auch als nicht-moralische Werturteile eine nicht unwesentliche Rolle spielen. Nicht-moralische Werturteile (»Ein längeres Leben ist besser als ein sehr kurzes.« / »Stabile gesellschaftliche Verhältnisse sind gegenüber instabilen vorzuziehen.«) beziehen sich vor allem auf Zustände oder Ereignisse der subjekt-internen oder der äußeren Welt und beurteilen diese unter dem Gesichtspunkt ihrer Wünschbarkeit beziehungsweise Vorzugswürdigkeit.[66]

Auch nicht-moralische Werturteile *können* nun allerdings moralische Relevanz gewinnen. Sie gewinnen moralische Relevanz dann, wenn es prinzipiell möglich ist, die beurteilten Zustände und Ereignisse durch menschliches Handeln herbeizuführen oder zu verhindern und die entsprechenden Handlungen auch ausgeführt werden. Sofern nämlich die moralische Qualität einer Handlung auch danach beurteilt wird, welche Zustände oder Ereignisse, welche nichtmoralischen Werte also, sie verwirklicht beziehungsweise zu verwirklichen beabsichtigt, erweisen sich nicht-moralische Werturteile als relevant für moralische Handlungsurteile.[67] Für die Moral, die einer hat, können auch seine moralisch relevanten nichtmoralischen Werturteile ausschlaggebend sein.

## *3. Außermoralische Überzeugungen innerhalb der nationalsozialistischen Ideologie*

Nicht alle für das politische Handeln von Nationalsozialisten relevanten Überzeugungen müssen genuin nationalsozialistische Überzeugungen gewesen sein. Viele, ja nahezu alle ihrer Ideen und Theoreme dürften aus tradierten Denkzusammenhängen stammen.

Welche außermoralischen Überzeugungen hatten die führenden Nationalsozialisten, die wir nicht akzeptieren? Einige derer, die besonders wichtig erscheinen, seien im Folgenden aufgelistet: Hitler war der Auffassung, dass sich Völker (und Staaten) in einem moralisch und rechtlich ungeregelten Naturzustand befinden, der praktisch nicht verlassen wer-

66 Vgl. Birnbacher, Analytische Einführung in die Ethik, S. 47.

67 Vgl. ebd., S. 47 f.

den kann. Dies galt für ihn jedenfalls insofern, als sich auch völkerrechtliche Vereinbarungen infolge des Fehlens eines Gewaltmonopols seiner Auffassung nach nicht durchsetzen lassen. Demgemäß hat er ein auf Dauer herrschaftsfreies friedliches Zusammenleben von Völkern für unrealistisch gehalten und ist von einem ewigen Kampf der Völker um Lebensraum ausgegangen. Er hat in diesem Zusammenhang unterstellt, dass das deutsche Volk unter einem Mangel an Lebensraum leidet und die Disproportion zwischen Lebensraum und Volkszahl nur durch eine Erweiterung seines Lebensraumes effektiv überwinden kann.

Nationalsozialisten haben eine Reihe von vermeintlichen Gefahren – darunter eine jüdische und »jüdisch-bolschewistische« Gefahr – identifiziert, die das deutsche Volk beziehungsweise seine Lebensinteressen bedrohen. Nationalsozialisten haben die Existenz unterschiedlich begabter Rassen unterstellt und auf dieser Grundlage eine welthistorische Mission der germanischen Rasse postuliert.

Nationalsozialisten haben das Postulat einer grundsätzlichen Gleichheit und Gleichbefähigung aller Menschen nicht akzeptiert und die Idee der gattungsmäßigen Einheit des Menschengeschlechts zumindest in Zweifel gezogen.

Nationalsozialisten haben eine organizistische Gemeinschaftsauffassung vertreten, das heißt, sie haben Völker oder Staaten als eigenständig existierende Organismen, ja als Lebewesen betrachtet. Darüber hinaus haben sie Entitäten dieser Art, nämlich dem deutschen Volk beziehungsweise der arisch-germanischen Rasse, einen – unbedingt zu schützenden – Eigenwert zugeschrieben. Entsprechend dieser ontologischen und axiologischen Auffassungen, tauchten in ihren Moralvorstellungen nicht nur Individuen, sondern auch überindividuelle Wesenheiten auf, deren Interessen es zu berücksichtigen galt.

Nationalsozialisten haben einen absoluten Vorrang des je eigenen Volkes gegenüber fremden Völkern sowie einen wertmäßigen Vorrang des Kollektivs gegenüber dem Einzelnen postuliert. Dementsprechend hatte Hitler das Recht eines Volkes, mit allen notwendigen Mitteln für seine Selbsterhaltung zu sorgen, als jederzeit und unter allen Umständen vorrangig erklärt – gleichgültig, welche Folgen sich für andere Völker und deren Bevölkerung oder auch für Angehörige des eigenen Volkes daraus ergeben.

### *4. Moralisches Unrechtsbewusstsein?*

Auf der Basis dieser und anderer außermoralischer Überzeugungen haben Nationalsozialisten Argumentationen konstruiert, die die Übertretung moralischer Grundnormen, einschließlich des Tötungsverbots, erlaubt erscheinen ließen. Derartige Argumente sind die kognitive Voraussetzung dafür, sich auch im Falle einer Verletzung moralischer Grundnormen ein gutes Gewissen bewahren zu können. Auf diese Weise konnten es Nationalsozialisten für moralisch erlaubt halten, dass man selbst unschuldige Menschen – Angehörige anderer Völker wie Angehörige des eigenen Volkes – gegebenenfalls absichtlich tötet oder deren Tod in Kauf nimmt. Mit anderen Argumenten versuchte man plausibel zu machen, dass bestimmte Vorgehensweisen nicht das sind, was sie zu sein scheinen, nämlich Rechtsverletzungen, sondern dass es sich vielmehr darum handele, moralische Grundnormen auf eine situationsbedingt angemessene Weise zu befolgen. Mit wieder anderen Argumentationen versuchte man plausibel zu machen, dass die vermeintliche Interessenverletzung im recht verstandenen Interesse der Betroffenen liegt. Auch solche Argumentationen können den Tätern ein ruhiges Gewissen sichern und das Entstehen eines Unrechtsbewusstseins verhindern. Es zeigt sich: Handlungen, die man – etwa aus der Sicht einer universalistischen Menschenrechtsethik – für verbrecherisch halten muss, können in einer anderen Moralpraxis als erlaubt gelten.

Die Gültigkeit von Rechtfertigungen hängt nicht unwesentlich von der Akzeptierbarkeit der in sie eingegangenen außermoralischen Überzeugungen, einschließlich der moralisch relevanten nicht-moralischen Werturteile, ab. Eine bestimmte Sorte von außermoralischen Überzeugungen ist logisch oder empirisch widerlegbar. Eine andere Sorte wird man durch Kohärenzprüfungen oder Plausibilitätsüberlegungen als nicht anerkennungswürdig ausweisen können. Von wieder einer anderen Sorte wird man fragen können, ob es gute Gründe gibt, sie zu akzeptieren. So zum Beispiel ist es nicht ausgeschlossen, unzutreffende Identifikationen von Gefahren- oder Notwehrsituationen oder unzutreffende Interpretationen von Interessen zu erkennen; ebenso ist es möglich, theoretische Annahmen oder Erklärungen zu widerlegen. Ein vorschneller Hinweis auf die »andere Moral« der Täter würde jedenfalls diesen Erkenntnisprozess unterbinden. Schwieriger wird es, wenn sich die Rechtfertigungen der Täter auf von uns nicht akzeptierte metaphysische, also rational nicht widerlegbare Prämissen stützen. Moralische Überzeugungen, die auf divergierenden metaphysischen Annahmen beruhen – etwa einer Ontologie, in der Völker oder Staaten als selbständige Wesenheiten erscheinen –, können miteinander unvergleichbar, inkommensurabel, sein.

# XII. HATTEN DIE NATIONAL-SOZIALISTEN ANDERE MORALISCHE ÜBERZEUGUNGEN?

Wir haben bereits gesehen, dass die Nationalsozialisten einen partikularen, das heißt auf das eigene Volk beziehungsweise die eigene Rasse bezogenen, Utilitarismus pflegten. Für das Hitlersche Denken hatte der Gedanke der Opferminimierung eine zentrale Bedeutung. Er war überzeugt, dank seiner Fähigkeit zur Gefahrenanalyse moralisch verantwortlich unter dem utilitaristischen Gesichtspunkt einer Minimierung von Opferzahlen handeln zu können: »Ich sehe«, so erklärte er im Führerhauptquartier sein Denken und Handeln, »nur noch die Opfer, welche die Zukunft fordert, wenn heute ein Opfer nicht gebracht wird.«[68] Wie schriftliche und mündliche Verlautbarungen zeigen, beherrschten Überlegungen dieser Art sein Denken. Dabei führte er Kalkulationen von äußerster Vagheit an, um ein konkretes, opferträchtiges Handeln zu rechtfertigen. Hitler zögerte nicht, aus theoretisch voraussetzungsvollen Spekulationen Prinzipien des politischen Handelns abzuleiten und diese moralisch zu begründen. So glaubte er, dass langandauernde Friedenszeiten mit Depravationserscheinungen verbunden sind, zu denen typischerweise auch ein Rückgang der Geburtenzahlen gehört. Auch ein Frieden kostet also derge-

68 Hitler, Monologe im Führerhauptquartier, Dok. 25, S. 71.

stalt »Opfer«.[69] Damit aber stellt sich die Frage der Rechtfertigbarkeit eines Krieges vor dem Hintergrund ganz neuartiger Opferbilanzen. Auf der Basis dieser außermoralischen Annahmen ergeben sich Kalkulationen, die für die Bereitschaft, Krieg zu führen, Konsequenzen haben müssen.

Utilitaristische Überlegungen zur Opferminimierung sind aber keineswegs genuin nationalsozialistisch. Opferkalkulationen lagen *dem Prinzip nach* auch dem vom Bundestag beschlossenen, mittlerweile aber für verfassungswidrig erklärten, Luftsicherheitsgesetz zugrunde. Typisch für totalitäre Systeme sind allerdings Opferkalkulationen großen Stils; charakteristisch ist die Bereitschaft, für das Leben und das Glück zukünftiger Generationen Tausende, Zehntausende, ja Hunderttausende gegenwärtig lebender Menschen zu opfern.

Man kann in diesem Zusammenhang auch fragen, ob der im *Organisationsbuch der NSDAP* verankerte Verhaltensgrundsatz als ein moralisches Prinzip zu deuten ist. Dort hieß es, dass ein Nationalsozialist »stets richtig handeln« werde, »wenn er sich täglich prüft und fragt, ob seine Arbeit und sein Verhalten vor dem Führer bestehen können«.[70] Später hatte Hans Frank diesen Grundsatz in eine an Kants Kategorischen Imperativ gemahnende Form gebracht und gefordert: »Handle so, dass der Führer, wenn er von deinem Handeln Kenntnis hätte, dieses Handeln billigen würde.«[71] Der mutmaßliche Führerwille wird hier zum Maßstab des richtigen Handelns erhoben. Die Verantwortung des Einzelnen besteht darin, aus seiner Kenntnis des allgemeinen Führerwillens heraus die in der konkreten Situation

69 Vgl. Hitler, Geheimrede vom 30. Mai 1942 vor dem »militärischen Führernachwuchs«, S. 715.

70 Der Reichsorganisationsleiter der NSDAP (Hrsg.), Organisationsbuch der NSDAP, München 1936, S. 4 (Hervorhebung getilgt).

71 Hans Frank, Technik des Staates, Berlin 1942, S. 15 f.

richtige Handlungsweise zu bestimmen. Einerseits hatte dieser Grundsatz – seiner beabsichtigten Wirkung nach – wohl eher den Charakter eines herrschaftstechnologischen Disziplinierungsinstruments. Andererseits mag man sagen, habe der Witz dieses Imperativs gerade darin bestanden, dass die Vernunft als im Führerwillen verkörpert gedacht wurde und insofern auch der Deuter des vernünftigerweise Gebotenen, nämlich der Einzelne, ganz im Sinne Kants als *Selbst*gesetzgeber auftrat.

Als genuin nationalsozialistisch dürfte der Grundsatz zu bezeichnen sein, als Heiratspartner »grundsätzlich und ausnahmslos« nur Angehörige des deutschen Volkes zu wählen. Diese »Treue zum Blut des eigenen Volkes« galt als »höchste Pflicht«, die man nicht ungestraft verletzen könne; ihr nachzukommen war zugleich die »höchste Ehre jedes einzelnen«.[72] Dieses Moralprinzip galt als Instrument zur Abwehr von Gefahren, die sich aus einer Vermischung mit minderwertigen Rassen für die Selbsterhaltungschancen des deutschen Volkes ergäben. In welchem Umfang die Nationalsozialisten andere moralische Prinzipien vertraten und inwieweit diese Prinzipien selbst wiederum durch außermoralische »Bestandteile« der nationalsozialistischen Ideologie gestützt wurden, mag an dieser Stelle letztlich offen bleiben. Hitlers antiindividualistischer Standpunkt jedenfalls ließ ihn nicht nur die Belange der Gemeinschaft in den Mittelpunkt stellen; er suchte nach Moralprinzipien, die die Legitimität des Verhaltens des Einzelnen unter dem Gesichtspunkt der Wünschbarkeit der Folgen bewerten, die dieses Verhalten, als ein verallgemeinertes und über Jahrhunderte hinweg gedacht, für eine Gesellschaft vermutlich haben wird. So ging

72 Walter Groß, Deine Ehre ist die Treue zum Blute deines Volkes, Berlin 1943, S. 31 f. (Hervorhebungen getilgt).

er davon aus, dass die Wahrnehmung bestimmter Rechte zwar persönliche Wünsche eines Einzelnen zu befriedigen vermag, eine allgemeine Gewährung derselben Rechte sich aber zugleich für zukünftige Generationen katastrophal auswirken kann. Auf Basis dieser Erwägung begründete er ein universelles Testverfahren, nämlich »jede Tat, die bedenklich erscheint, von dem höheren Gesichtspunkte zu prüfen, was würde sein, wenn das, was wir augenblicklich als Recht ansehen, unsere Vorfahren auch schon als Recht angesehen und auch schon getan hätten«[73]. Daraus leitete Hitler den Grundsatz ab, in der Gegenwart keine Verhaltensweisen zu dulden, von denen man sagen muss, dass es gut war, dass unsere Vorfahren sie unterlassen haben, oder dass es besser gewesen wäre, wenn sie sie unterlassen hätten. Individuelle Rechte können diesem Universalisierungsprinzip gemäß nur dann gewährt werden, wenn ihre allgemeine Gewährung nicht nur die augenblickliche »Weiterfortführung des Lebens noch ermöglicht«, sondern wenn sie »die Grundlage des Lebens sein könnte«.[74] Man könne, so fuhr er fort, »nie dem Grundsatz huldigen, wesentlich ist, dass wir leben«, sondern man müsse »letzten Endes dem Grundsatz huldigen, wesentlich ist, dass die leben können, die nach uns kommen«.[75]

73 Adolf Hitler, »Ein Kampf um Deutschlands Zukunft«. Rede auf NSDAP-Versammlung in Dresden vom 18. September 1928. In: Hitler, Reden, Schriften, Anordnungen, Band III /1, Dok. 26, S. 84.

74 Ebd., S. 83.

75 Ebd., S. 84.

# XIII. NOCH EINMAL: HATTEN DIE NATIONALSOZIALISTEN EINE ANDERE MORAL?

Diese Frage schlicht zu bejahen wird der Komplexität des Problems nicht gerecht. Gerade weil die nationalsozialistische Praxis zu klaren Verurteilungen Anlass gibt, sollte man zwar naheliegende, aber allzu einfache Antworten zu vermeiden suchen.

*Erstens:* Die Nationalsozialisten haben ein ähnliches Minimum an moralischen Grundnormen akzeptiert, wie auch wir es akzeptieren. *In diesem Sinne* hatten sie keine andere Moral.

Vergegenwärtigt man sich diesen Umstand, wird man die Diagnose, wir wären im Falle des traditionellen moralischen Denkens des Westens und des nationalsozialistischen Denkens mit zwei sich wechselseitig ausschließenden Moralen konfrontiert, für wenig hilfreich, ja auch für gefährlich halten. Diese Redeweise suggeriert nämlich, dass wir uns, wollen wir Verbrechen vermeiden, nur für die richtige Moral entscheiden müssten. Die Dinge liegen aber komplizierter.

In der menschlichen Geschichte sind unendlich viele Verbrechen von Menschen verübt worden, die die Grundnormen der traditionellen Moral akzeptierten. Die Akzeptanz dieser Grundnormen garantiert jedoch noch kein moralisches Handeln. Allerdings folgt auch umgekehrt aus einer Verletzung von Grundnormen nicht, dass die

Handlung moralisch falsch war. Hier liegt das Problem! Es gibt Verletzungen von moralischen Grundnormen, die als legitim gelten und die auch wir für legitim halten. Auf diesem Zusammenhang beruht – bewusst oder unbewusst – das gute Gewissen vieler Täter. Jedes Grundnormen verletzende Handeln wird als legitim ausgewiesen, wenn es gelingt, einen plausiblen Grund zu nennen oder eine überzeugende Argumentation vorzulegen, dass eine Normenverletzung unter den gegebenen Umständen moralisch erlaubt ist.

Ob wir eine solche Verletzung als legitim betrachten, hängt häufig von unseren außermoralischen Überzeugungen ab. Deshalb hätte eine argumentative Auseinandersetzung mit Tätern mit gutem Gewissen unter anderem auch an deren – von den unseren abweichenden – außermoralischen Überzeugungen anzusetzen.

Die Behauptung, auch die Nationalsozialisten hätten ein ähnliches Minimum an moralischen Grundnormen akzeptiert, ist nicht gänzlich unabhängig von der vorgeschlagenen Begrifflichkeit. So ist es zum Beispiel durchaus möglich – wenn auch nicht üblich und auch nicht wirklich praktikabel –, Rechtfertigungsgründe in die Normenformulierung mit aufzunehmen. Entscheidet man sich für eine solche sprachliche Regelung, würden für den Fall, dass unterschiedliche Rechtfertigungsgründe akzeptiert werden, auch verschiedene Grundnormen vertreten.

*Zweitens:* Entscheidend für das Verständnis des moralischen Denkens von Nationalsozialisten ist die Erkenntnis, dass sie – neben anderen moralischen Überzeugungen (anderen moralischen Prinzipien, anderen Rechtfertigungsgründen, anderen normativen Prämissen) – auch andere außermoralische Überzeugungen hatten. Daraus ergab sich: Nationalsozialisten haben Relevanzkriterien für die Bestimmung der Reichweite moralischer Grundnormen akzeptiert, die wir nicht akzeptieren; sie haben Rechtfertigungen für Normenverletzungen als gültig erachtet, die wir nicht als gültig erachten, und sie haben konkrete Normen befolgt, die wir ebenfalls nicht befolgen. Diese Differenzen lassen sich in einem beträchtlichen Maß auf die Akzeptanz unterschiedlicher außermoralischer Annahmen und Überzeugungen zurückführen.

Zweifellos haben die Nationalsozialisten Rechtfertigungen für gültig erachtet, die wir aus der Sicht eines Menschenrechtsuniversalismus nicht akzeptieren. Diese Rechtfertigungen können sich auf moralische Regeln oder Prinzipien stützen, die wir akzeptieren (etwa das Prinzip der Notwehr) oder auf solche, die wir nicht akzeptieren (etwa das Prinzip der Austauschbarkeit des Individuums). Das Ideensystem der Nationalsozialisten war daher geeignet, Handlungsweisen zu rechtfertigen, die wir für verbrecherisch halten. Und *in diesem Sinne* hatten sie eine andere Moral.

*Drittens:* Nationalsozialisten haben zum Teil andere moralische Prinzipien akzeptiert. So kann als eines der Hauptkennzeichen des moralischen Denkens von Nationalsozialisten die Idee der *Austauschbarkeit des Individuums* gelten. Nationalsozialisten nahmen an, dass es moralisch erlaubt ist, Menschen das Leben zu nehmen, um anderen Menschen das Leben zu bewahren oder Ungeborenen das Leben zu ermöglichen. In Extremsituationen kann zwar auch in westlichen Verfassungsstaaten auf Kalkulationen utilitaristischer Art zurückgegriffen werden; die exzessive Berufung auf dieses Moralprinzip war jedoch kennzeichnend für die nationalsozialistische Moral.

*Viertens:* Hitler ging es in letzter Instanz darum, die geistigen Voraussetzungen zu schaffen, die zur Durchsetzung der Ansprüche und der Vorherrschaft des eigenen Volkes notwendig waren. Für Hitler waren moralische Normen dem

Menschen nicht vorgegeben, sondern dessen Schöpfung. Sie waren für ihn interessenfundiert und hatten instrumentellen Charakter. Moralische Normen aber – und hier liegt der entscheidende Unterschied zu einer *individualistischen* Ethik – müssen sich nach Hitlers Vorstellung im unausweichlichen Lebenskampf der *Völker* »bewähren«. Etwa in diesem Sinne hatte Hitler in *Mein Kampf* ausgeführt:

> »Wenn aber Völker um ihre Existenz auf diesem Planeten kämpfen, mithin die Schicksalsfrage von Sein oder Nichtsein an sie herantritt, fallen alle Erwägungen von Humanität oder Ästhetik in ein Nichts zusammen; denn alle diese Vorstellungen schweben nicht im Weltäther, sondern stammen aus der Phantasie des Menschen und sind an ihn gebunden. [...] [Absatz] Damit haben aber alle diese Begriffe beim Kampfe eines Volkes um sein Dasein auf dieser Welt nur untergeordnete Bedeutung, ja scheiden als bestimmend für die Formen des Kampfes vollständig aus, sobald durch sie die Selbsterhaltungskraft eines im Kampfe liegenden Volkes gelähmt werden könnte.«[76]

Hitler begründet an dieser und vielen anderen Stellen einen *ontologischen und wertmäßigen Vorrang des Volkes vor dem Individuum.* Nach dieser Vorstellung kann der Einzelmensch »nie der Zweck, sondern nur das Mittel eines politischen Planens und Handelns sein«.[77] Die Nationalsozialisten haben eine ontologische Vorentscheidung, nämlich das Individuum als einen Teil des »Volkskörpers« zu sehen, mit dem Postulat eines normativen Kollektivismus verknüpft und die Erhaltung und Entfaltung des je eigenen Volkes zum höchsten Wert erklärt. Aufgabe der Politik ist es danach, die Erhaltung und

76 Hitler, Mein Kampf, S. 195.

77 Himmler, Aufgaben und Aufbau der Polizei des Dritten Reiches, S. 127.

Entfaltung des eigenen Volkes sicherzustellen. Darüber hinaus ergeben sich aus dieser »völkischen Grundauffassung«, wie die Ausführungen Hitlers deutlich machen, normative Konsequenzen sowohl für den Umgang mit den Individuen des eigenen Volkes als auch den Individuen konkurrierender beziehungsweise verfeindeter Völker. Schon der einzelne Volksgenosse hat sich den Lebensnotwendigkeiten des Volkes unterzuordnen, ja er kann diesem Zweck notfalls geopfert werden. Erst recht gilt dies aber für die Individuen fremder Völker, die um denselben Lebensraum und dieselben Ressourcen kämpfen. Kein Volk kann – nach Überzeugung Hitlers – im Daseinskampf moralisch verpflichtet sein, seine Überlebens- und Entfaltungschancen zugunsten fremder Völker und deren Angehörige zu beeinträchtigen.

Das heißt nicht, dass Hitler die Anerkennungswürdigkeit beziehungsweise Geltung moralischer Gebote im Umgang mit den Angehörigen anderer Völker in jeder Hinsicht geleugnet haben muss. Allerdings hat er die Auffassung vertreten, dass die Pflicht zur Rücksichtnahme dann vollständig erlischt, wenn durch eine solche Rücksichtnahme die Verwirklichung existenzieller Interessen des eigenen Volkes untergraben wird – wenn etwa, so das Beispiel Hitlers, »die Selbsterhaltungskraft eines im Kampfe liegenden Volkes gelähmt werden könnte«. Unter derartigen Voraussetzungen ist sogar – dies ergibt sich als Konsequenz – die direktvorsätzliche, einschließlich der absichtlichen Tötung von Angehörigen anderer Völker moralisch nicht zu beanstanden.

# XIV. EINE RELATIVIERUNG DER NATIONALSOZIALISTISCHEN VERBRECHEN?

Ist der Versuch, auch die nationalsozialistischen Verbrechen wie andere Verbrechen zu erklären, nicht eine Relativierung dieser Verbrechen? Ja und nein!

Ja, es ist eine Relativierung – und zwar insofern, als damit behauptet wird, dass sich diese Verbrechen von anderen Verbrechen nicht derart unterscheiden, dass sie sich einem einheitlichen Erklärungsmuster entzögen oder gänzlich unverstehbar wären.

Nein, es ist keine Relativierung – und zwar deshalb, weil diese Erklärungen an der Tatsache der moralischen Verwerflichkeit der zu erklärenden Verbrechen nichts ändern.

Die Frage, die sich die Täter – sofern sie tatsächlich glaubten, etwas Erlaubtes zu tun – hätten stellen müssen, ist, ob es moralisch erlaubt war, ihr Handeln auf die entsprechenden außermoralischen Überzeugungen zu stützen. Insofern stehen wir auch im Falle der führenden Nationalsozialisten vor einem moralischen Problem. Aber dieses moralische Problem liegt zum Teil auf einer anderen Ebene als mitunter gedacht.

Es liegt nicht – oder jedenfalls nicht nur – im Bereich des moralischen Wollens beziehungsweise der moralischen Überzeugungen, sondern im Bereich der Urteilsbildung sowie der Entschlussfassung. Es mag auch darin liegen, welche Gewohnheiten man ausgebildet und welche Einstellungen man kultiviert hat. Das Versagen der Nationalsozialisten – sofern es sich um Täter mit gutem Gewissen handelt – ist zum einen ein kognitives Versagen und zum anderen ein Versagen, das sich auf unverantwortbare Handlungsentschlüsse zurückführen lässt.

*Zum einen* gilt, dass jeder Einzelne, der als ein vernünftiges Wesen anerkannt werden will, auch für seine Urteils- und Willensbildung verantwortlich ist. Die Täter haben moralisch versagt, weil sie ihr Handeln auf eine unhaltbare Ideologie stützten, deren Unhaltbarkeit sie hätten erkennen können. Täter mit gutem Gewissen haben *kognitive Pflichten* verletzt. Die Erfüllung kognitiver Pflichten in Bezug auf relevante Fragen ist Bedingung der Möglichkeit rationalen, also verantwortbaren Handelns. Insofern diese Pflichtverletzungen vermeidbar waren, sind sie den Tätern als ein moralisches Versagen zuzurechnen.

*Zum anderen* ist nicht nur eine Verletzung kognitiver Pflichten zu beklagen. Das Versagen der Täter liegt ebenso begründet in einer unverantwortbaren Haltung den eigenen Überzeugungen gegenüber. Kennzeichnend für das Verhalten von Tätern mit gutem Gewissen ist die kaltschnäuzige Anmaßung, auf der Basis eines vagen Für-wahr-Haltens Menschenrechte verletzen, ja sogar massenhaft Menschen opfern zu dürfen. Ich halte diese Einstellung für unverantwortlich.

Betrachtet man diese Ursachen für das Versagen der nationalsozialistischen Täter, so hatten die Nationalsozialisten in der Tat eine andere Moral. Dies allerdings ist nur zum geringeren Teil eine spezifische NS-Moral; es ist vor allem eine Moral, deren Struktur wir bei allen ideologisch oder religiös motivierten Groß-Verbrechern beobachten. Spezifisch nationalsozialistisch sind allerdings verschiedene der außermoralischen Annahmen. Von einer spezifischen NS-Moral zu reden mag – bestenfalls – unschädlich sein, trägt aber zum Verständnis kaum etwas bei. Um das Handeln der Nationalsozialisten verstehen und erklären zu können, ist es unverzichtbar, auch ihre außermoralischen Überzeugungen zu ermitteln.

Zudem ist der Versuch, nationalsozialistische Verbrechen wie manche andere Verbrechen zu erklären, in folgendem Sinne vorzugswürdig: Die vorgestellte Erklärung zeigt, wozu Menschen, die keineswegs als bösartig beschrieben werden müssen, fähig sind, wenn es ihnen gelingt, ihr Tun vor sich selbst zu legitimieren und damit ihre persönliche Integrität zu wahren. Die nationalsozialistischen Verbrechen von vornherein auf die Amoralität oder Boshaftigkeit der Täter zurückzuführen hieße, die für uns bequemste Deutung zu wählen. Da wir uns selbst für moralisch integere Wesen halten, rückte für uns der Gedanke, wir hätten in Verbrechen dieser Art verwickelt werden können, in das Reich des Undenkbaren. Der Unterschied aber zwischen uns, die wir eine Menschenrechtsethik akzeptieren, und nationalsozialistischen Tätern mit gutem Gewissen liegt nicht auf dem Gebiet des moralischen Wollens, sondern – jedenfalls sehr häufig – auf dem der außermoralischen Überzeugungen.

Die vorliegende Analyse hat gezeigt: Täter mit gutem Gewissen haben zwar moralisch versagt, ihnen muss aber in erster Linie keine Moral beigebracht werden, sondern rationales Denken. Und zum rationalen Denken gehört, dass man ein vernünftiges, hinreichend skeptisches Verhältnis zu den eigenen außermoralischen Überzeugungen herstellt.

# DIE FASZINATION DES KOMMUNISTISCHEN DENKENS

# I.
# PROBLEMSTELLUNG*

Nach dem Zusammenbruch des europäischen Kommunismus schien es offensichtlich, dass die Ideen und das Werk von Karl Marx ein für allemal Geschichte geworden seien. Wer das glaubte, dürfte sich mittlerweile getäuscht sehen: Marx wird in den letzten Jahren wieder verstärkt rezipiert.

Einerseits war die Annahme nicht abwegig, dass mit einem Siegeszug des Kapitalismus die Marxsche Theorie zukünftig auf ein geringeres Interesse stoßen wird, andererseits war sie von vornherein gewagt. Zum einen nämlich gehen »Großideologien« – Ideensysteme, die eine fundamentale Denkmöglichkeit innerhalb eines Gegenstandsbereichs formulieren – nie völlig unter. Zum anderen beruhte die Annahme, Marx sei für immer tot, auf einem Missverständnis: Marx war nicht primär Theoretiker des Sozialismus beziehungsweise Kommunismus, sondern zuallererst Analytiker des Kapitalismus und der bürgerlichen Gesellschaft. Es besteht also tatsächlich Grund, zu fragen: Was eigentlich macht für viele, die sich mit ökonomischen und sozialen Fragen beschäftigen, die Faszination des Marxschen Denkens aus?

Sieht man vom »jungen Marx« ab, hat der Hauptdenker des später nach ihm benannten Ideengebäudes im Grunde genommen – freilich ist dies eine Vereinfachung – nur

* Erweiterte Fassung meines Aufsatzes »Die Faszination des Marxschen Denkens«, in: Sezession 82/Februar 1018, S. 56–61.

zwei Themen traktiert: Zum einen wollte er, wie er im Vorwort des 1. Bandes des *Kapital* schrieb, das »ökonomische Bewegungsgesetz der modernen Gesellschaft« enthüllen, und zum anderen wollte er, wie ihm Engels am Grabe zugute hielt, das »Entwicklungsgesetz der menschlichen Geschichte« entdecken. Allerdings mündete die Bearbeitung beider Themenkreise in Spekulationen über eine zukünftige Gesellschaft – eine Gesellschaft, in welcher der gesellschaftliche Zusammenhang nicht mehr marktförmig hergestellt werden würde und die institutionellen Voraussetzungen für Ausbeutung und Unterdrückung des Menschen durch den Menschen beseitigt wären. Zugleich bezogen sich die Spekulationen von Marx darauf, auf welchem Wege die kommunistische Zukunftsgesellschaft zu erreichen sei – nämlich mittels einer (notfalls) gewaltsamen Revolution, in der die Klasse des Proletariats die Klassenherrschaft der Bourgeoisie beendet.

Zu vermuten ist Folgendes: Die Faszination, die vom Marxschen Werk heute ausgeht, entspringt – jedenfalls zum großen Teil – aus den von Marx vorgelegten Problembeschreibungen sowie aus seinen Problemanalysen. Sie entspringt nicht – oder jedenfalls nicht direkt – aus den prognostizierten Problemlösungen. Sämtliche Versuche, die Marxschen Gesellschaftsvisionen in die Praxis umzusetzen, waren mit sozialen Katastrophen, teilweise mit Massenmorden, verbunden und haben zu Desillusionierungen unter seiner Anhängerschaft geführt. Dies heißt jedoch nicht, dass kommunistische Ideen komplett ausgestorben wären. Insofern wirkt Marx nach wie vor auch mit seinen Visionen, insbesondere mit seinen Gerechtigkeitsideen.

# II. KAPITALISMUSANALYSE

Auch wenn es zum Verständnis der zeitgenössischen Ökonomien des Westens nicht der Marxlektüre bedarf: Ein wesentlicher Grund, weshalb die Marxsche Kapitalismusanalyse auch heute noch auf Interesse stößt, dürfte die Art der Probleme betreffen, die Marx umtrieben. Marx interessierte sich für nicht vorausgesehene und gesellschaftlich unerwünschte Nebenwirkungen des individuellen Handelns sowie für Rückwirkungen der gesellschaftlichen Verhältnisse auf das Denken und Handeln der Individuen. Es sind drei inhaltliche Probleme, auf die er sich in besonderer Weise konzentrierte.

*Erstens* ist dies das Problem der sozialen Gerechtigkeit beziehungsweise der »sozialen Frage«. Zum Ende des Kalten Krieges konnte es zumindest in den kapitalistischen Kernländern Europas scheinen, dass ein sozialstaatlich gebändigter Kapitalismus in der Lage ist, die Probleme, für die sich Marxisten interesssieren, so zu entschärfen, dass sie ihre Relevanz, insbesondere ihre soziale Sprengkraft, verlieren. Mittlerweile aber ist die soziale Frage in die Länder des Kapitalismus zurückgekehrt. Dies scheint eine unvermeidbare Nebenwirkung der Globalisierung zu sein, welche die Tendenz einer weltweiten Angleichung der Löhne impliziert. Wir erleben heute nicht nur eine wachsende Kluft zwischen Arm und Reich, sondern wir erleben, dass zumindest ein Teil der Armen tatsächlich ärmer wird.

*Zweitens* interessierte sich Marx für Probleme der individuellen Freiheit. *Zum einen* hat er das Augenmerk auf die Tatsache gelegt, dass die kapitalistische Produktionsform offenbar Menschen zu ihrer Voraussetzung hat, die, weil sie selbst über kein Produktivvermögen verfügen, ökonomisch gezwungen sind, ihre Arbeitskraft einem Eigentümer von Produktionsmitteln zu dessen Verfügung anzubieten. Dadurch aber entstehen persönliche Abhängigkeitsverhältnisse und neuartige Formen menschlicher Unfreiheit. *Zum anderen* hat Marx auf die problematischen Konsequenzen einer sich vertiefenden Arbeitsteilung hingewiesen. Er hat gezeigt, wie Arbeiter, gleichsam an eine Maschine gekettet, gezwungen sind, einfachste Handgriffe zu verrichten und ausschließlich ein »Detailgeschick«, wie Marx formulierte, »treibhausmäßig« zu fördern. Indem aber der Mensch daran gehindert wird, zu werden, was er seinem Menschsein entsprechend sein könnte, entfremdet er sich von sich selbst und seiner Gattung.

*Drittens* war Marx fixiert auf das Problem der »inneren Widersprüchlichkeit« des Kapitalismus. Für ihn waren Wirtschaftskrisen ein Resultat der marktwirtschaftlichen Anarchie, also der gesamtgesellschaftlichen Ungeplantheit des Reproduktionsprozesses. Er bestritt eine umfassende Selbstregulationsfähigkeit von Märkten und erklärte den Markt als Signal- und Koordinierungssystem für unzureichend, um Wohlstand für alle hervorzubringen.

Marx hat aber nicht nur bestehende Problemlagen beschrieben und analysiert, sondern, *zum einen*, versucht, zu zeigen, dass ein kapitalistisch organisiertes Wirtschaftssystem Krisen, soziale Verwerfungen und Widersprüche, insbesondere die gleichzeitige Existenz von Überproduktion, Unterbeschäftigung und Unterkonsumtion, notwendigerweise aus sich heraus generiert und reproduziert.[1] Egal welche gesetzlichen Rahmenbedingungen eine Regierung schafft (Arbeitsschutzbestimmungen, Mindestlöhne, Zwangsversicherungen), egal welche Institutionen erfunden werden (Gewerkschaften, Kartellbehörden) – die Widersprüche des Kapitalismus sind, so Marx, nicht prinzipiell lösbar. Eine kapitalistische Gesellschaft wird zudem immer, so war Marx überzeugt, eine teils brutale, teils subtile Form der Knechtschaft bleiben – eine Gesellschaft, in der der eine Teil der Menschen die Last des Fortschritts zu tragen hat und der andere – wesentlich kleinere – Teil von der Arbeit des größeren profitiert.

*Zum anderen* behauptete Marx, dass eine kapitalistische Wirtschaft auf die von ihr produzierten unerwünschten Nebenwirkungen nur mit Mitteln reagieren kann, die die Probleme in verschärfter Form reproduzieren. Marxens wissenschaftlicher Ehrgeiz war darauf gerichtet, einen theoretischen Beweis für diese Verschärfungsthese vorzulegen – also einen ökonomischen Mechanismus namhaft zu machen, der gleichsam dafür sorgt, dass diese Produktionsform notwendigerweise ihre eigenen Voraussetzungen untergräbt, deshalb instabil wird und letztlich der revolutionären

1 »Es folgt daher, daß im Maße wie Kapital akkumuliert, die Lage des Arbeiters, welches immer seine Zahlung, hoch oder niedrig, sich verschlechtern muß. Das Gesetz endlich, welches die relative Übervölkerung oder industrielle Reservearmeee stets mit Umfang und Energie der Akkumulation in Gleichgewicht hält, [...] bedingt eine der Akkumulation von Kapital entsprechende Akkumulation von Elend. Die Akkumulation von Reichtum auf dem einen Pol ist also zugleich Akkumulation von Elend, Arbeitsqual, Sklaverei, Unwissenheit, Brutalisierung und moralischer Degradation auf dem Gegenpol, [...].« (Karl Marx, Das Kapital. Erster Band. In: Karl Marx/Friedrich Engels, Werke, Bd. 23, Berlin 1961 ff. [abgekürzt: MEW Bd.-Nr.], S. 675.)

Überwindung anheimfällt.[2] Alle seine Ansätze jedoch, eine Art ökonomischen »Zusammenbruchsmechanismus« aufzudecken, müssen als gescheitert gelten. Marx ist es nicht gelungen, den Beweis anzutreten, dass eine kapitalistische Wirtschaft aus systemimmanenten Gründen ihre eigene Existenzbedingung, nämlich die Möglichkeit der Mehrwert- beziehungsweise Profitproduktion, zerstören muss und dabei zugleich Ausbeutungs- und Unterdrückungsverhältnisse erzeugt, die unweigerlich in eine soziale Revolution münden.

2 »Wodurch überwindet die Bourgeoisie die Krisen? Einerseits durch die erzwungene Vernichtung einer Masse von Produktivkräften; anderseits durch die Eroberung neuer Märkte und die gründlichere Ausbeutung alter Märkte. Wodurch also? Dadurch, daß sie allseitigere und gewaltigere Krisen vorbereitet und die Mittel, den Krisen vorzubeugen, vermindert.« (Marx/Engels, Manifest der Kommunistischen Partei. In: MEW 4, S. 468.)

# III. ZIVILISATIONSTHEORETISCHE ÜBERLEGUNGEN

In seinen zivilisationstheoretischen Überlegungen folgte Marx einem Menschenbild wie wir es in der klassischen deutschen Philosophie und speziell bei Immanuel Kant finden. Kant stellte sich den Menschen als ein autonomes Wesen vor – und zwar nicht nur als ein Wesen, das sich individuelle Ziele stellen kann, sondern als ein Wesen, das prinzipiell in der Lage ist, die Regeln seines Handelns selbst zu entwerfen, diese Regeln an Maßstäben der Vernunft zu prüfen und seinen Willen auf der Grundlage einer solchen vernünftigen Einsicht selbst zu bestimmen, als ein Wesen also, das wollen kann, was es vernünftigerweise tun soll.

Gemessen an dieser Vorstellung erscheint eine kapitalistische Gesellschaft in doppelter Hinsicht defizitär. *Zum einen* sind Lohnarbeiter in Ermangelung eigener Produktionsmittel gezwungen, sich einem anderen Menschen anzudienen und sich – zwar formal freiwillig, aber eben notgedrungenermaßen – dessen Führung zu unterstellen. *Zum anderen* sind Marktwirtschaften durch das Phänomen der »Anarchie der gesellschaftlichen Produktion« charakterisiert. Indem der gesellschaftliche Zusammenhang nicht planmäßig, sondern über Austauschprozesse auf dem Markt hergestellt wird, entscheiden maßgeblich Zwänge des Marktes, welche Produkte auf welche Weise hergestellt werden. Der Markt entfaltet zudem eine bedürfnisgenerierende Wirkung und entscheidet damit wesentlich, wieviel Arbeits- und Lebenszeit für die Herstellung von Gütern aufgewendet wird. Das, was wir die gesellschaftliche Entwicklung nennen, ist zwar das Resultat des Wollens und des Handelns der Individuen, dieses Resultat ist aber als Ganzes nicht vorausgesehen und möglicherweise auch nicht gewollt.

Die menschliche Gesellschaft als Ganze erscheint in dieser Blickeinstellung wie ein vernunftloses Tier.[3] Sie ist nicht in der Lage, ihren eigenen Fortschritt an Maßstäben der Vernunft und damit auch der Humanität bewusst auszurichten. In einer kapitalistisch organisierten Gesellschaft ist es nicht nur dem Individuum verwehrt, ein selbstbestimmtes Leben zu führen, auch die Gesellschaft vermag es nicht, ihren Entwicklungsprozess auf der Basis einer vernünftigen Einsicht zu steuern.

Mit dieser Analyse übertrug Marx das Ideal von Autonomie, das Ideal von Freiheit und Selbstbestimmung, auf die Ebene der Gesellschaft. Er war überzeugt, dass der Kapitalismus nicht die zivilisatorische Endstufe der menschlichen Gesellschaft sein kann. Solange die Gesellschaft ihren eigenen Reproduktionsprozess nicht nach selbst gesetzten Zielen rational steuert, hat sich die Menschheit noch nicht wirklich aus dem Tierreich gelöst.

3 »Das Reich der Freiheit beginnt in der Tat erst da, wo das Arbeiten, das durch Not und äußere Zweckmäßigkeit bestimmt ist, aufhört; es liegt also der Natur der Sache nach jenseits der Sphäre der eigentlichen materiellen Produktion. [ ] Die Freiheit in diesem Gebiet kann nur darin bestehn, daß der vergesellschaftete Mensch, die assoziierten Produzenten, diesen ihren Stoffwechsel mit der Natur rationell regeln, unter ihre gemeinschaftliche Kontrolle bringen, statt von ihm als von einer blinden Macht beherrscht zu werden; ihn mit dem geringsten Kraftaufwand und unter den ihrer menschlichen Natur würdigsten und adäquatesten Bedingungen vollziehn. Aber es bleibt dies immer ein Reich der Notwendigkeit. Jenseits desselben beginnt die menschliche Kraftentwicklung, die sich als Selbstzweck gilt, das wahre Reich der Freiheit [ ].« (Karl Marx, Das Kapital. Dritter Band. In: MEW 25, S. 828.)

Marx hat mit seiner Kritik an der Anarchie der gesellschaftlichen Produktion die Frage aufgeworfen, inwieweit die zukünftige Entwicklung der Menschheit überhaupt von ihr selbst willentlich beeinflusst wird. Seine Vision, dass der Zivilisationsprozess einem vernunftlosen Selbstlauf entrissen werden könnte und der Mensch selbst als ein Vernunftwesen über seine Geschicke bestimmt, dürfte einen Großteil der von vielen empfundenen Faszination des marxistischen Denkens ausmachen.

Wie aber kann die Menschheit den Sprung in das »Reich der Freiheit« vollziehen? Marxens Antwort war einfach: Voraussetzung dafür ist die Aufhebung der kapitalistischen Produktionsweise. Denn »Kapitalismus« heißt, dass die Produktion gemeinschaftlich, also in gesellschaftlicher Arbeitsteilung und kooperativ, betrieben wird, die Entscheidungen über die Produktion aber von privaten Einzelnen getroffen werden und die Aneignung der Resultate der Produktion, also des Gewinns, privat erfolgt. Solange aber private Einzelne (Unternehmer) entscheiden, was und wie produziert wird, kann die Menschheit ihren eigenen »Stoffwechsel mit der Natur«, so die Formulierung von Marx, nicht bewusst und planmäßig gestalten. Dies wird erst möglich, wenn die Produktionsmittel in das Eigentum der Gesellschaft überführt sind.

Die Beseitigung des Privateigentums an Produktionsmitteln ist damit sowohl die Voraussetzung dafür, dass die Menschheit ihre zivilisatorische Weiterentwicklung selbst gestalten kann, als auch die Voraussetzung für den Übergang zur kommunistischen Zukunftsgesellschaft.

# IV. DIE KOMMUNISTISCHE GESELLSCHAFT

Das entscheidende Merkmal der kommunistischen Zukunftsgesellschaft ist ihre Klassenlosigkeit. »Klassenlos« heißt: Alle Mitglieder haben dieselbe Stellung zu den Produktionsmitteln.[4] Die Klassenspaltung der kapitalistischen Gesellschaft in Eigentümer an Produktionsmitteln und Nichteigentümern (Proletariern) ist aufgehoben.

Die Marxsche Zukunftsgesellschaft ist weitgehend negativ bestimmt. Was sie ist, ergibt sich aus der Negation der kapitalistischen Gesellschaft. Dementsprechend ist über die kommunistische Gesellschaft wenig bekannt. Die wesentlichsten Bestimmungen sind: (1) Die kommunistische Gellschaft ist anti-kapitalistisch. Das heißt: An die Stelle des Privateigentums an Produktionsmitteln tritt das gesellschaftliche Eigentum. (2) Die indirekte Vernunft des Marktes wird ersetzt durch die direkte Vernunft der gemeinschaftlich handelnden Menschen. Das heißt: An die Stelle der Marktwirtschaft tritt die Planwirtschaft. (3) Die kommunistische Gesellschaft wird Weltgesellschaft

4 »Aber das moderne bürgerliche Privateigentum ist der letzte und vollendetste Ausdruck der Erzeugung und Aneignung der Proukte, die auf Klassengegensätzen, auf der Ausbeutung der einen durch die andern beruht. [Absatz] In diesem Sinne können die Kommunisten ihre Theorie in dem einen Ausdruck: Aufhebung des Privateigentums, zusammenfassen.« (Marx/Engels, Manifest der Kommunistischen Partei, S. 475.)

sein. Das heißt: An die Stelle der Nationalstaaten tritt die kommunistisch geeinte Menschheit. (4) In der klassenlosen kommunistischen Gesellschaft sind mit den Klassen auch unterschiedliche Klasseninteressen beseitigt, sodass die Ausübung von staatlicher Repression funktionslos geworden ist, der Staat damit seinen Herrschaftscharakter verliert und abstirbt. Das heißt: An die Stelle der Herrschaft über Menschen tritt die Verwaltung des gemeinschaftlichen Zusammenlebens und die Leitung von Produktionsprozessen.

Über die institutionelle Ausgestaltung der kommunistischen Gesellschaft ist hingegen so gut wie nichts bekannt. Wie genau ist das kommunistische Eigentum beschaffen? Wer hat die Verfügungsgewalt über das Eigentum? Wie und durch wen soll ein gesamtgesellschaftler Plan erstellt werden? Wie ist die Verwaltung organisiert und welche Befugnisse hat sie? Wer hat die Kompetenz gesellschaftliche Regeln zu erlassen? Und wer hat die Kompetenz, Kompetenzen zuzuweisen? Allgemein kann man festhalten: Marx hat die Schwierigkeiten der Planung sowie der Konsensbildung unterschätzt und das Institutionenproblem, also die Notwendigkeit einer Verwaltungsorganisation und eines Rechtssystems, die dem Bürger immer auch als fremde Mächte entgegentreten, weitgehend ausgeblendet.

Die Aussagen von Marx (und ebenso von Engels) über die sozialistische beziehungsweise kommunistische Gesellschaft sind außerordentlich vage. Einerseits war dies durchaus gewollt, weil man den Entscheidungen der dann lebenden Menschen nicht vorgreifen wollte. Andererseits aber hat Marx diese Zurückhaltung in einer nicht unwesentlichen Hinsicht aufgegeben. In der *Kritik des Gothaer Programms* aus dem Jahre 1875 – einem Rundschreiben an deutsche

Sozialdemokraten – unterzog er den Programmentwurf der Sozialistischen Arbeiterpartei Deutschlands einer scharfen Kritik. In dieser Stellungnahme kam er auch auf das *Verteilungsprinzip* in der kommunistischen Gesellschaft zu sprechen.

Dieses Changieren ist nur auf dem ersten Blick inkonsistent: Fragen der Verteilung des gesellschaftlichen Gesamtprodukts sind immer auch Gerechtigkeitsfragen. Die in einer Gesellschaft herrschenden Gerechtigkeitsprinzipien sind jedoch nach Marx nicht das Resultat normativer Setzungen, sondern entspringen der sozialökonomischen Struktur der Gesellschaft. Was in der einen Gesellschaft gerecht ist, kann in einer konstitutionell anderen ungerecht sein. Weil also jede Gesellschaft ihre spezifische Verteilungsgerechtigkeit erzeugt, konnte Marx – so dachte er jedenfalls – auch Aussagen über das in einer kommunistischen Gesellschaft geltende Verteilungsprinzip treffen.

Zunächst aber unterschied er zwischen zwei Phasen der kommunistischen Gesellschaftsformation: In der *ersten,* der sozialistischen Phase herrscht noch das Leistungsprinzip. Die Konsumtionsmittel werden nach der Leistung verteilt, die der Einzelne bei der Produktion dieser Mittel erbracht hat. Nun sind aber die Menschen ungleich: hinsichtlich ihrer biologischen Ausstattung und der daraus erwachsenden Befähigungen, hinsichtlich sozial relevanter Merkmale (Alter, Geschlecht, Familienstand, Anzahl der Kinder, familiäre Lebenssituation), hinsichtlich ihrer Charaktereigenschaften, ihrer Gesundheit und Leistungsfähigkeit. Wenn jedoch ungleiche Menschen an einem und demselben Maßstab gemessen werden, wird eine Vergütung nach der Arbeitsleistung zu sozialen Unterschieden führen. Die Individuen werden materiell ungleich gestellt. Dieses Gerechtigkeitsprinzip, so Marx, erkenne die Ungleichheiten der Individuen als »natürliche Privilegien« an. Und gerade dies hielt er für einen zu überwindenden Missstand.[5]

In der *zweiten* Phase der kommunistischen Gesellschaftsformation wird ein anderes Verteilungsprinzip – und damit ein anderes Gerechtigkeitsprinzip – herrschen. Das kommunistische Verteilungsprinzip lautet: »Jeder nach seinen Fähigkeiten, jedem nach seinen Bedürfnissen!« Verteilt wird also nach den jeweiligen Bedürfnissen.[6] Die Möglichkeit einer solchen Verteilung ist jedoch an Voraussetzungen gebunden: einen größeren gesellschaftlichen Reichtum und eine veränderte Bedürfnisstruktur. Zu fragen ist allerdings, ob das kommunistische Verteilungsprinzip den kommunistischen Produktionsverhältnissen tatsächlich »als natürliche

5 »Dies gleiche Recht ist ungleiches Recht für ungleiche Arbeit. Es erkennt keine Klassenunterschiede an, weil jeder nur Arbeiter ist wie der andre; aber es erkennt stillschweigend die ungleiche individuelle Begabung und daher Leistungsfähigkeit der Arbeiter als natürliche Privilegien an. [...] Bei gleicher Arbeitsleistung und daher gleichem Anteil an dem gesellschaftlichen Konsumtionsfonds erhält also der eine faktisch mehr als der andre, ist der eine reicher als der andre etc. Um alle diese Mißstände zu vermeiden, müßte das Recht, statt gleich, vielmehr ungleich sein. [Absatz] Aber diese Mißstände sind unvermeidbar in der ersten Phase der kommunistischen Gesellschaft, wie sie eben aus der kapitalistischen Gesellschaft nach langen Geburtswehen hervorgegangen ist.« (Karl Marx, Kritik des Gothaer Programms. In: MEW 19, S. 21.)

6 »In einer höheren Phase der kommunistischen Gesellschaft, [...] nachdem die Arbeit nicht nur Mittel zum Leben, sondern selbst das erste Lebensbedürfnis geworden; nachdem mit der allseitigen Entwicklung der Individuen auch ihre Produktivkräfte gewachsen und alle Springquellen des genossenschaftlichen Reichtums voller fließen – erst dann kann der enge bürgerliche Rechtshorizont ganz überschritten werden und die Gesellschaft auf ihre Fahne schreiben: Jeder nach seinen Fähigkeiten, jedem nach seinen Bedürfnissen!« (Ebd.)

Konsequenz« entspringt.[7] Nun ist aber das gesellschaftliche Eigentum an Produktionsmitteln – das zeigt die erste Phase der kommunistischen Gesellschaft – auch mit dem Leistungsprinzip vereinbar, woran allein höher entwickelte Produktivkräfte nichts ändern. Dies lässt nur den Schluss zu, dass Marx die Existenz des von ihm behaupteten Zusammenhangs nicht bewiesen hat. Vielmehr tritt in der Argumentation von Marx unterderhand eine *normative Annahme,* eine nicht abgeleitete moralische Intuition, hinzu. Diese moralische Intuition, die der Propagierung des kommunistischen Verteilungsprinzips zugrunde liegt, ist etwa folgende: Weder unterschiedliche Begabungen oder Zufälle, noch individuelle Entscheidungen oder unterschiedliche Lebenslagen dürfen sich auf die dem Einzelnen zum Leben zur Verfügung stehenden Mittel auswirken. Die Gesellschaft ist so zu konstruieren, dass die ungleichen Individuen im Resultat gleichgestellt sind.

Der Kommunismus impliziert mithin ein egalitäres Gerechtigkeitsprinzip. Damit hat Marx – jedenfalls für den Bereich des materiellen Lebens – keine Chancengleichheit gefordert. Chancengleichheit für ungleiche Menschen schlägt sich nieder in Unterschieden zwischen Arm und Reich. Das kommunistische Verteilungsprinzip soll diese Ergebnisunterschiede ausgleichen. Für die Verteilung der materiellen Güter darf der persönliche Beitrag, das individuelle Verdienst, keine Rolle spielen.

7 »[ ] von natürlicher Gerechtigkeit hier zu reden, ist Unsinn. Die Gerechtigkeit der Transaktionen, die zwischen den Produktionsagenten vorgehn, beruht darauf, daß diese Transaktionen aus den Produktionsverhältnissen als natürliche Konsequenz entspringen. [ ] Dieser Inhalt [der ökonomischen Transaktionen – L. F.] ist gerecht, sobald er der Produktionsweise entspricht, ihr adäquat ist. Er ist ungerecht, sobald er ihr widerspricht. Sklaverei, auf Basis der kapitalistischen Produktionsweise, ist ungerecht; ebenso der Betrug auf die Qualität der Ware.« (Marx, Das Kapital. Dritter Band, S. 351 f.)

Dem kommunistischen Verteilungsprinzip liegt damit nicht nur eine *moralische*, ihm scheint auch eine *metaphysische* Intuition zugrunde zu liegen – die implizite Annahme nämlich, dass der Einzelne für seine Entscheidungen und sein Handeln nicht verantwortlich ist und es deshalb nicht gerechtfertigt wäre, wenn er die daraus resultierenden Folgen zu tragen hätte. Diese Intuition verwirft allerdings das Menschenbild, das für die Marxschen zivilisatorischen Überlegungen maßgeblich war. Als ein vernunftbegabtes Wesen sollte der Mensch als Selbstgesetzgeber auftreten und ein selbstbestimmtes Leben führen können; er wurde damit als selbst verantwortlich gedacht für die Folgen seiner Entscheidungen.

Das kommunistische Verteilungsprinzip unterstellt jedoch einen ganz anderen Zusammenhang: Wenn der Einzelne nichts für seine Intelligenz, Vitalität oder Willensstärke kann, wenn er also nichts dafür kann, dass ihm vieles schwerer fällt als anderen, wenn es ihm nicht vorwerfbar ist, dass er sich gehen lässt, statt sich anzustrengen, oder wenn es nicht in seiner Macht steht, ob er sein Geld verprasst oder es zu investieren, dann ist es ungerecht, wenn ihm daraus Nachteile erwachsen. Das kommunistische Verteilungsprinzip zielt auf die Kompensation aller Ungleichheiten ab, die durch individuelle Dispositionen, Zufälle, Widerfahrnisse, die durch Erbschaft oder persönliches Handeln und Unterlassen entstehen.

Das kommunistische Ideal entspringt der Suche nach einem Kriterium dafür, was einem Menschen »zusteht«, und es verkörpert zugleich die Flucht in den scheinbar einzigen Ausweg angesichts der Unbeantwortbarkeit dieser Frage.

## V.
## KOMMUNISMUS ALS GLEICHSTELLUNG ALLER MENSCHEN

Ein Großteil der Faszination, die von Marx ausgeht, beruht auf dem Glauben, er habe gezeigt, dass sich die Menschheit von sich heraus auf einen Gesellschaftszustand zubewegt, in dem alle Menschen gleichgestellt sind – in dem es allen materiell gleich gut geht und jeder seine Persönlichkeit gleichermaßen entfalten kann. »Kommunistisch« in ihren Intentionen – so könnte man formulieren – ist jede politische Bewegung, die nicht nur eine Gleich*berechtigung* aller Menschen propagiert oder prognostiziert, sondern ihre Gleich*stellung*.

Es erscheint sinnvoll, den Kommunismus nicht nur von seinen sozialökonomischen Grundlagen her zu denken. Von daher wäre »Kommunismus« gleichbedeutend mit der Beseitigung des Privateigentums an Produktionsmitteln. In einem ideologiekritischen Sinne ist es zudem notwendig, den Kommunismus auch von seinen normativen Annahmen und Zielen her zu denken. Marx glaubte zwar, empirische Sozialwissenschaft zu betreiben und auf dieser Basis gesellschaftliche Entwicklungsgesetze zu erkennen, tatsächlich aber pflegte er darüber hinaus ganz bestimmte Vorab-Vorstellungen von der sich (angeblich) herausbildenden und zugleich anzustrebenden Zukunftsgesellschaft und unterstellte die Gültigkeit eines entsprechenden Gerechtigkeitsprinzips. Diese Mehrdeutigkeit seiner Geschichtsphilosophie lässt es ratsam erscheinen, die dem marxistischen Denken zugrunde liegende normative Idee zu identifizieren. Und entsprechend dieser Idee ist festzuhalten: »Kommunistisch« sind alle sozialen Bestrebungen, die darauf abzielen, alle Menschen der Welt unabhängig von ihren ererbten Fähigkeiten, ihrer Herkunft und ihrem persönlichen Beitrag zu sozial Gleichen, zu Gleichgestellten zu machen.

Nun mag sich das kommunistische Verteilungsprinzip in der Formulierung, die es in der Marxschen Streitschrift zunächst gefunden hat, auf die Verteilung von Konsumtionsmitteln beziehen. Wie es aber generell keinen Grund gibt, Fragen der Verteilung auf die Verteilung ausgewählter Güter zu beschränken, ist auch kein Grund ersichtlich, weshalb in einer kommunistischen Gesellschaft lediglich die Verteilung von materiellen Gütern in den Blick zu nehmen wäre. Ganz im Gegenteil. Mit der Aufhebung der marktwirtschaftlichen Ordnung befreit sich die kommunistische Gesellschaft auch von dem – tendenziell sämtliche Beziehungen der bürgerlichen Gesellschaft dominierenden – Prinzip des Austauschs von Warenäquivalenten. Eine solche zukünftige Gesellschaft wird nur ein Gerechtigkeitsprinzip als ihr angemessen betrachten können, das eine Gleichstellung aller Einzelnen nicht nur hinsichtlich ihres Einkommens, sondern auch ihrer sozialen Stellung und ihres persönlichen Status' garantiert. Anders gesagt: Die Ungleichheit der Menschen, egal worauf diese beruht und wie sie sich auswirkt, darf nicht zu einer diese Ungleichheit widerspiegelnden Verteilung der Faktoren führen, die die Güte des Lebens der Einzelnen beeinflussen. Die kommunistische Gerechtigkeitsintuition fordert vielmehr, individuelle Ungleichheit hinsichtlich ihrer selektiven Wirkungen zu neutralisieren.

Die kommunistische Idee lebt in allen Bestrebungen fort, die auf dieses Ziel gerichtet sind. Sie kann sich in der Forderung äußern, die Bezahlung von Arbeitnehmern nicht von den ererbten Fähigkeiten abhängig zu machen, oder in der Forderung, jedem Menschen den gleichen Respekt zu zollen. Das zu Ende gedachte kommunistische Ideal fordert: Die Gesellschaft, ja die gesamte Menschheit, soll so werden wie eine große friedliche Familie, in der alle dieselben Rechte haben und materiell, sozial sowie hinsichtlich ihres Ansehens völlig gleichgestellt sind, und in der das Glück unter allen gleichverteilt ist. In einer solchen Gesellschaft würden die Interessen aller Menschen gleichermaßen berücksichtigt, und darüber hinaus wäre jeder Einzelne aufgefordert, die Interessen jedes anderen so zu berücksichtigen, als wären es seine eigenen Interessen.

Die Interessen aller Menschen so zu berücksichtigen, als wären es die eigenen, ist aber nicht nur eine der zentralen Ideen des Kommunismus; sie stellt zugleich eine Radikalisierung der Kernidee des moralischen Universalismus dar. Der moralisch-universalistischen Auffassung zufolge gelten Besser- oder Schlechterstellungen von Menschen, die sich durch rationale Gründe nicht rechtfertigen lassen, als ungerecht und sind deshalb zu beseitigen. Der kommunistischen Idee liegt die Intuition zugrunde, dass es solche Gründe nicht gibt – und allein die Bedürfnisse zählen.

Das heißt nun nicht, dass, wer für mehr Umverteilung oder höhere Erbschaftssteuern plädiert, den Kommunismus einführen will. Es heißt auch nicht, dass jeder Einsatz für soziale Gerechtigkeit der kommunistischen Idee entspringt oder nur auf ihrer Grundlage zu rechtfertigen ist. Zu betonen ist aber, dass kommunistisch inspirierte Bestrebungen in einer weitgehend unreflektierten Form auch in den westlichen Gesellschaften vorzufinden sind – beispielsweise in der moralisch-universalistischen Forderung nach einer weltweiten unbeschränkten Niederlassungsfreiheit.

Üblicherweise wird der Kommunismus vor allem deshalb kritisiert, weil er in totalitäre Diktaturen mündete und diese Diktaturen gewaltige Verbrechen begangen haben. Die zugrundeliegenden zivilisatorischen und moralischen Ideen werden hingegen von vielen für »gar nicht so schlecht« gehalten. Auch diese Ideen haben sich aber der Kritik zu stellen.

# NACHWORT

Das Ende des europäischen Kommunismus kam plötzlich und für die meisten überraschend. Mit dem Untergang der Systeme des realen Sozialismus schienen auch die intellektuellen Vertreter des Marxismus in seinen verschiedenen Erscheinungsformen ihre einstigen Überzeugungen abgelegt zu haben. Doch dieser Schein trog. Zwar hatten viele aus diesem Experiment sowjetkommunistischer Art gelernt, viele andere aber, und darunter viele Nachgeborene, waren entweder dazu nicht bereit oder sahen dafür keine Notwendigkeit. Die Zuversicht jedenfalls, dass mit der Implosion des sozialistisch/kommunistischen Experiments in Europa, mit seiner für jeden sichtbaren Niederlage in der Systemauseinandersetzung mit kapitalistisch-marktwirtschaftlich orientierten demokratischen Verfassungsstaaten, auch die kommunistische Ideologie endgültig gestorben ist, wird man heute nicht mehr teilen.

Ohnehin weiß man, dass Ideen nicht einfach untergehen. Erst recht gilt dies für »große« und einst einflussreiche umfassende Ideengebäude. Natürlich, das Ideengebäude des Marxismus, speziell in seiner sowjetkommunistischen Ausprägung in Gestalt des Marxismus-Leninismus, hatte an Vitalität und gesellschaftlicher Relevanz verloren. Trotzdem waren essentielle Facetten des kommunistischen Denkens virulent geblieben, und es kann keine Rede davon sein, dass die Anziehungs- und Überzeugungskraft dieses Denkens jemals vollständig erloschen gewesen wäre.

In jeder Gesellschaft stehen Menschen vor grundsätzlichen, philosophischen Fragen, deren Beantwortung Konsequenzen für politische und moralische Entscheidungen hat. Zu nennen sind vor allem zwei dieser zentralen Fragen.

*Zum einen* ist dies die (ontologische und axiologische) Frage, ob nur menschliche Individuen real existieren und nur deren Interessen zählen oder ob und in welchem Sinne auch kollektive Entitäten (Familien, Völker, Nationen, Staaten etc.) existieren und womöglich einen intrinsischen Wert haben und, falls man sie für existierend hält, inwiefern deren Interessen (falls man ihnen solche zuschreibt) Relevanz haben – oder anders gesagt: ob nur das Über- und Wohlleben von einzelnen Menschen einen Wert hat oder ob und in welchem Sinne auch die Fortexistenz von Völkern, Nationen etc. eine (etwa in ihrem geistig-kulturellen Sosein liegende) Bedeutung haben kann, die über die Bedeutung, die sie für die gegenwärtig und vielleicht auch für die zukünftig lebenden Individuen hat, hinausgeht, sodass es sich dafür einzusetzen lohnt. Die Auffassung, dass es nur Menschen als reale Wesen gibt und nur sie zu berücksichtigende Interessen haben, liegt jener Grundorientierung zugrunde, die »individualistisch« heißen soll.

*Zum anderen* ist die (moralische) Frage zu beantworten, ob gleiche Interessen gleichermaßen zu berücksichtigen sind oder ob es zulässig oder vielleicht sogar geboten ist, die gleichen Interessen entweder bestimmter Individuen oder bestimmter Gruppen vorrangig zu berücksichtigen. Die Auffassung, dass Interessen unparteiisch zu berücksichtigen sind, also ohne Ansehen der Personen (oder gegebenenfalls der Gruppen), die diese Interessen haben, liegt der Grundorientierung zugrunde, die »universalistisch« heißt.

Beide Auffassungen sind logisch unabhängig voneinander. Da aber die moralisch-universalistische Einstellung eine unbegrenzte Ausdehnung der Reichweite moralischer Normen impliziert, tendiert sie auch zur Überwindung aller Gruppengrenzen und zur Auflösung aller partikularen Gruppen, sodass eine Tendenz besteht, beide Auffassungen, wenn auch nicht notwendigerweise in allen Einzelfragen, gemeinsam zu vertreten. Beide Grundauffassungen verkörpern insoweit ein zusammenhängendes Überzeugungssystem; sie bilden den wesentlichen Inhalt der – weit komplexeren – individualistischen und universalistischen politisch-moralischen Grundorientierung.[1]

Das kommunistische Denken ist eine konkrete Ausprägung und wenigstens in Teilen eine nicht nur mögliche, sondern konsequente Realisierungsform der individualistischen und universalistischen Grundorientierung. Insofern war schon 1989/91 nicht anzunehmen, dass kommunistische Ideen ein für alle Mal verschwinden werden. Seit mehr als zwei Jahrzehnten erleben wir nun, wie Aspekte dieses Denkens – vor allem einschlägige moralische Überzeugungen, zunehmend aber auch die Idee einer planmäßigen Steuerung des gesamten Reproduktionsprozesses – nicht nur schlechthin gesellschaftlichen Einfluss zurückgewinnen, sondern in mitunter überzogenen, unpraktikablen Formen reüssieren.

Ich nenne an dieser Stelle nur das offenbar wiedererwachte Streben nach Ergebnisgleichheit in Verteilungsfragen. In dem Maße, in dem die soziale Ungleichheit in den Ländern des entwickelten Kapitalismus immer krassere Formen annimmt und deren soziale Stabilität in Frage stellen könnte, scheint das – in mancher Hinsicht zwar nicht Gerechtigkeit verbürgende, dafür aber menschliche Antriebskräfte freisetzende – Leistungsprinzip mehr und mehr in Verruf zu geraten. Es ist ja richtig, dass das Leistungsprinzip selbst keine Antwort

1 Siehe dazu Lothar Fritze, Kulturkampf. Moralischer Universalismus statt Selbstbehauptung? Dresden 2021, insbes. Kap. I.

enthält, was aus den weniger Leistungsfähigen wird. Doch das Leistungsprinzip in den unterschiedlichsten Zusammenhängen systematisch zu entwerten (sei es durch unverhältnismäßige Umverteilung, unbegründete Subventionen, Quotenregelungen, abgesenkte Zugangsvoraussetzungen und dergleichen mehr), untergräbt Motivation und Effizienz und wird die Lösung der Probleme eher erschweren.

Man sollte nicht vergessen: Das Ideal der Ergebnisgleichheit ist auch der normative Inhalt des kommunistischen Verteilungsprinzips, welches seinerseits – nach marxistischer Lesart – als adäquater »Ausdruck« der sozialökonomischen Struktur der kommunistischen Gesellschaft zu verstehen ist. Die Abschaffung des privaten Eigentums an Produktionsmitteln samt marktwirtschaftlicher Wettbewerbsordnung und ihr Ersatz durch staatliche Planung und Lenkung führen nicht nur zu einer Aufhebung der Klassengesellschaft, sondern garantieren in der höchsten Entwicklungsstufe der (reifen) kommunistischen Gesellschaft jedermann einen Zugriff auf die gemeinschaftlichen Konsumtionsfonds »nach seinen Bedürfnissen«.

Mit der Propagierung dieses Verteilungs- beziehungsweise Gerechtigkeitsprinzips leistete sich Marx einen Rückfall in den ansonsten gescholtenen utopischen Sozialismus. Ein Gerechtigkeitsprinzip, dass zu einer Verteilung des gesellschaftlichen Gesamtprodukts entsprechend der Bedürfnisse der Gesellschaftsmitglieder führt, realisiert – zumindest gruppenintern – eine Idee, die mit moralisch-universalistischem Denken kompatibel ist. Dem moralischen Universalismus entsprechend, soll jeder Einzelne die Realisierung der Interessen aller anderen für genauso wichtig halten, wie die Realisierung seiner eigenen Interessen, und daher auch dieselben Anstrengungen für die Befriedigung der Bedürfnisse der anderen unternehmen, wie für seine eigene Bedürfnisbefriedigung. Interessen werden, dem Prinzip der Neutralität folgend, unparteiisch abgewogen.

Nun sind derzeit wohl kaum Stimmen vernehmbar, die offensiv und buchstäblich eine Verteilung gemäß des kommunistischen Verteilungsprinzips fordern. Auch dürfte es nur wenige Menschen geben, die in ihrer privaten Lebensführung den sich aus diesem Gerechtigkeitsprinzip ergebenden radikalen Solidaritätspflichten genügen. Gleichwohl scheinen die moralischen Forderungen, die aus der universalistischen Einstellung folgen, immer häufiger im Sinne einer regulativen Idee vertreten zu werden – einer Regel, die die Richtung der anzustrebenden Entwicklungen beschreibt.

Aus der Akzeptanz dieses Gerechtigkeitsprinzips im Sinne einer regulativen Idee ergeben sich allerdings Forderungen hinsichtlich der Gestaltung der Gesellschaft. Wer glaubt, »eigentlich« verpflichtet zu sein, sich für das Wohlergehen jedes Menschen auf der Welt in gleicher Weise einzusetzen, und nur – so mag man sich einreden – aufgrund der Unvollkommenheit der bestehenden Verhältnisse und dem Egoismus seiner Zeitgenossen Abstriche an der Erfüllung dieser Forderung macht oder notgedrungen hinnimmt, wird trotzdem von den Regierenden seines Landes erwarten, die nationale Politik – wenigstens tendenziell und in wachsendem Maße – an den Interessen aller Erdenbewohner auszurichten. Er wird sich in Zweifelsfällen für eine Politik stark machen, die den Verantwortlichen ein strategisches Handeln zur Durchsetzung partikularer Gruppeninteressen verwehrt.

Diese politisch-moralische Grundorientierung gewinnt im Westen derzeit an Einfluss, ja scheint bereits zu dominieren. Ihre unangefochtene Dominanz könnte – und zwar weil Grundauffassungen sich nicht selbst beschränken – den Selbstbehauptungswillen der westlichen Demokratien sukzessive untergraben. Solange Not und Armut in anderen Teilen der Welt herrschen, solange viele Menschen aufgrund schlechter Lebensbedingungen nur ein kurzes Leben haben, lässt sich ein Handeln, das primär auf die Maximierung des eigenen Wohlergehens gerichtet ist, im Rahmen eines strikt moralisch-universalistischen Denkansatzes nicht rechtfertigen. Ergreift dieses Denken die Massen in einzelnen und *nur in einzelnen* Ländern und gehen diese Länder gleichsam in »moralische Vorleistung«, bleibt dies für deren Wettbewerbsfähigkeit und Durchsetzungschancen nicht ohne negative Konsequenzen.

Moralische Universalisten können solche Folgen ihres Handelns jedoch nicht bedenken. Sie müssen beispielsweise, wollen sie konsequent bleiben und das Grundprinzip ihres Denkens nicht verraten, die Grenzen ihres Landes für alle »Mühseligen und Beladenen« öffnen und das Erarbeitete mit ihnen teilen. Sie halten es für ihre Pflicht, bei der Lösung globaler Probleme voranzuschreiten, ganz unabhängig davon, was andere tun. Selbst für den Fall, dass das »Rettungshandeln« misslingt, nimmt man den eigenen ökonomischen Niedergang und den Verlust an eigener wirtschaftlicher Leistungsfähigkeit bewusst in Kauf. Man hat es in diesem Falle wenigstens versucht – man hat das aus universalistischer Sicht moralisch Gebotene getan.

Die individualistische (anti-kollektivistische) und universalistische (anti-partikularistische) Grundhaltung ist in der Tendenz auf die Auflösung geschichtlich entstandener Kollektivwesen (Völker, Nationen, Staaten) gerichtet und verwirft jeden Gruppenegoismen. Die ihr einzig adäquate Existenzform ist die demokratische Weltrepublik.

Die von Ausbeutung und Unterdrückung freie Weltrepublik der Gleichen ist aber das Ideal der kommunistischen

Bewegung. In der Weltrepublik sind Nationalstaaten abgeschafft – und damit auch der Krieg zwischen ihnen. Und auch im Verhältnis der privaten Einzelnen untereinander fordert die moralisch-universalistische Einstellung, strategisches – auf den eigenen Vorteil gerichtetes – Handeln durch kooperatives – auf einen Interessenausgleich gerichtetes gemeinsames – Handeln zu ersetzen.

Ein Trend hin zur Intensivierung des individualistischen und zur Ausweitung der Reichweite des moralisch-universalistischen Denkens ist – neben den Erfolgen von Wissenschaft und Technik – ein zentrales Kennzeichen der modernen Welt. Die Souveränität von Nationalstaaten wird durch das Völkerrecht und internationale Organisationen eingehegt. Die fundamentalen Menschenrechte erkennen wir als Abwehrrechte für jedermann an; ja, wir haben den Willen kultiviert, in Not geratenen Menschen weltweit zu helfen. Immer mehr Menschen auf dem gesamten Planeten beziehen in ihr moralisches Wollen auch die Interessen von Menschen mit ein, deren Interessen in früheren Zeiten nicht oder nicht in dieser Weise Berücksichtigung fanden. Zweifellos: In diesem Prozess manifestiert sich moralischer und zivilisatorischer Fortschritt – und dieser geistige Trend wird eben nicht nur durch die stoizistische Philosophie, durch das christliche Ethos der Nächsten- und Feindesliebe, durch den Humanismus und die Aufklärungsphilosophie, durch die Ideen der Französische Revolution und der deutschen Klassik sowie durch die Denker des utopischen Sozialismus repräsentiert, sondern auch durch den Marxismus und die kommunistische Weltbewegung.

Angesichts dessen ist es nur allzu verständlich, wenn es Vielen ungeheuerlich erscheint, Kommunismus und Nationalsozialismus nicht nur als Antipoden, sondern auch als Zwillingsbrüder zu begreifen oder die marxistisch-kommunistische und die nationalsozialistische Ideologie in einem Atemzug zu nennen. Doch diese Irritation hat man im Dienste des Erkenntnisgewinns auszuhalten.

Nimmt man den Umstand zur Kenntnis, dass sozialistisch-kommunistisches und insbesondere moralisch-universalistisches Denken im Zug der Zeit liegt, kann man durchaus geneigt sein, Hitler als eine »zutiefst verspätete Natur« zu sehen, die »den Bildern, Normen und Antrieben vor allem des 19. Jahrhunderts verhaftet« war[2]. Diese Sichtweise verkennt allerdings das Entscheidende: Hitler war Mitstreiter in einem epochenübergreifenden Kampf zweier politisch-moralischer Grundhaltungen – zweier sich konträr gegenüberstehender Ideensysteme, die grundlegende, gleichsam ewige Fragen der menschlichen Existenz sowie der Gestaltung des Zusammenlebens von Menschen betreffen. Er war der entschiedenste und kampfkräftigste Protagonist der kollektivistischen und partikularistischen Grundauffassung. Diese Grundauffassung betrachtet zwei Tatsachen als unüberwindbare Faktoren des menschlichen Denkens und Verhaltens und legt sie der grundsätzlichen Orientierung in moralischen und politischen Fragen zugrunde.

*Zum einen* ist dies die Tatsache, dass Menschen in Gruppen leben, sich in Gruppen organisieren, sich Gruppen zugehörig fühlen, als Mitglieder von Gruppen ein Interesse an deren Erhaltung, Entwicklung und Reputation haben – und insoweit neben Einzelwesen auch überindividuelle Wesenheiten (Familien, Stämme, Völker, Nationen, Staaten) als existent und womöglich als erhaltenswert ansehen. Diese Grundauffassung und die damit verbundene Grundorien-

2 Joachim C. Fest, Hitler. Eine Biographie, Frankfurt am Main/Berlin [5]1995, S. 1033.

tierung in politisch-moralischen Fragen heißt »kollektivistisch«. Indem sie den einzelnen Menschen nicht nur als ein isoliertes Individuum begreift, vielmehr auch dessen soziale Beziehungen, dessen Abhängigkeiten und Zugehörigkeitsgefühle sowie daraus entspringende Interessen reflektiert, und, darüber hinausgehend, Gruppen gar einen Eigenwert zuspricht, bildet sie den Antipoden der individualistischen Grundauffassung.

*Zum anderen* ist dies die Tatsache, dass uns trotz Anerkennung der normativen Gleichheit aller Menschen manche Menschen näher stehen als andere und deshalb von uns anders behandelt werden – obwohl wir doch auch jenen ferner stehenden, nämlich als Menschen, die gleichen Menschenrechte zubilligen. Diese Grundauffassung und die damit verbundene Grundorientierung in politisch-moralischen Fragen heißt »partikularistisch«. Indem sie die allgemeine Gültigkeit der moralischen Forderung bestreitet, gleiche Interessen seien gleich zu behandeln, unabhängig davon, wessen Interessen es sind, bildet sie den Antipoden der universalistischen Grundauffassung.

Ein wesentliches Moment des Hitlerschen Kampfes bestand in der Auseinandersetzung mit dem individualistischen und moralisch-universalistischen Denken seiner Zeit und der Abwehr der Ansprüche, die aus diesem Denken folgen. Sein Kampf war objektiv gegen die Verabsolutierung der konkurrierenden individualistischen und universalistischen Grundorientierung gerichtet. Dieser grundlegenden Ausrichtung seines politischen Agierens eine partielle Berechtigung abzusprechen hieße, dieser Verabsolutierung das Wort zu reden.

In dieser epochalen Auseinandersetzung allerdings hatte Hitler die kollektivistische und partikularistische Grundauffassung sowohl in seinem theoretischen Denken als auch seinem politischen Handeln – in seinen Zielsetzungen sowie der Wahl der Mittel – seinerseits verabsolutiert. Wie den Protagonisten der kommunistischen Ideologie war es auch ihm möglich, Verbrechen unfassbaren Ausmaßes scheinbar zu rechtfertigen. Sowohl im Falle des Kommunismus als auch des Nationalsozialismus handelten die einflussreichsten Akteure als Täter mit gutem Gewissen. Die tiefste Ursache ihres Verbrechertums ist in der Verletzung kognitiver Pflichten zu suchen.

In einer endlichen Welt – endlich hinsichtlich des nutzbaren Lebensraumes und der zur Verfügung stehenden Ressourcen – entziehen sich die von den unterschiedlichen politisch-moralischen Grundauffassungen gegebenen Antworten einer ein für alle Mal gültigen Bewertung bezüglich der Maßstäbe »wahr« oder »falsch« sowie »moralisch gerechtfertigt« oder »moralisch ungerechtfertigt«. Genau eine solche – logisch unmögliche – Bewertungsmöglichkeit zu suggerieren ist aber das unausgesprochene Anliegen des derzeit dominierenden politisch-medialen Hegemons. Er erweckt nicht nur den Eindruck, dass die kollektivistische und partikularistische Grundorientierung im Ganzen gesehen und in allen denkbaren konkreten politischen Ausprägungen verfehlt und moralisch nicht zu rechtfertigen ist, sondern nutzt seine administrative und mediale Macht, um die Artikulation gegnerischer Positionen zu unterbinden und deren gesellschaftlichen Einfluss zurückzudrängen. Dabei verkennt man das partielle Recht beider politisch-moralischer Grundorientierungen. Politische Klugheit gebietet es jedoch anzuerkennen, dass weder die kollektivistische noch die partikularistische Grundauffassung an sich Regressionsphänomene darstellen, sondern für Menschen nicht aufgebbare Grundeinstellungen im Prozess der Daseinsbewältigung verkörpern.

Auf die Frage, wie es zu erklären ist, dass die linken und sich als linksliberal dünkenden Eliten des Westens diesen Kampf um kulturelle Hegemonie so erfolgreich führen, gibt es eine Reihe von Antworten, die im Detail deren Kampfmethoden um die gesellschaftliche Durchsetzung ihrer eigenen politisch-moralischen Grundorientierung beschreiben. Der wichtigste Aspekt bleibt dabei allerdings ausgespart: Die Stilisierung der individualistischen und moralisch-universalistischen Weltsicht zu der für einen vernünftigen und anständigen Menschen allein akzeptablen Grundorientierung wäre nicht möglich, ohne die moralische Desavouierung der konkurrierenden kollektivistischen und partikularistischen Grundeinstellung. Deren Totalverurteilung funktioniert aber nur deshalb, weil sie in Gestalt der nationalsozialistischen Ideologie eine historisch zufällige, aber keineswegs notwendige Konkretisierung und Ausformulierung gefunden hat und es mit Mitteln der Erziehung, der Propaganda und der geistigen Manipulation gelungen ist, diese Konkretisierung mit der (politisch nicht ausformulierten) allgemeinen Grundauffassung gleichzusetzen. Politisch links stehende Eliten des Westens haben es in einem jahrzehntelangen Kampf vermocht, sämtliche Anschauungen und Denkfiguren, die die Bedeutung von Abstammungsgemeinschaften und Nationalstaaten für das menschliche Leben und Zusammenleben hervorheben, sowie sämtliche Argumente, die für eine pragmatische Begrenzung der Reichweite des eigenen moralischen Wollens sprechen, als etwas Undenk- und Unsagbares erscheinen zu lassen – als Meinungen, die der menschenverachtenden und kriminellen »Nazi«-Ideologie entspringen, ja ihr angehören. Sie haben es zustande gebracht, ihrerseits ein Gedankengebäude gesellschaftlich zu etablieren und zugleich der Kritik zu entziehen, das geschichtlich gewachsene soziale Zusammenhänge unterminiert und Tatsachen des praktischen Lebens leugnet – eine Ideologie, die die eigenen Realisierungschancen überschätzt und daher jede Gesellschaft, die ihr folgte, in ein selbstzerstörerisches Fahrwasser brächte.

Die Aufgabe der Konservativen besteht darin, diese unzulässige Gleichsetzung – die Gleichsetzung der kollektivistischen und partikularistischen Grundauffassung mit der nationalsozialistischen Ideologie –, die im Bewusstsein einer breiten Masse verankert ist, aufzubrechen. Nur in dem Maße, wie es gelingt, lebenspraktisches Wissen wieder sagbar zu machen, wird man sich auch gegen offene Grenzen und eine unbeschränkte Niederlassungsfreiheit aussprechen können. Nur wenn es gelingt, die Verteidigung des Eigenen und der eigenen Art zu leben vom Geruch des Verwerflichen zu befreien, wird es wieder eine Selbstverständlichkeit sein, je nach Gusto, für die nationale Selbstbehauptung oder die möglichst weitgehende Erhaltung ethnisch homogener Gemeinschaften eintreten zu können – ohne mit Stigmatisierung, Verächtlichmachung oder sozialer Ausgrenzung rechnen zu müssen. Eine Gesellschaft, in der es nicht risikolos möglich ist, für kollektivistische und partikularistische Auffassungen zu plädieren, ist keine freiheitliche Gesellschaft.

Ohne Not produziert der Westen derzeit Gefahren für sich selbst. Sie resultieren aus einer ideologiegetriebenen Überbetonung und Verabsolutierung der individualistischen und universalistischen Grundorientierung. Politisch-moralische Grundauffassungen bedürfen aber, um sich als rational vertretbare Orientierungen konkretisieren zu können, des Widerspruchs durch ihr dialektisches Pendant. Nur der gesellschaftlich ausgetragene Kampf zwischen ihnen kompensiert ihre innere Maßlosigkeit. Der derzeitige ideologische Hegemon jedoch verhindert die gebotene Austarierung der in einem unauflösbaren Widerstreit befindlichen regulativen Grundorientierungen.

Die Distanzierung vom Nationalsozialismus und seinen Verbrechen impliziert keine Ablehnung der kollektivistischen und partikularistischen Grundorientierung – genauso wenig wie eine Distanzierung von den Verbrechen des Kommunismus eine grundsätzliche Ablehnung der individualistischen und universalistischen Grundorientierung erzwingt.

# DETAILLIERTES INHALTSVERZEICHNIS

Edition Sonderwege

Neuruppin 2022



ISBN 978-3-948075-28-6
www.manuscriptum.de